国家社科基金
后期资助项目

亲人的力量：
中国城市亲属关系与
精神健康研究

The Power of Kinship:
An Empirical Study of Kinship and
Mental Health in Urban China

孙薇薇　著

中国社会科学出版社

图书在版编目（CIP）数据

亲人的力量：中国城市亲属关系与精神健康研究/孙薇薇著 . —北京：中国社会科学出版社，2014.10

ISBN 978 - 7 - 5161 - 5015 - 3

Ⅰ.①亲… Ⅱ.①孙… Ⅲ.①家庭关系—关系—心理—健康—研究—中国 Ⅳ.①C913.11②R395.6

中国版本图书馆 CIP 数据核字（2014）第 244328 号

出 版 人	赵剑英	
策划编辑	郭沂纹	
责任编辑	郭沂纹	安 芳
责任校对	李 莉	
责任印制	王 超	

出　　版	中国社会科学出版社
社　　址	北京鼓楼西大街甲 158 号（邮编 100720）
网　　址	http://www.csspw.cn
	中文域名:中国社科网　　010 - 64070619
发 行 部	010 - 84083685
门 市 部	010 - 84029450
经　　销	新华书店及其他书店

印　　刷	北京君升印刷有限公司
装　　订	廊坊市广阳区广增装订厂
版　　次	2014 年 10 月第 1 版
印　　次	2014 年 10 月第 1 次印刷

开　　本	710 × 1000　1/16
印　　张	15.75
插　　页	2
字　　数	283 千字
定　　价	48.00 元

凡购买中国社会科学出版社图书,如有质量问题请与本社联系调换

电话:010 - 64009791

国家社科基金后期资助项目

出 版 说 明

后期资助项目是国家社科基金设立的一类重要项目，旨在鼓励广大社科研究者潜心治学，支持基础研究多出优秀成果。它是经过严格评审，从接近完成的科研成果中遴选立项的。为扩大后期资助项目的影响，更好地推动学术发展，促进成果转化，全国哲学社会科学规划办公室按照"统一设计、统一标识、统一版式、形成系列"的总体要求，组织出版国家社科基金后期资助项目成果。

全国哲学社会科学规划办公室

我们生活在一个陌生人的世界。
正因如此，至亲的支持更是弥足珍贵。

——巴瑞·威尔曼

序　言

从社会学观点来看，一个社会能否有秩序地运作和能否稳定地发展，在相当程度上取决于从悠久的历史过程中发展出来的种种社会制度，包括政治、经济、教育、家庭、宗教、医疗卫生、娱乐体育和文化艺术等制度。其中以家庭制度最为基要。古往今来，无论是封建社会、资本主义社会或社会主义社会，个人与其家庭都维持深切的关系。每个人通常是出生于一个家庭中，获得家人的培育和爱护，长大后自立家庭，生儿育女和照顾老年父母，最后在家人陪同下离世。在中国社会，家庭及亲属的关系尤其重要；它对个人的职业转变和地域流动，以及对社会的政治动态和经济发展，都有举足轻重的影响。

在传统中国社会，近亲属固然重要，远亲属的关系也备受重视。1949 年新中国成立以后，大力推动社会主义制度，家庭组织依然屹立不倒。然而，中国开始推行改革开放政策以后，全国各地社区产生了巨大变化，尤其是现代化和都市化的趋势甚为显著。各行各业和各阶层民众争相采纳现代思潮和建立现代设施，各地的城镇也争相扩大地域和增加人口。城市的急速现代化，大大改变了城市居民的生活。有两项问题是值得关注的。

首先，城市生活的急速现代化是否会导致家庭制度与亲属关系的巨大改变？例如，近亲属关系和远亲属关系是否对个人有不同的重要性，而且差距显著？在近亲属群中，夫与妻、父母与其年轻子女、成年子女与其父母以及兄弟姐妹之间的日常交往和互相支持，是否有所不同？从民众的日常谈话与大众传媒的报道中，大家都会感觉当今城市家庭日趋小型化，呈现核心的组织，而且社会功能也随之减弱，导致问题丛生，例如夫妇冲突、分居或离婚、两代矛盾、儿童和老人缺乏适当照顾，以及青少年反叛行为等问题层出不穷。

其次，是城市居民的生活素质，尤其是情绪问题。自改革开放以来，中国城市生活发生了很大变化，工商业的发展和人口的增加，使企业与企业之间以及人与人之间的竞争越来越激烈，大家讲求功利，人情冷漠。城市居民受到的精神压力越来越大，情绪疾病的问题也就越来越严重和越来越需要政府、民间团体和学术界关注。我们要问：当今中国城市居民的情绪问题，是否确实变得很严重？他们能否从家庭中获得温暖的情意和有效的支持，以解决他们面临的种种困难和社会压力呢？

　　北京是中国的一个迅速现代化的大城市。本书的作者孙薇薇博士以北京作为研究基地，尝试了解上述的问题。她从社会学的角度和以科学的方法分析了大量的抽样调查数据，第一，准确地测量和揭露城市居民的精神健康问题，尤其是大家所关心和日益流行的抑郁症状；第二，理解和呈现当今城市家庭和亲属关系的结构和支持功能；第三，分析和验证不同的家庭组织和亲属关系如何为个人提供不同的情感性和工具性支持，因而对其精神健康有不同的保护作用。由于资料繁多和问题复杂，孙博士采用多变项回归的统计分析方法，简单而清楚地勾画出精神健康与多种社会现象之间的错综复杂关系。

　　孙博士所采用的抽样数据相当稳实和丰富，所采用的定量分析和实证方法也十分合适和有效，值得大家重视和参考。至于文献的综述，具有全面性和系统性，使人容易明白和比较古今中外同类研究的结果。更重要的是，孙博士依据其北京研究的结果，提出了许多精辟的见解，应有助于改善中国各地城镇居民的精神健康和家庭生活。

李沛良

香港中文大学 社会学系 荣休讲座教授

香港中文大学 伍宜孙书院院长

2013 年 3 月

目　　录

图表目录

第一章　导　论

一　研究的源由

一直以来，著名的医学人类学家阿瑟·克莱曼（Arthur Kleinman）教授关于中国精神疾病问题的研究在国内外学术界享有盛名，所引起的争论也是无数。而今天来看，这些研究却似乎有其更深远的意义。以一书举例 *Social Origins of Distress and Disease：Depression，Neurasthenia，and Pain in Modern China*[①]，此书记录了 20 世纪 80 年代初克莱曼教授在湖南医学院长期的田野调查结果，特别对"文化大革命"期间及之后不久的一段时期内中国对于精神疾病的治疗、诊断以及涉及的各类社会问题进行了剖析，一个最重要的结论就是：那个时代的中国，并不是没有精神疾病，而是将精神疾病进行了中国特有的政治歧视和文化歧视，并以中国特有的方式对其进行了"污名化"（stigma），其直接后果就是，中国人从医生到患者都否认了精神疾病在中国的存在，无论是医学合法性还是道德合法性，而那时的精神疾病则以躯体化（身体疾病）的形式出现，并冠以了"精神衰弱"这样一个边缘但合乎政治形势和文化取向的名称。

此书对探索当今中国精神健康问题的研究者来说，最大的收获就是可以对精神健康问题在中国很长一段时间内不受关注的原因找到一丝线索，更对为何精神疾病在中国污名化如此严重的渊源获得一些启示。

在古代，不论是东方还是西方社会，都一度认为精神疾病的产生是

---

① Kleinman, A., J. M. Anderson, K. Finkler, R. J. Frankenberg and A. Young, "Social Origins of Distress and Disease：Depression, Neurasthenia, and Pain in Modern China." *Current Anthropology* 24, No. 5（1986）：499 – 509.

恶魔缠身所致,治病的唯一办法就是"驱魔"。因此,在很长一段时间内,精神病患者不是被看作害人的魔鬼,就是被当成低人一等的贱民,同罪犯、乞丐一起被禁闭起来。这不仅使得精神病患者难以康复,也让精神疾病更加肆无忌惮地袭击毫无防范的其他人。著名社会学家帕森斯在1951年《社会系统》一书中,提出了一个当今医学社会学理论的基础性的概念——"病人角色",同时也界定了"疾病":疾病是一种社会偏离行为,"偏离"是在特定社会规范下,无法完成其角色任务和职责的行为。精神疾病被视为疾病中"偏离"特征最为典型的类别,甚至常常与犯罪同时作为社会偏离行为进行比较,例如都要由社会控制机构加以控制,即精神病院和监狱;而精神疾病患者可能伤害他人的状况也使其与犯罪有一定的相似性①。所以说,精神疾病从一被发现,其污名化特征就相伴而生。但这种污名化属性与20世纪特别是80年代前中国特定的社会环境相结合后,就产生了另一个隐性结果——隐藏甚至无视精神疾病的存在。这也是中国长久以来精神疾病未被国家、医务从业人员,以及普通大众重视的关键因素。民众的精神心理问题被断裂成两截,严重的精神病成为羞耻的代名词,心理问题则被认为是一种道德问题而被广泛压抑。

但精神健康问题在中国并不会因为无视或压抑便自行消失,1999年《中国/世界卫生组织精神卫生高层研讨会宣言》中表明:"(在中国)各类精神疾患和心理行为问题等精神障碍是严重威胁人民身心健康的一类重要疾病。自80年代初期以来,我国各类精神障碍总患病率呈明显上升趋势。"原卫生部副部长殷大奎②则于1999年11月11日至13日,在由中国卫生部和世界卫生组织联合主办、多部门参与的"中国/世界卫生组织精神卫生高层研讨会"上发言指出:"按照国际上衡量健康状况的伤残调整年指标(DALY)评价各类疾病的总体负担,精神障碍在我国疾病总负担的排名中居首位,已超过了心脑血管、呼吸系统及恶性肿瘤等疾患(WHO,1996年资料)。各类精神问题,约占疾病总负担的1/5,即占全部疾病和外伤致残及劳动力丧失的1/5。据1993年抽样调查表明,国内各类精神病的总患病率已由1982年的12.69‰上升到13.47‰(不含神经症)。1991年北京地区调查显示,神经症的患

---

① Weiss, Gregory L. and Lynne E. Lonnquist. *The Sociology of Health, Healing, and Illness.* 2nd ed. : Upper Saddle River, N. J. : Prentice Hall, 1997.

② 殷大奎:《中国精神卫生工作的现状、问题及对策(摘要)》,《中国民政医学杂志》2000年第1期,第1—3页。

病率为 35.18‰。"1993 年，卫生部的调查表明，中国有 1600 万重性精神病人。中华精神科学会副主任委员、世界精神病学会分类与诊断委员会副主任委员、卫生部发言人之一陈彦方教授①在接受采访时指出："今年举行的亚洲精神科学高峰会披露，估计中国目前抑郁症患者超过 2600 万，但只有不到 10% 的人接受了相关药物治疗……而中国人心理问题的范围实际比自杀要宽得多，如失学、下岗、婚姻问题等引起的各种心理问题等，其人数是精神疾病和自杀人数总和的 10 倍以上。"英国《每日电讯报》在 2009 年 4 月 28 日发文宣称"中国多达 1 亿人受精神疾病煎熬"②。目前中国面临精神疾病的人数具体数字如何，尚无权威调查资料，国内外专家的统一共识是：中国人的心理问题及精神健康问题将会持续增加。根据预测，进入 21 世纪后我国各类精神卫生问题将更加突出。在 2020 年的疾病总负担预测值中，精神卫生问题仍将排名第一③。

随着中国经济、社会的高速发展，精神卫生、心理健康工作越来越受到社会各界的广泛重视。2000 年，我国开始大规模开展精神卫生日④宣传活动。中国政府也认识到精神健康和精神卫生工作对建设和谐社会的深远影响，有关部门颁布的几个政策性文件具有代表性。2002 年 4 月，卫生部、民政部、公安部、中国残疾人联合会联合发布了《中国精神卫生工作规划（2002—2010 年）》。《规划》指出，做好精神健康工作，关系到广大人民群众的身心健康和社会稳定，对保障社会经济发展具有重要意义。2004 年，国务院办公厅转发了由卫生部等六部门和中国残疾人联合会联合签署的《关于进一步加强精神卫生工作的指导意见》，指出"精神卫生已经成为重大的公共问题和较突出的社会问题"，强调"加强精神卫生工作，做好精神卫生新形势下防治、预防

① 健康网：《心理问题危及上亿中国人》（http://www.cma-mh.org/common/article/articlecontent,asp?recordId=58178）。
② 环球网：《英报：至少一亿中国人患精神疾病》（http://www.chinapress.net/observer/2009-04/29/content_211483）。
③ 殷大奎：《中国精神卫生工作的现状、问题及对策（摘要）》。
④ 1991 年，尼泊尔提交了第一份关于"世界精神卫生日"活动的报告，这一报告受到了国际社会的重视。1992 年，由世界精神病学协会发起、由世界卫生组织确定，把每年的 10 月 10 日定为"世界精神卫生日"，旨在提高公众对精神疾病的认识，分享科学有效的疾病知识，消除公众的偏见。随后的十多年里，许多国家参与进来。至今，已先后举办了十多届活动。《卫生日介绍（14）：世界精神卫生日》中国学校卫生，Chinese Journal of School Health，2008 年第 11 期。

和减少种类不良心理行为问题的发生，关系到人民群众的身心健康和社会的繁荣稳定，对保障我国经济社会全面、协调和持续发展具有重要意义"。2005 年 9 月 21 日，卫生部在《关于开展世界精神卫生日主题宣传活动的通知》中指出"对精神健康的关注是对人的根本关注，国民精神健康和享有精神卫生服务的水平是衡量一个国家社会稳定和文明程度的重要标志之一，也直接影响到社会的和谐与发展"[1]。《精神卫生法》也列入 2009 年十一届全国人大常委会立法规划，《精神卫生法》主要解决的是精神领域里的问题、或者说是疾病，希望通过早期社会干预的方式，加大国家投入力度，能够减缓现代人面临的精神压力问题。

当代中国患心理问题的人数持续上升的原因，应置于转型期的中国这一较大社会背景之下，社会、经济等各方面的迅速发展和转变给社会带来巨变，人口流动、都市化、紧张的工作环境和独生子女家庭等，都会增加人们的心理压力。一方面，劳动力的重新组合、人口和家庭结构的变化、原有社会支持网络的削弱，导致了各种心理应激因素急剧增加，精神卫生问题日益突出。另一方面，社会经济发展、生活环境变化、人民生活水平提高导致我国居民疾病率、死因的较大变化。儿童的行为问题、大中学生的心理卫生问题、老年期精神障碍、酒精与麻醉品滥用以及自杀等问题明显增多[2]。一项对 1991—2000 年十年间北京市居民的精神健康状况的研究发现，人们的精神健康状况呈下降趋势，而这部分归因于人们正面对更多的生活压力，快速的社会变革正使人们的适应能力面临挑战和问题[3]。

显然，中国精神卫生问题也正获得越来越多的关注，但这种关注多限于病理心理学等学科，多学科共同投入对精神健康问题加以研究和探索尚处于刚刚起步之中。本书立足于社会学理论框架，以社会关系或社会结构为切入点，探索精神健康的差异性之源。这一方向的研究在西方社会学界已是十分成熟、著述颇丰。事实上，社会关系与健康、特别是精神健康研究的历史起源恰恰展示了一个多学科参与精神健康研究的优

---

[1] 潘荣华：《和谐社会的精神健康及其政策选择》，《中华医院管理杂志》2006 年第 7 期，第 433—437 页。

[2] 殷大奎：《中国精神卫生工作的现状、问题及对策（摘要）》。

[3] Lai, Gina and Rance P. L. Lee. "Market Reforms and Mental Health in Urban Beijing." In *Occasinal Paper Series No.* 40, edited by Tang Wing Shing. Hong Kong Baptist University：The Center for China Urban and Regional Study, 2003.

秀范本，正如伯克曼（Berkman）等学者[1]所介绍：

"社会关系与健康的研究的理论起源是以兼容并包的形式出现的。最早源自于社会学家迪尔凯姆，以及如约翰·鲍比（John Bowlby），一位英国的心理分析学家，他建构了依附理论（attachment theory）。而概念的发展则源自于一系列人类学家，包括伊丽莎白·博特（Elizabeth Bott），约翰·巴恩斯（John Barnes），克莱德·米切尔（Clyde Mitchdll），以及一群从事定量研究的社会学家，如克劳德·费希尔（Claude Fischer），爱德华·劳曼（Edward Laumann），巴瑞·威尔曼（Barry Wellman），彼德·巴斯登（Peter Marsden），等等，他们发展了社会网络的分析，再加上流行病学者约翰·卡塞尔（John Cassel）和柯布（S. Cobb）的研究。各种分支的发展共同奠定了社会关系与健康研究的基础。"

应该说这样一种多角度的融合和碰撞，才使得社会关系与精神健康的研究硕果累累。例如社会学家迪尔凯姆对社会整合性如何影响自杀发生率的研究；精神病学家约翰·鲍比的"依附理论"（attachment theory）侧重于对环境，特别是幼儿时期的环境，尤其是母婴关系对人们的精神病起源具有关键的作用的研究；心理学家罗伯特·卡恩（Robevt Kahn）和安托露丝（T. C. Antonuia）的"护航理论"（convoy model），关注于穿越一个人整个生命过程、环绕其周围并为其提供支持和形成互惠的社会关系……这些著名的研究成果来自不同学科的研究者，却为所有精神健康研究者所共享。但就目前对中国精神卫生研究发表的文献来看，多学科参与精神卫生研究，尚处起步之时，而进入这一领域的社会学家更是寥寥无几。因此，本书希望从社会学角度、参照西方研究结果，来尝试性地探讨中国的社会关系与精神健康问题。

社会关系，就是社会中人与人之间相互关联并相互维系的形式或特征，任何与中心人（ego）具有联系的"他者"（alter）都可以纳入研究范畴，而这些"他者"的集合便是社会网络，由这些社会网络提供的支持则是社会关系的功能性支持。在林南[2]看来，一个人的社会网络结

---

① Berkman, L. F., T. Glass, I. Brissette and T. E. Seeman. "From Social Integration to Health: Durkheim in the New Millennium." *Social Science & Medicine* 51, No. 6 (2000): 843 – 857.

② Lin, Nan. "Concepualizing Social Support." In *Social Support, Life Events, and Depression*, edited by Nan Lin, Dean Alfred and Walter Ensel, M. 17 – 30: Orlando: Academic Press, Inc., 1986.

构主要由三个层面组成：个人所处的小区，社会网络和可信任的伴侣。其中与个人最紧密的一层是由可信任的亲密关系组成。本书将探讨的便是社会关系中与中心人最亲密的部分，即亲属关系。

应该说，亲属关系的另一个同义词是"家庭"。家庭，是人类社会任何一个时期的基本单元。"家庭"可以被定义为：通过血缘、婚姻或联合方式，经济合作，共同居住，并可能生育孩子的成年人的联合[①]。由此可见，亲属关系可以包括有血缘关系和姻亲关系的所有人。本书将配偶、父母、兄弟姐妹，以及成年子女视为近亲属，将其他亲属关系则视为远亲属。

笔者对于中国城市家庭关系的兴趣，源于 2000 年对北京市养老问题进行的一系列调查，其中涉及中国代际关系问题。调查发现，中国传统代际关系与孝文化理念在中国城市养老的实践中发生重要转变，特别值得关注的是，子女对老人在经济上和日常照护等方面支持的责任开始弱化；老人对子代精神支持的期望更趋强烈[②]。值得一提的是，这一结论在发表之时，既得到许多学者的鼓励，引发他们的兴趣，但同时也引起了一些争论，认为在中国这样一个孝文化根深蒂固的国家，子女对父母的工具性支持在养老过程中应依旧保持其关键性的作用和主导性地位，不太可能被社会资源所取代。但有意思的是，2009 年笔者再提出这一论点时，许多研究者都给予了肯定，并表示这一结果与他们所进行的研究结果相一致，特别是子女精神支持对父母的重要性越来越被强调和证实。由此可见，中国城市中，养老关系到家庭关系的变化，正随着社会的深刻变化而悄然改变，这种改变，对人们的日常生活影响更加深远。在本书中，包括代际关系在内的家庭关系都是重要的关注内容，主要涉及：配偶关系、父母关系、成年子女关系，以及兄弟姐妹关系。

二　本书的理论关注和现实意义

（一）理论关注

理论层面的关注，本书期望建立社会网络，以及社会支持影响精神

---

① Strong, Bryan and Christine Devault. *The Marriage and Family Experience.* Wadsworth, Thomson Learning, 2001.

② 《中国城市养老预期》一文中表达此观点，发表于 2002 年 6 月，"哈佛大学—清华大学医学人类学国际研讨会"（北京）。

健康的相关模型，并在一定程度上论证其因果关系。本书所追随的研究范本来自于林南等学者①关于社会支持与抑郁症状的结构性分析的研究。正如他们在开篇所言：

"在过去几十年里，压力过程中的社会支持的研究越来越重要，但社会支持的定义却依然纷繁复杂。社会支持被视为结构性特征（如作为小区的一部分、一种社会网络、拥有人际关系），或被视为功能性特征（如有工具性功能和情感性功能）。但研究始终没有解决这些特征是社会支持中相互可以替代的部分，还是社会支持中两个完全不同的部分。"

正是基于这样一种定义混淆的情境之下，林南等人的研究试图对这两种特征加以区分。在他们的研究中，"结构性特征"代表"参与或嵌入小区或社会关系之中"，它体现了"归属感"（a sense of belongingness）、"紧密感"（a sense of bonding）和"结合感"（a sense of binding）②。而研究表明它们通过"功能性特征"对人们产生保护作用，从而抵抗压力、有利于精神健康。由此可见，"结构性特征"和"功能性特征"是两种不同的特征，它们对精神健康的影响也有所不同。

本书希望跟随这一研究的理论框架，再一次阐明"社会网络的结构特征—社会支持—抑郁症状"三者的关系及因果途径。在本书中，社会关系仅限定于亲属关系，社会网络特征包括特定关系的人数、居住关系、交往频率，社会支持将以被访者的预期支持为操作化指标，区分工具性支持和情感性支持。

这一理论框架同时还将验证社会网络领域中的一个重要理论，即"社会网络的支持论"。社会网络对精神健康之所以产生影响，有两种理论解释③："社会整合论"（social integration argument）认为侧重于整合性较好或邻里关系较好的小区能为其成员带来幸福感、主观认同感等主观感受；而"支持论"（support argument）则关注网络能够使人们从周围的人那里得益，获得他们想要的资源和支持，从而有利于身心健康。本书侧重于"支持"是否成为"网络结构"影响精神健康的中介，

---

① Lin, Nan and M. Kristen Peek. "Social Network and Mental Health." In *A Handbook for the Study of Mental Health*, edited by Allan V. Horwitz and Tereas L. Scheid. 241 - 258: Cambridge University Press, 1999; Nan, Lin, X. Ye and W. M. Ensel. "Social Support and Depressed Mood: A Structural Analysis." *Journal of Health and Social Behavior* 40, No. 4, (1999): 344 - 359.

② Lin, Nan. "Concepualizing Social Suppout."

③ Lin and Peek. "Social Network and Mental Health."; Lin, Ye and Ensel, "Social Support and Depressed Mood: A Structural Analysis."

由此而论证"支持论"的正确与否。

另外，本书还将对社会支持研究中"压力理论"的一个重要模式进行验证，即主效模式。在对社会支持对精神健康产生影响的研究中，"压力理论"是最重要的理论解释，而"压力理论"有两个模式，即主效模式和缓冲模式。乔治（George）[1] 认为，社会支持的主效模式主要是通过孕育自信心或自控力而对抑郁症状产生作用，而缓冲模式则是社会支持在高压力下对抑郁症状产生缓冲作用。本书将分析的是并非真正发生的、人们预期的支持，因此本研究关注的"社会支持的主效模式"[main（or additive）effects model]，即人们在未遭受压力时，社会支持也能促进人们的精神健康。

在以上所有的理论验证之前，对精神健康在社会人口基础上的分析也是本书的关注点之一。这被一些学者[2]视为社会网络/支持影响精神健康的"社会地位背景模型"（social statuses context），即运用社会地位去考虑人们在社会结构中的位置；这一方法认为，社会支持与精神健康的程度都将随着不同的社会阶级、性别、年龄、种族以及婚姻状况而改变。在随后的所有分析中，社会人口因素都将成为控制变项或分组变项，以发现不同群体中社会网络/支持对其精神健康的影响是否有所差异。

本书另一个重要的理论关注是，不同的关系提供不同的支持。本书的关注点在于不同的亲属提供不同的支持。许多研究都表明不同的网络提供不同的支持，而作为具有个人网络核心地位的亲属关系，不同类别之间是否也有支持功能上的分工，这也是本书考察的一个重要问题。而这一点也可能是影响人们精神健康的网络背景因素之一。

（二）现实意义

在现实层面上，本书希望在分析当前北京市居民的精神健康总体状况的基础上，进一步探索亲属关系（包括亲属的网络特征及亲属支持状况）对精神健康的影响。（1）正如上文所言，社会关系如何影响精神健康的研究目前在中国还不多见，因此本书希望通过数据分析以及与西方研究结果相对照，获得一些有望推进中国精神健康之社会学研究的结

---

[1] George, Linda K. "Stress, Social Support, and Depression over the Life – Course." In A-ging, *Stress and Health*, edited by Kyriakos S. Markides and Cooper Cary L. 241 – 267: New York: John Wiley & Sons, 1990.

[2] Haines V. A. and J. S. Hurlbert. "Network Range and Health." *Journal of Health and Social Behavior* 33, No. 3 (1992): 254 – 266.

果。（2）本书希望在资料分析的基础上，获得北京市居民个人亲属网络和支持状况结构性特征，例如人们与各类亲属居住、交往的普遍情况，以及他们从亲属中选择支持者（即可获得的支持源）的情况。这些将有利于探索中国城市居民亲属网络的结构性状况。（3）对于亲属支持的研究，以往的研究或仅以不同亲属提供何种支持为研究主旨（并不关注是否影响精神健康），或将中心人的主观被支持感程度作为影响精神健康的因素加以分析（并不关注是谁提供了这些支持），很少有研究既区分不同支持者又区分他们所提供的支持类别，即研究“不同支持者提供不同种类的支持，对人们的精神健康影响的差异性”。这一研究结果在中国更具有特殊的意义，一方面可以了解当前中国亲属所提供的支持与传统相比，是否有所差异；另一方面可以了解对于中国城市居民而言，谁提供哪些支持更能有益于人们的精神健康，进而通过这一结果还可以对有利于精神健康的城市家庭居住结构加以尝试性探索。

（三）基本假设

根据以上理论框架及社会现实考虑，本书最基本的假设是：

H1：亲属网络对人们的抑郁症状具有直接影响，即两者呈现显著相关性。

H2：亲属支持对人们的抑郁症状具有直接影响，即两者呈现显著相关性。

H3：亲属网络对人们的抑郁症状具有间接影响，而亲属支持是其中的中介变项（intervening variable），即两者的相关性在一定程度上通过亲属所提供的支持传递。

H4：不同的社会人口特征组别下，如年龄分组、性别分组后，网络及支持对人们抑郁症状的影响将会有所区别。

H5：不同的关系类别，即不同成员所形成的网络关系及所提供的支持，对人们的抑郁症状的影响有所差别。例如配偶与父母与人们形成的网络关系及支持关系，对人们的抑郁得分有不同的影响。

三　本书的主要内容

本书共设九章。第一章，即本章，主要指明本书研究主题的背景，从而引出研究的理论主旨和现实意义。第二章，对精神健康概念及研究范式、社会网络与支持对精神健康的影响研究进行综述，包括社会网络、社会支持、亲属关系（特别是中国亲属关系）、社会人口因素（年龄、性别、教育、婚姻）等，以及相应的理论研究。第三章，主要介绍本书的研究方法，包括资料说明、变项的测量、各章检验的假设，以及整体的研究框架等。第四章，分析北京市居民精神健康状况的基本情况，主要呈现北京市居民抑郁得分的社会人口特征，例如在年龄、性别、教育程度等人口学指标上的分布。第五章，分析北京居民的亲属网络特征及支持网的亲属分布情况，亲属网络类别包括配偶、父母、兄弟姐妹、成年子女、远亲属五个类别，亲属网络特征涉及此五类亲属的人数、交往频率、居住状况或距离；亲属支持状况主要探索五类亲属提供的工具性支持与情感性支持状况。第六章，针对亲属网络特征与北京市居民抑郁得分进行相关性分析（亲属网络特征—精神健康）。与此同时，本章还进行了社会人口因素的分组分析，以期获得不同年龄、性别、教育水平、婚姻等条件下，亲属网络特征对人们精神健康状况是否存在差异。第七章，分析亲属支持与北京市居民抑郁得分的相关性（亲属支持—精神健康）。亲属支持首先区分了六种日常情况，分析每种情况下获得不同亲属帮助的居民，其抑郁得分的排序；其后将六种情况之下的帮助归为工具性支持和情感性支持，分析不同亲属提供不同支持对人们的精神健康产生的影响。本章最终希望在了解不同支持对人们精神健康产生不同影响之后，总结当前中国家庭亲属关系的特征。第八章，探索亲属网络是否通过亲属支持对精神健康产生影响（"社会网络—社会支持—精神健康"），验证社会网、社会支持对精神健康的作用机制和途径。第九章，总结数据结果、理论验证结果，以及现实意义，并反思本次研究的局限。

第二章　精神健康与社会关系的研究回顾

第一节　精神健康的概念及研究范式

一　精神健康的概念：从疾病到健康

（一）精神疾病的概念

对于精神健康（mental health，另译"心理健康"）的研究，最早始于1843年威廉·斯威泽（William Sweetzer）首先提出的"精神卫生"（mental hygiene）概念。1893年，美国精神病学协会（American Psychiatric Association）创始人之一，艾萨克·雷（Isaac Ray），进一步将"精神卫生"（mental hygiene）定义为一门学科或技能，它能够有助于维持心态平衡以对抗意外事件及其产生的不良影响，这些不良影响可能会抑制或破坏个人能量、生存质量的发展。20世纪初，第一个精神健康临床门诊在美国开设①。

长期以来，精神健康常常被定义为"无精神障碍"，其主要原因在于，所有针对精神健康的预防、干预和治疗都旨在减少或阻止精神疾病的产生或恶化。因此"精神健康"与"精神疾病"的概念往往密不可分，互为反证。

何谓精神疾病（mental disorder，另译：精神障碍/心理疾病）？界定精神疾病非常复杂，其原因在于，一方面精神疾病的内涵常常发生变化，如直至1970年早期同性恋曾被视为精神疾病，但现在不然；另一方面，不同的宗教与文化的制约会使精神疾病的具体内容存在差异。至

---

① University, Johns Hopkins. "Origins of Mental Health." http：//www.jhsph.edu/departments/mental – health/about/origins.html.

于精神疾病的具体定义，不同学者有不同定义。有学者诉诸广义的定义：与积极的精神健康理想标准显著偏离的状态。但这种可能将任何精神上的受损或失能均当作精神疾病，如离婚、丧子等。有的学者诉诸狭义的范畴：将那些明确而高度违反人们意愿的行为者作为精神疾病患者，而仅仅是心情不好并不能作为精神疾病[1]。

在国际精神医学领域，目前对于"精神疾病"最权威的定义来自于由美国精神医学会（APA）出版的《精神疾病诊断与统计手册（DSM-IV）》[2]。这一定义最早完成于《精神障碍统计手册》DSM-Ⅲ，由美国精神医学会的前任主席罗伯特·斯皮策（Robert Spitzer）博士推动完成，沿用至今。其中将"精神疾病"定义如下：

精神疾病（精神障碍）是发生于某人的临床上明显的行为或心理症状群或症状类型，伴有当前的痛苦烦恼（distress）（例如，令人痛苦的症状）或功能不良（disability）（即，在某一个或一个以上重要方面的功能缺损），或者伴有明显较多的发生死亡、痛苦、功能不良，或丧失自由的风险。而且这种症状群或症状类型不是对于某一事件的一种可期望的、文化背景所认可的（心理）反应，例如对所爱者死亡的（心理）反应，不论其原因如何，当前所表现的必然是一个人的行为、心理、生物学的功能不良。但是，无论是行为偏离正常（例如，政治的、宗教的、性的），还是个人与社会之间的矛盾冲突，都不能称为精神障碍，除非这种"偏离"或"冲突"是如前述那样的个人功能不良的一种症状。[3]

结合罗伯特·斯皮策对精神疾病的阐释[4]及以上定义，我们可以总结出精神医学的定义下的"精神疾病"具有以下基本特征：（1）是一种会改变行为的心理状态；（2）个体具有痛苦烦恼的特征；（3）个体具有功能受损（行为、心理、生物学、社会功能）的特征；（4）个体行为或心理与固有的文化相偏离或冲突，且这种偏离或冲突是因为其（行为、心理、生物学、社会功能）功能受损而致；（5）这一状态需要被治疗。

---

① Mechanic, David. "Mental Health and Mental Illness: Definitions and Perspectives." In *A Handbook for the Study of Mental Health*, edited by Allan V. Horwitz and Tereas L. Scheid. 12.–28: Cambridge University Press, 1999.

② DSM 系统是西方精神科医师和心理治疗师诊断精神疾病的重要工具。

③ 精神疾病诊断与统计手册（DSM-IV），美国精神医学会（APA）出版。

④ Mechanic, "Mental Health and Mental Illness: Definitions and Perspectives."

社会学家同样将精神疾病视为一种偏离行为，认为"精神疾病"表现为某些思维过程、感受、行为与人们通常的行为或经验相偏离，且周遭的其他人受之影响，或将其视之为问题并且需要进行干预。首先，由精神疾病产生的思维过程、感受、行为具有令人烦恼或破坏性的特征；其次，这些问题是源自于人的功能失调，他/她的精神与身体的某些方面不能完成其原本的功能。社会学家强调，（1）古怪的、无意义的行为，不为他人所理解。从社会学观点来看，观察者都处于"他者"（other）的角色；（2）病的（sick）和坏的（bad）之间的差别，后者被视为具有利己主义的动机，否则则为前者①。

以上表述我们可以看出，社会学家们的研究并不侧重于如何定义，他们关注于"精神疾病"或"精神健康"的特征呈现与多维成因。在疾病个体的特征呈现上，社会学视角与医学定义下的"精神疾病"是一致的：个体具有痛苦、功能受损导致心理及行为偏离的特征，且需要进行干预。但在成因上，医学定义仅将之归因于疾病本身导致的功能受损；而社会学视角更加关注"他者"与精神疾病个体关系的维度：（1）疾病个体会对他人产生影响（而不仅仅是个体本身受损）；（2）心理或行为的偏离是源自于功能受损，但也可能是源自于他者的不理解而产生的标签化过程；（3）干预需要，可能源自于周遭其他人认为需要进行干预（个体本身可能并无此需要）。严格意义上来说，医学定义关注"个体本身"是否出现偏离，而社会学定义关注"个体本身"是否出现偏离，也关注是否是"他者镜像"制造了所谓的"偏离"。不难看出，前者视野中，偏离若出现被视为客观存在，而后者则认为偏离原因可能存在双重解释，可能是客观存在，抑或是文化与制度的产物（"他者"镜像）。

（二）精神健康的概念

以"精神疾病"来反证"精神健康"，这体现的是"非此即彼"（"非健康则疾病"）的二元论思想。这种思想的产生与20世纪80年代开始的医学模式转变密切相关。

在20世纪70年代，"连续模式"（continuous model）主导了精神健康与精神疾病的研究和实践。在这一模式中，精神健康和疾病被视为连续统（continuum）的两极，大多数值都散布在两极之间的地带。精神疾病并不是一个与精神健康完全不同的类别，相反，正常与非正常行

---

① Mechanic，"Mental Health and Mental Illness：Definitions and Perspectives."

为、健康与疾病均处于变化中的维度。健康与疾病的边界并不是固定的而是变动的，并服从于社会环境的影响。至 20 世纪 80 年代，精神健康与疾病作为连续统的两个端点转变为更多地强调是作为独立的或两元的，从而形成了二元论的模式，即一个人非疾病则健康。在这个观点下，根据症状学分类有精神疾病的人们被置于特定的疾病类别。这种离散模式起源于强调基因学、生物学方法的生物医学研究。到目前为止，不同学者依然未达成一致，有人支持前者，有人主张后者，有人则兼容并包①。

如果我们赞同疾病与健康之间并非二元对立，而是边界模糊，这意味着"精神健康"的界定将具有更多的复杂性和不确定性。因为如果以二元论来定义，则只要缺乏疾病症状（医学检测下）的状况，我们都可以界定为"健康"；但如果是连续模式下，既可能存在有疾病症状的人符合"健康"标准的情况（例如现在更多的研究开始关注生命质量相关健康自评的测量，有研究发现：医学检测下健康水平更低的人，却有更好的健康自评），也可能存在没有疾病的人却并非是真正的"健康"。

另外，精神健康（心理健康）在众多的研究和测量过程中，通常都包含多维内涵：自尊、自我潜能的实现，维持令人满意的、有意义的社会关系的能力，心理幸福（psychological well - being）。不同的学者强调心理幸福的不同层面，例如，有的将心理幸福操作化为自我接受度、与他们积极的关系、自主性、环境的掌控力、生活目标性、个人成长②。

那么，究竟何谓"精神健康"？目前，最权威和通用的定义源自世界卫生组织的界定："精神健康是指一种健康状态，在这种状态中，每个人能够认识到自己的潜力，能够应付正常的生活压力，能够有成效地从事工作，并能够对其社区作贡献。"这一定义，与世界卫生组织其《组织法》中对"健康"定义的理念相一致："健康不仅为疾病或羸弱之消除，而系体格、精神与社会之完全健康状态"，强调了精神健康的积极方面③。

由此可以看出，现代社会对于精神健康的要求，并非单纯的疾病的免除，而是广泛的要求：精神健康的组成远远多于"精神疾病免除"。

---

① Horwitz, Allan V. and Teresa L. Scheid. "Approaches to Mental Health and Illness: Conflicting Definitions and Emphases." In *A Handbook for the Study of Mental Health*, edited by Allan V. Horwitz and Tereas L. Scheid. 1 - 11: Cambridge University Press, 1999.

② Ibid.

③ Organization, World Health. "Mental Health: A State of Well-Being." http://www.who.int/features/factfiles/mental_health/en/index.html.

这也直接影响了现代精神健康倡导和干预的走向：倡导关注对于更普通人群的精神健康服务，并不仅仅是那些严重的精神疾病群体；更加强调预防、教育、干预和治疗相结合多元模式。

二　精神健康的社会学研究范式

索茨（Thoits）[1] 对精神健康的不同研究范式有非常详尽的解释和阐释，他认为，生物学或医学范式将精神疾病视为一种疾病或躯体（或大脑）的受损；心理学范式将精神疾病视为在意识或心智（精神）上的病态或非正常；而社会学范式将精神疾病视为不可抗的环境压力下的崩溃。前两种范式将精神疾病的决定因定位于个人内部（身体或精神），而社会学范式定位于外部，即个人所处的社会环境。

社会学研究中，关于"精神健康"的社会学概念多种多样，其中最为重要的三大理论视野是：社会结构紧张理论，压力理论，标签理论[2]。

第一项理论是社会结构紧张理论（structural strain theory），例如，默顿的社会失范理论（anomie theory）、迪尔凯姆对自杀的社会结构理论。这类理论核心主张是，社会结构与组织在精神疾病发生与原因上都有重要的作用，宏观社会和经济紧张（矛盾）会使某些群体处于更高的精神疾病发生风险中。这一理论的两个假设：第一，社会组织，特别是经济组织，将一些群体置于经济或社会不利地位中，如少数民族群体、女性、未在婚姻中、老年、贫穷者等；第二，社会经济的不利地位会导致较高风险的情感与心理受损。

尽管结构紧张理论在许多研究中都得到了验证，说明社会制度、文化紧张、关系矛盾、经济地位、社会身份等都会使人们陷入更高的精神健康危机之中，但结构紧张理论所暗示的解决心理疾病的干预策略的有效性却很少能够得到验证。最重要的原因在于，对应的政策通常需要宏大而昂贵的社会整体项目来实现，需要政策制定者制定政策法案并提供资金援助，这为这类对策实施的可行性带来了巨大的困难。20 世纪 70 年代，美国开展了西雅图—丹佛收入维持（IM, Income Maintenance）实验，5000 户低收入家庭进入到实验中，其中一半作为实验组（给予

①　Thoits, Peggy A. "Sociological Approaches to Mental Illness." In *A Handbook for the Study of Mental Health*, edited by Allan V. Horwitz and Tereas L. Scheid. 121 – 138; Cambridge University Press, 1999.

②　Mechanic, "Mental Health and Mental Illness: Definitions and Perspectives." Thoits, "Sociological Approaches to Mental Illness."

收入保障政策），另一半为控制组。实验是为了研究经济保障对人们就业行为和家庭稳定性的影响，心理紧张的症状（symptoms of psychological distress）研究也涉及其中。但是，实验结果显示实验组与控制组之间的心理紧张症状并没有显著差异，说明对于工薪阶层和贫困家庭的稳定收入支持并不能对精神健康提升产生有效作用[①]。因此，社会行为的复杂性，往往会给我们的研究预期带来未预期后果，而对于精神健康的干预策略是非常复杂的。

第二项理论是压力理论（stress theory），最初由心理学家 Hans Selye 在动物实验的基础上提出的。詹姆斯·霍姆斯（James S. Holmes）和理查德·拉赫（Richard Rahe）则开始关注社会压力，主要侧重于生活事件的研究。生活事件，是指人们生活的重大转变，且这些转变要求人们大量的行为调整与再定位。行为调整将会给人们的适应或应激带来超负荷，因此导致人们更多地面对躯体疾病、受伤、甚至死亡的威胁。生活事件中负面生活事件与心理问题的强相关更为显著。在压力与应激理论模式中，心理紧张与一些精神疾病被认为是应对和处理负面生活事件失败的结果。压力（stress）被认为是生活事件对个人能力的要求和个人实际应付这些事件能力之间的失衡。应激（coping）通常被认为是处理特定状况时对资源的要求。

第三项理论是标签理论（labeling theory），其基本观点是：那些被贴上"偏离"标签并被视为"偏离"的人成了"偏离者"。偏离（diviance）是指违反或打破常规。精神疾病症状被视为违反了思想、感受和行为的常规。标签理论则认为，本质上，对某一行为的社会定义和响应的过程实际上形塑了人们在压力下的行为。"贴标签"的过程经常对人们在"压力下的行为"污名化，并排斥这些行为，限制具有这些行为的人们的一些机会，并因此强迫他们进入特定的生活轨迹。这一理论的强硬派认为，对那些被视为有精神疾病的人们的社会定义的过程和隔离实际上强化了这些异常行为，即通过赋予他们精神疾病的病人角色，从而使这些人的病人角色得以自我认同和强化，最终加深了异常行为。而温和派则认为，"贴标签"过程并没有导致疾病，而是对疾病的过程和人们如何长时间地应对自己的状态产生影响。因此，这一派更多地关注污名化

① Thoits, Peggy A. "Conceptual, Methodological, and Theoretical Problems in Studying Social Support as a Buffer against Life Stress." Journal of Health and Social Behavior（1982）: 145 - 159.

（stigma）、歧视和社会排斥等社会现象。

与温和派一脉相承的集体动员理论（collective mobilization），认为社会定义和社会结构或是夸大或是缩小了人格或人性受损的状况。这一观点最为关注的是，社会和政治因素对特定受损个人的影响。通过界定个人为"受损"（impairments），社会生产了"失能"或"残疾"（disabilities）的概念，而在其他方面社会禁止这些人的潜在生产能力。例如，残疾人进步运动就指责社会和政府对残疾人在获得社会准入资格和社会机会上的政策不力，使得残疾人的生产力受到限制，从而加深了残疾人对社会和他人的依赖。

以上三大理论从不同视角阐明和解释了影响精神健康产生和存在的社会性原因。社会结构紧张理论揭示了对于特定社会群体，存在着由社会整体建构的且普遍存在的风险。压力理论解释了社会结构式风险如何在个人生活中转变为压力性事件和经验，从而桥接了宏观社会结构与微观个人实践的关联。压力理论表明，生活事件与紧张在个人生活中累积后，他们摧毁了人们的应对能力与资源从而产生了心理疾病的症状。因而压力理论嵌入于社会结构紧张理论，或是其内在假设。标签理论表明，频发的、严重的、显而易见的症状可以产生损害过程。对于这些症状的社会反应迫使人们接受正式的精神科诊断（医院化），并最终接受精神病人角色认定。

不同学科都开展了丰富的精神健康和疾病研究，但各类学科范式的侧重点存在明显的差异。精神生物学观点长期关注家庭遗传等问题，例如，基因研究说明了基因对精神疾病的易感性和脆弱性，而这种脆弱性仅仅是处于特殊的社会环境情景下，才会发展为疾病。流行病学观点一方面关注于社区精神疾病的模式及验证其成因的因果假设，另一方面也有效地推动了生物学变量与社会变量互动效应的研究。而社会学研究则旨在探索这些社会脆弱性因素及其与健康（疾病）之间的关系。社会学范式较之于生物学医学范式，更加关注"他者"（社会结构与制度、社会文化、社会关系）与精神疾病个体的关系（正如对"精神疾病"概念进行界定时的学科差异）。

三 精神健康的测量与操作化

（一）精神健康研究的对象

从以往精神健康相关研究来看，研究对象通常可分为两类：一是未曾接受医院治疗的样本；二是曾经接受过治疗的样本。前者是采用调查方式，评价调查样本的精神健康状态；后者调查的一个基本假设是，假定精神卫生设施的使用情形足以反映一般人口对于精神卫生服务的需要。但精神卫生服务的"利用"是否与"需要"一致呢？大量对于华人使用精神卫生设施的研究表明：（1）与其他种族相比，以精神疾病为理由而住院的华人为数较少；（2）这些所占比率不大的住院华裔病人，其病情都比白种病人更为严重；（3）华人比白种人更容易以生理症状表达其情绪上的障碍或疾病。因此，华人比其他种族更少地利用精神卫生服务和治疗设施，如若利用，其病情都已非常严重①。

由此，我们可以看出，精神卫生的"利用"往往低于"需要"，华人尤其如此。既然华人群体对于精神卫生设施的利用情况并不能直接反映其真实的心理健康服务需求，那么针对中国人群开展的精神健康研究，仅仅采用接受过治疗的样本显然远远不够。

事实上，许多研究都证明临床发病率与实际（社区）发病并不相同，其间原因多种多样，例如对医疗设施的可及性差异、对于精神疾病就医行为的文化差异等，因此基于社区人群的抽样调查比临床就诊率更能反映总体人群的精神健康与疾病状况②。正因如此，针对社区人群的调查也一直是精神健康研究的重要领域。

（二）精神健康测量的指标：以抑郁情绪为例

测量精神健康之前首先需要区分四个概念，一是情绪（mood），即对于可察觉的心理、主要情感或感受的表述；二是症状（symptom），即疾病或困扰的主观证据；三是症候群（syndrome），即共同发生的症状的集合，且可界定某种特定的非正常；四是精神疾病（psychiatric illness），当存在心理不健康的明确证据时则可称之为疾病③。

对于社区人群精神健康的调查首先要求的就是制定能够满足社区人群，且可以发现精神疾病（问题）症状的测量标准。事实上，到目前为止，并没有能够决定性地推导出精神疾病发生情况的"黄金标准"，最

① Tsai, Mavis, L. Neal Teng and Stanley Sue.《在美华人的心理卫生状况》，载林宗义、克兰曼编《文化与行为：古今华人的正常与不正常行为》，柯永河、肖欣义译，香港中文大学出版社 1990 年版，第 245—261 页。

② Wakefield, Jerome C. "The Measurement of Mental Disorder." In *A Handbook for the Study of Mental Health*, edited by Allan V. Horwitz and L. Scheid. Tereas 29 – 57: Cambridge University Press, 1999.

③ Ensel, Walter M. "Measuring Depression: The Ces-D Scale." In *Social Support*, *Life Events*, *and Depression*, edited by Nan Lin, Dean Alfred and M. Walter Ensel, 51 – 70: Orlando: Academic Press, Inc., 1986.

重要的原因在于精神疾病症状的复杂性。因此，在社会学关于精神健康的社区调查中，往往采用症候群在某类人群中的流行情况作为测量方式。

由于是针对社区人群开展的调查，因此此类标准的操作应无需精神科或心理学专家来操作（成本过高），其基本要求包括：（1）能够由普通调查员操作和录入。（2）能够包含所有作出初步诊断的问题。（3）诊断标准无需专业医师完成，因而，此标准无论是问答过程还是诊断过程都必须清晰无歧义、规则固定程序化。目前大多数研究都采用的是症状列表，并将其中一部分作为被访者疾病认定的症状库；这些工具通常由一系列关于症状的问题组成，通过评分来作为认定标准[1]。

在精神疾病中，发病率最高的三类是广泛性焦虑症（generalized anxiety disorder）、重性抑郁症（major depresive disorder）、酒精滥用（alcohol abuse）[2]，这一点在我国相关研究中也得到认同[3]。许多研究都会将这三类病症的发病情况或流行情况作为特定人群精神健康的测量指标。至于社区人群的精神健康状况，以下以抑郁症状为例，介绍抑郁症状指标的基本维度、测量量表与在我国社区研究的情况。

抑郁症（depression）是精神健康研究中的重要维度。抑郁症通常有以下几类症状：情绪变化，包括感觉悲伤、可怜、孤独；负面的自我评价，如感觉有罪、自我羞耻感等；对于日常事务和性生活均丧失能力，即精力的普遍缺失；睡眠与饮食均存在问题，胃口不好或暴增；无法集中精力；反应迟钝或易激动等[4]。通常，研究测量的"抑郁症"可被区分为：（1）抑郁情绪（depressed mood），即有大量的抑郁症状；（2）心理疾病（psychiatric disorder），即依照传统的诊断标准。相对于临床医生和流行病学家更多地关注抑郁疾病，社会科学的大多数研究则主要关注抑郁情绪，或称为"抑郁症候群"（depressive symptomatolo-

---

① Wakefield，"The Measurement of Mental Disorder."

② Ibid.

③ 方向等：《福建省精神障碍流行病学调查》，《中华精神科杂志》2011 第 44 卷第 2 期，第 103—107 页；韦波等：《广西壮族自治区城乡居民精神疾病流行病学调查》，《广西医科大学学报》2010 年第 6 期，第 951—956 页；孙霞、李献云、费立鹏：《中国北方两地城乡居民常见精神卫生知识知晓情况现况调查》，《中国心理卫生杂志》2009 年第 23 卷第 10 期，第 729—733 页。

④ Rosenfield, S. "Sex Differences in Depression: Do Womenalways Have Higher Rates?" *Journal of Health and Social Behavior*, No. 21（1980）：33–42.

gy）。他们在研究中通常用的测量方法有三种：CES-D 法①，健康和日常
生活的抑郁症量表（Moos, etc., 1983），以及抑郁症自我评价量表②。
这些量表测量法的优点是：各个水平的抑郁症状都得到了测量；适用于
社区人群抑郁症候群流行状况的测量；量表产生均为连续变项，这更能
适应统计方法③。

最常用于测量抑郁症状的量表是 CES-D（The Centre for Epidemiologi-
cal Studies of Depression scale）④。有学者曾经对这一量表的特征及它在
小区人群中的适用性进行过讨论。量表共有 20 项指标，每项的回答赋
值为 0—3 分，则此量表未加权的总分值为 0—60 分。量表包括抑郁情
绪、有罪或无用的感受、无助或无望的感觉、缺乏胃口、睡眠障碍，以
及运动迟缓等几个部分。被访者被问及在过去一周内他们的感受。20
项自我报告的症状进行评估后，较高分数的表示具有较多的抑郁症状。
这一量表在对美国的小区研究中，均体现了较高的信度和效度⑤。这一
方法在引入中国的研究过程中，进行了本土化操作，即形成了适合中国
的版本（Chinese version）。林南⑥的研究最有代表性。他以天津的 1000
位居民的抽样数据为基础，分别测试了 CES-D 的 16 项、20 项、22 项、
26 项指标量表。20 项量表为 Radloff 的 CES-D 原始量表，其中包括 16
项正向问题和 4 项负向问题。林南在与中国精神健康工作者广泛交流
后，新添 6 项问题从而形成 26 项量表。从 20 项及 26 项量表中均删减
掉 4 项负项问题，则分别形成 16 项量表与 22 项量表。这些量表的问题
均包括心理感觉、身体状况和自我评估三个方面。在一系列心理测量学
分析后，包括效度和信度，林南建议 22 项量表和 16 项精简量表，对中
国人口最为适用。这一量表的中国本土化，还有助于解决中国人对于精

---

① Radloff, Lenore Sawyer. "The CES-D Scale a Self – Report Depression Scale for Research in
the General Population. " *Applied Psychological Measurement* 1, No. 3 (1977): 385 –401.

② Zung, W. W. K., C. B. Richards and M. J. Short. "Self – Rating Depression Scale in an Out-
patient Clinic: Further Validation of the SDS" *Archives of General Psychiatry* 13, No. 6
(1965): 508.

③ George, "Stress, Social Support, and Depression over the Life – Course. " Ensel, "Measu-
ring Depression: The CES-D Scale. "

④ Ibid.

⑤ Ensel and Woelfel, "Measuring the Instrumental and Expressive Functions of Social Support. "
Radloff, "The CES-D Scale a Self – Report Depression Scale for Research in the General Pop-
ulation. "

⑥ Lin, Nan. "Measuring Depressive Symptomatology in China. " *Journal of Nervous and Mental
Disease* 177, (1989): 121 –131.

神问题时的"躯体化"（somatization）表现。克莱曼等学者都发现，中国人倾向于用描述身体状态的语言表达精神问题，这一现象被称为"躯体化"。这一现象造成的结果是中国人较少愿意或可能表述精神方面的症状。林南对天津的调查表明，尽管中国人往往以身体症状来表述精神问题，但他们也能够回答精神疾病的症状性的问题。开放式的问诊往往使中国人更多地描述身体上的不适，只有准确的、针对精神疾病的症状的、结构性的询问，才能得出有效的症状学的结果。由此可见，中国人对精神问题的"躯体化"表达是文化上的原因而非认知倾向。只要调查适当，他们也能够表达正确的认知性的症状。而 CES-D 正可以有助于解决这个难题。1991 年林南主持的一项北京地区小区调查，即采用了 22 项版本的量表法。

随后，利用 1991 年和 2000 年对北京市居民的调查资料，一项相似的研究①在验证 CES-D 时也显示了类似的结果，即 22 项量表在两项抽样数据中具有较高的信度（1991 年：$\alpha = 0.93$；2000 年：$\alpha = 0.89$）。并且，22 项量表的 α 系数均比 16 项、20 项以及 26 项量表高。除了对 CES-D 量表的验证，这项研究还发现，在 1991—2000 年十年间，北京市居民的精神健康显现下降趋势，而这部分归因于人们正面对更多的生活压力，快速的社会变革正使人们的适应能力面临挑战和问题。这一结论验证了"社会调适论"（social adjustment approach），即精神疾病是个人对于不断增长的和变化中的社会要求无法适应的结果。此研究还否认了"社会解体论"（social disorganization perspective），此论点认为，社会改变带来的人口流动，将破坏人际关系，导致社会支持的缺失，从而带来精神健康问题。但研究的结论表明，北京的社会关系状况，在 2001 年与 1991 年均保持了较高的亲属关系满意程度，社会关系对精神健康的保护性功能依然存在。肖凉认为，在改革时期，变革和竞争加剧的外部环境可能会强化人们对更加优质的家庭关系的需求，以使人们能够获得溯源去应对不断变化的社会要求。一项 2000 年对上海的人口调查发现，调查所得的抑郁症患病率比 1993 年国内 7 个地区情感性精神障碍流行病学调查的抑郁症患病率增加了近 13 倍，说明抑郁症患病率明显上升；同时发现抑郁症状发生的年龄段以 36—55 岁最多，达到 59.7%②。

---

① Lai and Lee, "Market Reforms and Mental Health in Urban Beijing."

② 肖凉等：《城市人群中抑郁症状及抑郁症的发生率调查分析》，《中国行为医学科学》2000 年第 9 卷第 3 期，第 3 页。

另外，对于 2000 年的调查数据，一些研究也相继完成或正在进行中。陈膺强与李沛良①证明了 CES-D 与"快乐程度"量表的显著相关，并分析发现，在香港与北京的资料对比中，香港老年人相对北京老年群体呈现更多的抑郁症状。而本书分析研究所基于的资料，也将是这份 2000 年的抽样数据（数据背景及本书分析所采用的部分，将在后文"研究设计"中予以介绍）。

第二节　社会关系与精神健康

一　社会关系与健康研究的历史起源

伯克曼等学者的文章②对社会关系与健康研究的历史起源作了详尽的阐述。社会关系与健康相关研究的理论起源是以兼容并包的形式出现的。最早源自于社会学家迪尔凯姆，以及如约翰·鲍比，一位英国的心理分析学家，他建构了依附理论（attachment theory）。

迪尔凯姆对社会性整合力和凝聚力（social integration and cohesion）如何影响死亡发生的研究贡献，对以后的研究影响深远。他解释了人们的病理为何是社会机制所造成的③。在对于自杀起因的研究中，迪尔凯姆将自杀的本质性原因大部分地归结为群体的社会整合程度。约翰·鲍比是 20 世纪最重要的精神病学家之一，他提出的"依附理论"（attachment theory）认为④，婴儿的依恋对象可以为其提供一个安全的保护圈，他们以此为安全基地，而能够接着在更大的环境中探索和前进。对于青年人，约翰·鲍比将婚姻作为安全基地，人们以此为基础去工作和探索其他事物⑤。约翰·鲍比理论的重要性在于，他阐明了人们对于安全依附及其所带来的爱、信任的需要，安全和自信的感觉能够使人们在一生

---

① Chan, Y. K. and R. P. L. Lee. "Network Size, Social Support and Happiness in Later Life: A Comparative Study of Beijing and Hong Kong." *Journal of Happiness Studies* 7, No. 1 (2006): 87 – 112.

② Berkman et al., "From Social Integration to Health: Durkheim in the New Millennium."

③ Link, B. G. and J. Phelan. "Social Conditions as Fundamental Causes of Disease." *Journal of Health and Social Behavior* 35, (1995): 80 – 94.

④ Bowlby, J. *Attachment and Loss: Attachement.* London: Basic Books, 1969.

⑤ Holmes, J. John. *Bowlby and the Attachment Theory.* London: Routledge., 1993.

中维系持久的、相爱的、安全的人际关系①。

从 20 世纪 70 年代到 80 年代，一系列研究均显示，社会关系或社会网络的缺乏预示了许多死亡的原因②。这些研究大多关注好友及亲属的数量，婚姻状况，在宗教与社会团体中的关系等。这些测量都统一地将"嵌入性"或"整合"界定为，从亲密到扩展（from intimate to extended）的卷入性关系。大多研究既包含对"强关系"的测量，也涉及对"弱关系"的测量③。

关于社会网络的早期研究中，一些健康心理学家主要不再关注于对社会网络结构的阐明，而是转向关注于社会关系的质的方面，例如，社会支持的提供，或者社会关系有害于健康的方面。特别重要的贡献为，卡恩和安托露丝④提出的"护航理论"（convoy model），这一理论将个人的一生视为：在穿越整个生命的过程，个人的周围是由他人环绕的，这些他人与个人共享经历、历史并能为个人提供支持，并且彼此在一生中互惠。林南和他的同事们所提出的社会资本理论⑤对由豪斯（House）⑥所提出的支持的几个关键部分进行了界定。

尽管以上的研究都表明，社会关系研究最重要的方面是网络所提供的支持。但伯克曼等学者⑦认为，社会支持并不是网络影响健康的唯一途径。事实上，社会结构和背景是影响社会网络和支持的基础。

① Berkman et al. , "From Social Integration to Health: Durkheim in the New Millennium."

② Berkman, L. F. "The Role of Social Relations in Health Promotion." *Psychosomatic Medicine* 57, No. 3 (1995): 245 – 254; Cohen, S. "Psychosocial Models of the Role of Social Support in the Etiology of Physical Disease." *Health Psychology* 7, No. 3 (1988): 269; House, J. S. , K. R. Landis, and D. Umberson. "Social Relationships and Health." *Science* 241, No. 4865 (1988): 540 – 545.

③ Granovetter, M. S. "The Strength of Weak Ties." *American Journal of Sociology* 78, No. 6, (1973): 1360 – 1380.

④ Antonucci, T. C. and H. Akiyama, "An Examination of Sex Differences in Social Support among Older Men and Women." *Sex Roles* 17, No. 11 (1987): 737 – 749; Antonucci, T. C. "Social Networks in Adult Life and a Preliminary Examination of the Convoy Model." *Journal of Gerontology* 42, No. 5 (1987): 519 – 527; Kahn, R. , and Antonucci. T. "Convoys over the Lifecourse: Attachment, Roles and Social Support." In *Life Sapan Development and Behavior*, edited by P. B. Baltes and O. Brim. 253 – 286: New York: Acamemic Press, 1980.

⑤ Lin, Nan, A. Dean and W. M. Ensel, *Social Support, Life Events and Depression.* New York: Academic Press, 1986.

⑥ House, J. S. *Work Stress and Social Support.* Addison – Wesley Publishing Company Reading, MA, 1981.

⑦ Berkman et al. , "From Social Integration to Health: Durkheim in the New Millennium."

当前社会网络的研究中，也有许多是对社会地位和经济不平等与社会网络之间关系的研究①。因此，社会网络实际上是通过许多途径对健康产生影响的。他们用下图（见图2-1）来表明社会网络与健康的研究关系。从宏观社会背景（作为社会网络形成的社会基础），到社会网络的形成，到使社会网络产生效应的四个途径（社会支持的提供，社会影响，社会参与依附，资源或物质的获得），最后到微观心理或行为过程（直接的心理压力反应；涉及自信、安全感受、自我效能在内的心理状态；有损健康的行为或有益健康的行为；身处疾病感染的网络中）。

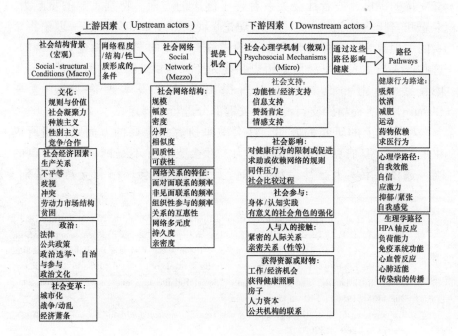

图2-1 社会网络影响健康的概念模型图

（Berkman，etc.，2000：847，图1）

---

① Wilkinson, R. G. "Inequalities and Health – Income Inequality, Social Cohesion, and Health: Clarifying the Theory-a Reply to Muntaner and Lynch." *International Journal of Health Services* 29, No. 3 (1999)：525 – 544.

二　社会网络与精神健康

19 世纪 50 年代，许多英国人在既定的群体框架下很难理解人们的行为。巴内思①和博特②发展了“社会网络”的概念去分析人们的关系，例如工作获得、政治行为或婚姻等，而这一概念跨越了传统关系、阶级等概念的限制。社会网络模式的发展提供了一个人际关系的结构性视角，而不受群体分类的局限。网络分析关注结构和网络的组成，以及在这些网络中流动的内容和特定资源。社会网络理论的力量在于它立足于可测量的假设，这一假设是，网络的社会结构通过形塑那些可以决定机会获得的资源流动，从而较大程度的决定了人们的行为和态度。网络理论家们分享了迪尔凯姆和结构功能者们的许多中心假设。核心的相似点为，社会组织的结构性安排形塑了人们可获得的资源，并因此也影响甚至建构了人们的行为和情感反应。另一个重要贡献在于，发现网络的结构可能并不总是与默认的“社区”（Community）结构相一致，这一默认的结构是以地理或亲缘标准为基础的。因此，威尔曼③认为：社区的真实本质应该是社会结构，而非空间结构。社会网络法之独特的分析重点在于，强调分析社会网络的结构，描绘社会联系和关系的联络图，研究的既是网络中参与的中心人及其关系，又包括在中心人网络中其他人之间的相互关系。网络分析被认为能够更加有效地理解人们的健康或疾病行为，这些行为与支持者或支持信息之间紧密联系④。Israel⑤ 区别了一系列网络特征：规模或幅度（size or range），密度（density，网络中所有成员相互联系的程度），单向性或互惠性，持久度，同构型或异质性等。在支持研究中，大多数都是依靠中心人（支持获得者）对他们如何获得支持的自我报告来搜集资料的⑥。

① Barnes, J. A. "Class and Committees in a Norwegian Island Parish." *Human Relations* 7, No. 39 – 58 (1954).

② Bott, Elizabeth. "Urban Families: Conjugal Roles and Social Networks." *Human Relations* 8, No. 4 (1955): 345 – 384.

③ Wellman, Barry. "The Community Questions Re – Evaluated." In *Power, Community and the City*, edited by M. P. Smith. 81 – 107: New Brunswick, Nj: Transaction, 1988.

④ Berkman et al., "From Social Integration to Health: Durkheim in the New Millennium."

⑤ Israel, B. A. "Social Networks and Health Status: Linking Theory, Research, and Practice." *Patient Counselling and Health Education* 4, No. 2 (1982): 65 – 79.

⑥ House, James S. and Kahn Robert, "Measures and Concepts of Social Support." In *Social Support and Health*, edited by Sheldon Cohen and S. Leonard Syme. 83 – 108: Academic Press, 1985.

（一）社会网络法与精神健康相关的理论解释

社会网络对精神健康的影响，有两种理论解释①：

（1）"社会整合论"（social integration argument）。这一观点认为，一个整合性较好或邻里关系较好的社区具有两种功能，一种是为其成员提供舒适感和安全感。在集体的荫护下，对个人健康的各种威胁或破坏都得以最小化。一个好的社区能够减少某些偏离行为，如犯罪等。另一种功能是，它能强化人们的身份认同感和个人价值感。在一个关系友好的社区里，人们能够感受到需要和被需要，也希望为他人的幸福付出，同样，这也将强化他们本身的幸福感。

（2）"支持论"（support argument）。这一观点关注于人们能够从他们所在的社区或关系成员中获得的资源。由于人们自身的资源是有限的不充足的，可能不足以满足所有的个人需求，因此网络能够使人们从周围的人那里受益，并获得他们想要的资源，这一情况特别发生在危机时刻，例如亲人过世、孩子照顾、失业等。另外，人类是社会性的，因此社会交往本身也给人们提供了心理支持。

从第（1）种解释就延伸出关于社会关系的一系列研究：社区整合或解体的程度是怎么样的；社区成员间关系是怎样的。这些研究试图证明，不同的社区人群，不同的整合程度对应了不同的精神健康程度。第（2）种解释则开启了另外一些研究，即人们是否能够在危机中从他人那里获得或接受帮助，并且这些帮助是否能够减少紧张或压力。

（二）社会网络的定义及测量指标

Michell 将社会网络定义为：限定的一组人中的特定的连结群，或者，一个特定个人的关系群。网络的属性的差异可以两组对比来体现：（1）网络性特征和社会性特征（network/social composition）。前者是指与网络中结点（nodes）的分布和他们的联结相关的特点，如规模和密度；后者指网络中人们的社会和个人属性，如收入差异。（2）以结构为基础的网络和以关系为基础的网络（structural/relational focus）。前者指网络中各个结点的相互关系；后者是指中心人与他人的关系。根据这两个维度，结合他们对社会网络和精神健康关系研究的总结，林南和皮克②将社会网络特征分为四个类别，如表 2－1 所示：

① Lin and Peek, "Social Network and Mental Health."

② Ibid.

表2-1　　　　　　　　在精神健康文献中社会网络属性的分类学

	网络组成	结点/关系的社会属性
以结构为基础的网络特征	网络密度 网络规模	网络异质性 网络人口学特征（如平均教育程度，平均收入情况）
临界区	熟人的数量 有说明的人的数量	
以关系为基础的网络特征	交往频率 关系的影响 关系强度 （如，关系分为积极关系和消极关系，强关系和弱关系）	"主—客"（ego - alter）的同构型、异质性 "主—客"的角色多样性 角色的构成（如，亲属组成，朋友组成） 群体身份

（Lin and Peek，1999：245，Table 13.1）

林南和克里斯汀·皮克（M. Kristen Peek）对上述各项均有详细的介绍和回顾。在本书中，"网络组成"这一维度是主要的研究对象，主要包括：

（1）"网络规模"（network size），在测量网络与身体和精神健康相关性的研究中最为常用，它属于以结构为基础并体现为网络组成特征的变项。社会网络规模是指，以自我为中心（ego - centered）的网络中人的数量。林南和皮克发现，大约有12项研究表明网络规模有利于精神健康，但至少有2项研究结果相反，并有6项研究表明两者之间无显著相关。例如一项对近来离婚或分居的人们的研究表明，那些成功应对婚姻破裂事件的人拥有更大的网络规模①。鲍林（Bowling）和布朗（Browne）② 发现，对于那些高龄人群，较大的网络规模提供了他们的

①　Wilcox, B. L. "Social Support, Life Stress, and Psychological Adjustment: A Test of the Buffering Hypothesis." *American Journal of Community Psychology* 9, No. 4 (1981): 371 - 386.

②　Bowling, A. and P. D. Browne. "Social Networks, Health, and Emotional Well - Being among the Oldest Old in London." *Journal of Gerontology* 46, No. 1 (1991): S20 - S32.

生活满意度，因为较大的网络有利于他们减少独处的时间和频率。博特（Burt）① 发现，人们对快乐的表达会随个人讨论网规模的增大而增加。

但乔治②等人发现，对于那些具有抑郁症状的中年或老年人中，拥有较小的网络规模的人抑郁症状更少。这验证了一些研究者的观点，即，不是所有的社会关系都是有利的。海恩斯（Haines）和赫尔博特（Hurlbert）③ 发现，那些拥有大的社会网络的女性，增加了暴露于压力之中的风险，这将加重她们的紧张程度。另外，有研究④发现，不同的婚姻状态下，网络规模对于人们的生活满意度都没有影响。

（2）"交往频率"（frequency of contact）：是指在本人与特定网络成员的交往的经常性状况如何。这一变项属于以关系为基础并体现网络组成的变项。通常交往频率与精神健康有正相关。大约有 6 项研究表明了两者的正相关，也有 6 项研究显示为无显著相关，而只有 1 项研究结果为负相关。交往频率能够影响社会支持的可获得性，而且也能够说明一个人社会整合性的情况（social integration），而社会支持和社会整合性均有利于精神健康。因此交往频率能够直接影响精神健康，或通过社会支持和社会整合性为中介，间接影响精神健康。

（3）角色构成（role composition），是指在网络中特定关系的比例，如亲属、朋友、非亲属等。这些变项属于以关系为基础并体现社会构成的变项。一些研究表明，"亲属—非亲属"在网络中的比例对精神健康有显著影响，尽管正负影响的结果都存在。一些研究证明，在有大量压力的生活情况下，配偶和好朋友的存在对抑郁症有缓冲作用。有研究发现亲属组成对精神健康并没有影响，研究表明，如果与相邻者中关系紧密的人在整个网络中比例高，以及经常接触的人在整个网络中比例高的被访者，较少抑郁症或精神不满。

① Burt, R. S. "A Note on Strangers, Friends and Happiness." *Social Networks* 9, No. 4 (1987): 311–331.
② George, L. K., D. G. Blazer, D. C. Hughes and N. Fowler. "Social Support and the Outcome of Major Depression." *The British Journal of Psychiatry* 154, No. 4 (1989): 478–485.
③ Haines and Hurlbert, "Network Range and Health."
④ Acock, A. C. and J. S. Hurlbert. "Social Networks, Marital Status, and Well – Being." *Social Networks* 15, No. 3 (1993): 309–334.

三 社会支持与精神健康

（一）社会支持的定义、分类与测量

从 20 世纪 70 年代开始，就已经有大量关于社会支持对身心健康影响的研究，结果反复证明，支持性社会关系与良好的精神健康状况相关，社会支持的概念已深入精神疾病的过程与病理学研究[1]。此类研究关注之所以频繁，第一个原因源于社会支持在病因学中可能具有一定的研究意义，这方面的研究主要涉及主效模式和缓冲模式两类研究。第二个原因在于，社会支持在治疗和康复过程中所具有的重要作用，社会支持所产生的影响作用和情感帮助的作用已被广泛承认，例如帮助人们不再从事以前的行为，在人们的康复过程中重要的支持作用等。第三个原因可能在于，社会支持这一命题能够有助于整合关于社会心理学因素和疾病的各种各样的文献。从 20 世纪 50 年代开始，行为科学家就开始尝试辨别那些影响健康的各种社会心理学因素，但其内容广泛而松散。社会支持的概念却可以对这些发现加以整合：这些发现中许多影响健康的心理学因素最初都是通过破坏人们的社会网络来实现的。例如，大量研究证明那些处于失业、换工作、搬迁、移民、爱人过世中的人们，具有较高的患病率，而所有这些事件都涉及现有社会网络被破坏。人际关系的破坏也同样能够解释为什么那些鳏寡孤独或离婚者比结婚的人有更高的疾病率；那些宗教成员则被发现有较低的发病率[2]。

社会支持的概念在各类文献中讨论广泛并且多种多样[3]。林南提出了一个综合性的定义，这一定义体现了对实证性数据较强的适用性。即，社会支持是主观的或实际的、功能性和（或）情感性支持，它由社区、社会网络和信任伴侣组成。另外，林南还提出了一个理论性定义：根据社会资本理论，社会支持是能够获得并可运用的或类别一致的关系。综合性定义说明了社会支持几个重要因素，这和许多研究都是相

① Cohen, Sheldon and S. Leonard Syme. "Issues in the Study and Application of Social Support." In *Social Support and Health*, edited by Sheldon Cohen and S. Syme. 3 – 22. Leonard. Academic Press, 1985.

② Ibid.

③ George et al., "Social Support and the Outcome of Major Depression."; Lin, "Concepualizing Social Support."; Turner, R. J. "Social Support and Coping." In *A Handbook for the Study of Mental Health*, edited by V. Allan and Scheid Horwitz, L. Tereas 199 – 210; Cambridge University Press, 1999.

一致的。这些因素包括以下几个方面：

客观支持和主观支持（objective and subjective dimensions of social supports）。前者是指可观察到的个人得到的支持，这一信息可从其他人中收集，并且不依赖于个人得到的支持。后者是指，对从重要他人那里得到的支持的质量和数量的充足性和满意程度的主观感受。以往研究均表明，主观支持不仅比客观支持与精神健康更相关，而且客观支持往往是通过前者促进心理健康状况的。关于社会支持的研究还说明，主观情感支持与较好的精神健康直接相关①。值得关注的是，许多研究都表明社会支持的主观层面与客观层面并不显著相关②。在支持研究中，大多数都是依靠中心人（支持获得者）的自我报告来搜集资料的③。

社会支持的种类。社会支持种类的研究具有一定的重要意义，特别是在压力缓冲研究中，只有特定的支持在特定的压力下被提供，才有可能产生缓冲效果④。定义最明晰的两种是，工具性支持和情感性支持（instrumental and expressive/emotional support）。工具性支持是，运用关系为途径以达到某一目标，如找工作、借钱等。情感性支持则是既是运用关系为途径同时也是以此为目标。情感性支持是分享情感，疏导痛苦，对问题或事务达成理解的行为⑤。另外，有时第三种支持与其他类别相区别，即"社会陪伴"（social companionship）⑥。

上文提到，许多研究发现，主观情感支持与较好的精神健康直接相关⑦。而有研究发现，对于老年人工具性支持比信息或情感支持对抑郁

① House, Landis and Umberson, "Social Relationships and Health. "; Lin and Peek, "Social Network and Mental Health. "; Thoits, Peggy A. "Identity Structures and Psychological Well – Being: Gender and Marital Status Comparisons. " Social Psychology Quarterly 55, No. 3 (1992): 236 – 256.

② George et al. , "Social Support and the Outcome of Major Depression. "; Lin, Nan, Mary Woelfel and Y. Dumin Mary. "Gender of the Confidant and Depression. " In Social Support, Life Events, and Depression, edited by Nan Lin, Dean Alfred and Walter Ensel, M. 283 – 306: Orlando: Academic Press, Inc. , 1986.

③ House and Robert, "Measures and Concepts of Social Support. "

④ Cohen and Syme, "Issues in the Study and Application of Social Support. "

⑤ Lin, "Concepualizing Social Support. "; Van der Poel, M. G. M. "Delineating Personal Support Networks. " Social Networks 15, No. 1 (1993): 49 – 70.

⑥ Van der Poel, "Delineating Personal Support Networks. "

⑦ House, Landis and Umberson, "Social Relationships and Health. "; Lin and Peek, "Social Network and Mental Health. "

症有更强的预测作用。西曼（Seeman）也发现，从家庭和朋友得到的
工具性支持越多，冠状动脉疾病越少。这些结果可能表明，服务的提供
和经济支持能够帮助人们避免压力情境，规避抑郁症风险。在一项压力
事件对大学生的潜在致病影响的研究中发现，工具性支持并没有有效的
压力缓冲作用，而信息和情感支持是有效的[①]。

　　社会支持资源的三个层面。在林南的定义中，支持资源，或支持者
（support resources）由三个层面组成：个人所处的社区，社会网络和可
信任的伴侣。首先，最外层并且最通常的一层由较大的社区关系组成，
它反映的是与较大社会结构的融合，即"归属感"（a sense of belonging-
ness）。如教堂、学校、某一机构等。其次，与个人更紧密的一层由社
会网络组成，通过这一网络，人们能够直接或间接地接触其他人，并且
与这些人的关系提供了"紧密感"（a sense of bonding）。最后，与个人
最紧密的一层是由可信任的亲密伴侣组成。这一层关系体现的是"结合
感"（a sense of binding），它体现了互惠性和交换原则，以及相互的责
任和理解[②]。在实证研究中，支持资源的指针通常具体化为一系列以本
人为中心的关系，如亲人、朋友、同事等。

　　社会支持用于通常人群的测量，最简单的就是亲密关系是否存在，
皮尔林（Pealin）[③]用这个方法测量了美国芝加哥地区 18— 65 岁成年人
的压力过程。在一系列纵贯研究中，他们发现配偶、亲属和朋友，一方
面对人们的健康有主要影响，另一方面对于人们的失业有压力缓冲的作
用，从而间接有利于人们的健康。威尔曼在对多伦多市东约克人的亲密
关系（提供 6 位自我感觉有亲密关系的人）的调查中发现，98% 的人们
至少有一个，超过一半有 5 位或更多。

　　社会支持资源的测量方法。在调查分析中，有四种描绘社会支持的
方法[④]。一种是"互动法"（interaction approach），这一方法是询问人们
在一段特定的时间内和其他人的联系记录，如回忆过去一周内的所有联
系人。这一方法并没有考虑关系的类别，例如将没有支持性质的贸易伙

---

①　Cohen, Sheldon and S. Leonard Syme. "Issues in the Study and Application of Social
　　Support." In *Social Support and Health*, edited by Sheldon Cohen and S. Syme. 3 – 22: Leo-
　　nard. Academic Press, 1985.

②　Lin, "Concepualizing Social Support."

③　Pearlin, L. I., E. G. Menaghan, M. A. Lieberman and J. T. Mullan, "The Stress Process."
　　Journal of Health and Social Behavior 22, No. 4 (1981): 337 – 356.

④　Van der Poel, "Delineating Personal Support Networks."

伴也纳入分析，同时涉及的联系人太过广泛而很难对人们的联系人进行标准化。

第二种是角色关系法（role relation approach），这一方法认为人们最初是被特定的人群所影响，这些人群拥有嵌入于特定文化环境的角色关系，并且随之赋予了一系列的预期、权利和义务，例如亲属、朋友、邻居等。但这一方法忽略了其他可能未被定义但依然有支持作用的关系，而且不同的文化和情境下，人们对关系的命名可能会有所差异，例如中产阶级和工人阶级对朋友的区分会有所不同。

第三种是"情感法"（affective approach），例如，让受访者说出谁对他们最重要或具有最亲近的关系，这一方法的优点是可以由人们自己决定关系的重要性，但缺点是人们对于关系评估的标准会有所差异，而且一些重要的关系也可能被忽略。以上这三种方法都采用了"提名法"，但都没有直接关注一种关系的支持内容，并且这些被提名的人，可能也并不是提供支持网中的一分子。因此单纯的"提名法"对于描述支持网络来说，太笼统了。

第四种是"互换法"（exchange approach）这一方法是以社会交换理论为基础（social exchange theory）。行为学家经常视人际关系准则为"所得即所值"，因此，被认为回报越多的人，则越能得到支持。从交换理论中，可以得到对人际关系分析的一些启示：例如交换平等能够有利于关系的满意程度，交换与回报将决定关系的发展。这一理论对于关系研究的重要性在于，它强调了关系中的交换或互动之所以是支持性的，不仅仅是因为可能会有更多的回报，而且因为互惠性交换的时间延续性使得人们相信对方在自己需要的时候会提供帮助[1]。社会学家用社会交换理论研究婚姻关系，他们在研究中强调婚姻生活中的相互的角色行为预期[2]，或强调这种互惠是婚姻满意度的决定因素[3]。因此，人们根据以往的经验，往往可以预期谁会是自己的支持源，这一理论操作化后，形成了一系列可以测量个人网络的标准。例如人们被问："你们一般和谁倾诉烦恼？过去三个月谁在家务方面帮助你？"等。这些互动行

---

① Wills, Thomas Ashby. "Supportive Functions of Interpersonal Relationships." In *Social Support and Health*, edited by Sheldon Cohen, and S. Leonard. Syme, 61 – 82: Academic Press, 1985.

② Burt, "A Note on Strangers, Friends and Happiness."

③ Spanier, G. B. and R. A. Lewis, "Marital Quality: A Review of the Seventies." *Journal of Marriage and the Family* 42, No. 4 (1980): 825 – 839.

为被视为社会支持。可以看出，"互换法"将"提名法"和网络中关系的支持内容结合在一起。另外，范·德·普尔（Van der Poel）[1] 对于"互换法"的研究表明，仅仅一个问题不能充分描述完整的个人支持网，因此他对十个问题进行了检验，这十个问题包括：情感支持方面找谁倾诉——与配偶之间有问题、感觉压抑、面临主要的生活改变；工具性支持方面找谁帮忙——家务问题、感冒时的照顾、借钱、借物、填写表；社交陪伴找谁相伴——一起外出、拜访。最后发现"五问题法"（生活改变、家务、借物、外出、陪伴）能够解释支持网络规模中84%的网络规模的方差变化，并且涵盖支持网中3/4的人口，同时范也认为，这一方法的使用应该在不同地区文化中考虑本土化问题。

另外，采用"互换法"测量社会支持，如果人们被问及的是"如果有困难，会向谁求助"，则这一帮助并不是实际发生的，而是人们可以选择的潜在支持者。事实上，大多数人选择的依据就是从过去的经验中建立对未来支持的预期[2]，有研究[3]也表明，人们通常都可以正确地预期其可能获得的帮助。尽管"互换法"询问的是某一压力情况下的支持，但由于探讨的对象是潜在的而非真正发生的支持，是人们预期的支持，因此，这一方法实际探索的是"主效模式"的作用[4]。1986 年，International Social Survey Program（ISSP）对西方 7 个国家进行社会网络和支持的抽样调查即用了此方法[5]。本书对社会支持的测量正是借鉴了"互换法"这一方法。

（二）社会支持对健康产生影响的理论分析：压力理论（social stress theory）

社会支持能够通过对情感、精神和自我感受的影响而产生作用。大

---

① Van der Poel, "Delineating Personal Support Networks."

② Van Tilburg, T. *The Meaning of Social Support in Primary Social Relationships*. Amsterdam: VU - uitgeverij, 1985.

③ Felling, A., A. Fiselier and M. Van der Poel. *Primary Relations and Social Support*. Nijmegen: Institute of Applied Social Sciences, 1991.

④ Van der Poel, "Delineating Personal Support Networks."

⑤ Höllinger, F. and M. Haller. "Kinship and Social Networks in Modern Societies: A Cross - Cultural Comparison among Seven Nations." *European Sociological Review* 6, No. 2 (1990): 103 - 124.

量研究表明，社会支持与抑郁症状的减轻相联系①。研究普遍认为，支持性社会关系对于社会压力具有缓冲作用，而社会环境中的压力往往与精神问题相联系，因而，社会支持往往对精神健康具有保护性作用②。

许多研究验证了社会支持对抑郁症状有直接影响，即社会支持程度越高，则抑郁情况越少。在所有年龄段的研究中，这一模式均成立③。更为重要的发现是，社会支持，特别是主观精神支持能够缓冲压力事件所产生的抑郁和抑郁症状的风险④。另有研究表明⑤，晚年中社会疏离将增加抑郁症的风险。而一些研究发现，社会支持与抑郁症状有关⑥。在心理健康方面，一致的研究结果是，社会支持主观评价的充足性，比支持的客观可获得性更为重要。

社会压力理论经常被视为从社会学角度考察精神健康的有效途径。根据这一理论，压力（stressor or stress）是指"在环境需要和个人应对这些需要之间的失衡状态，而这种状态由个人感知或实际存在"⑦。乔治⑧认为压力分为三种：（1）生活事件（Life events），是指突然发生的、打乱人们正常行为并威胁人们生活的生活改变。（2）慢性压力（Chronic stress），它是指威胁人们生活的、长期存在的状况。如，工作压力，经济剥夺，人们关系和角色压力。这两种类别与皮尔林⑨对压力的分类一致，而乔治还区别了第三种类别。（3）日常烦恼（Daily has-

---

① Bowling and Browne, "Social Networks, Health and Emotional Well – Being among the Oldest Old in London."; Holahan, Charles J., Rudolf H. Moos, Carole K. Holahan and Penny L. Brennan. "Social Support, Coping, and Depressive Symptoms in a Late – Middle-Aged Sample of Patients Reporting Cardiac Illness." *Health Psychology* 14, No. 2 (1995): 152.

② Cassel, John. "The Contribution of the Social Environment to Host Resistance." *American journal of epidemiology* 104, No. 2 (1976): 107 – 123.

③ Lin and Peek, "Social Network and Mental Health."

④ Lin, Dean and Ensel, *Social Support*, *Life Events and Depression*.

⑤ Mueller, D. P. "Social Networks: A Promising Direction for Research on the Relationship of the Social Environment to Psychiatric Disorder." *Social Science & Medicine. Part A: Medical Psychology & Medical Sociology* 14, No. 2 (1980): 147 – 161.

⑥ Oxman, T., L. Berkman, S. Kasl Jr, D. Freeman and J. Barrett. "Social Support and Depressive Symptoms in the Elderly." *American Journal of Epidemiology* 135 (1992): 356 – 368.

⑦ Weiss and Lonnquist, *The Sociology of Health*, *Healing*, *and Illness*.

⑧ George, "Stress, Social Support, and Depression over the Life – Course."

⑨ Parlin, Leonard I. "Stress and Mental Health: A Conceptual Overview." In *A Handbook for the Study of Mental Health*, edited by Allan V. Horwitz and L. Scheid. Tereas 161 – 175: Cambridge University Press, 1999.

sles），是指平常的，但在日常生活中有一定压力的事件，这些事件压力强度相对较小。许多研究均表明压力与抑郁症显著相关。而且，三种压力对抑郁症的影响有所差别。一些研究发现"慢性压力"和"日常烦恼"比"生活事件"对抑郁症有更强的影响①。

在压力理论中，社会支持对压力的影响有缓解功能。这表明社会支持是减轻压力负面影响的重要资源。两个模式常被用于解释这一关系。一是"主效模式"（main effects model）。这一模式认为，社会支持对健康有直接的正面影响，而即使压力不存在时，这些影响也同样存在，即无论人们是否经历压力，社会支持都能促进人们的精神健康。病因学的解释：其他人的帮助或本身处于社会组织之中，能够普遍增强人们的自信心、稳定感、对环境的控制感。这些心理学定位能够通过对神经内分泌或免疫体系的功能而影响人们的感病性，促进人们健康的行为；也能够通过与网络成员之间的信息回馈避免可能造成心理疾病的压力事件。社会角色论的解释：Triots 认为，角色关系提供一系列身份和自我评价资源，也是控制感和自信心的基础。健康的强化正是因为角色的参与，为人们提供了生命的目标和意义，从而减少了焦虑和绝望的可能②。

另一模式为"缓冲模式"（buffering effects model）。这一模式认为社会支持的有利作用只发生在有压力的时候。根据这一模式，社会支持会提供给人们一定的应对特殊情况的安全感和自信心。在压力—病理的过程中，支持扮演了两种不同的角色，一是支持可以在压力事件（或预期的压力中）与压力经历的过程中进行干预，二是支持对压力经历和病理学结果之间的干预，这些干预都是通过对压力事件或情境进行再定义、减弱压力影响，或强化人们的应激能力、减弱或阻止人们对压力的应激反应，从而阻隔压力③。

当然，两种理论模式并不是相互矛盾的，乔治④认为，社会支持既可以通过孕育自信心或自控力而对抑郁症状产生主效作用，或可以在高

① George, "Stress, Social Support, and Depression over the Life – Course."

② Cohen and Syme, "Issues in the Study and Application of Social Support."; Dooley, David. "Causal Inference in the Study of Social Support." In *Social Support and Health*, edited by Sheldon Cohen and S. Leonard Syme. 109 – 125: Academic Press, 1985; Parlin, "Stress and Mental Health: A Conceptual Overview."; Van der Poel, "Delineating Personal Support Networks."; Weiss and Lonnquist, *The Sociology of Health, Healing, and Illness*.

③ Ibid.

④ George, "Stress, Social Support, and Depression over the Life – Course."

压力下对抑郁症状产生缓冲作用；也可以是社会支持的某些方面对精神健康有直接影响，而社会支持的其他方面只在危机中发挥作用。

凯斯勒（Kesseler R. C.）和麦克劳德（J. D. McLeod）[1] 的一篇文献对社会支持与精神健康关系各类研究进行了回顾，其中重点关注了主效模式和缓冲模式两种作用机制。这里研究者将各项研究中社会支持的测量指标分为三类，第一类是关系网成员身份，包括被访者网络的数量、参与组织的数量、与网络或组织成员交往的频率等；第二类是精神支持，包括亲密感、信任感、被尊重感，反映了被爱和被关怀的感觉；第三类是支持的主观可获得性，涉及被访者感觉能否得到实质性支持、信息支持或情感支持。压力主要是指重要的生命事件。整理后的结果发现：（1）主效模式，在 8 项关于关系网成员身份、并检验没有缓冲机制存在的研究中，有 3 项有主效机制，另外有一篇关于主效模式的文献综述中[2]，也有大量研究证明，归属于某一网络组织与人们的精神健康相关，包括朋友的数量、和朋友外出的频率、教堂活动的参与、俱乐部身份的数量等；对于验证具有缓冲模式的研究（关于精神支持和支持主观可获得性），很难证明其是否存在主效机制，但其中少量研究证明，在压力很低的情况下，支持对精神健康存在边际作用（marginal effect）。（2）缓冲模式，8 项检验关系网成员身份的研究中，只有 2 项研究表明有明显的缓冲机制，并且其中一项研究中，如果控制了成员归属的主观充足感后，缓冲的结果消失；7 项检验精神支持的研究中，有 5 项证明社会支持有缓冲作用；5 项检验支持的主观可获得性的研究中，有 4 项证明缓冲机制存在。由此可见，以"网络成员身份"为指标的社会支持对精神健康没有缓冲作用，但是存在主效机制；精神支持和支持的主观可获得性对精神健康都存在缓冲效应。

（三）社会支持研究的其他视角

在大多数研究都关注于支持获得者如何从支持中获益的同时，也有一些研究者关注支持的提供者。克劳斯（Krause）[3] 的研究发现，支持

[1] Kessler, R. C. and J. D. McLeod. "Social Support and Mental Health in Community Samples." In Social Support and Health, edited by S. Cohen and S. L. Syme. 219 – 240. New York: Academic Press, 1985.

[2] Mueller, "Social Networks: A Promising Direction for Research on the Relationship of the Social Environment to Psychiatric Disorder."

[3] Krause, N. "Understanding the Stress Process: Linking Social Support with Locus of Control Beliefs." Journal of Gerontology 42, No. 6 (1987): 589 – 593.

的提供者也常常能够从提供支持的角色中获益。另外，根据互惠原则，帮助—给予和帮助—接受保持适当的比例可以孕育较好的社会支持满意度和个人生活满足感[1]。

　　支持也并非都能有利于健康，有研究表明，支持的满意感与人们的健康水平相关，并非所有的支持都能令人满意，令人不满意的支持比缺乏支持更可能产生消极的影响[2]。而且，过分的支持也可能使人们感觉控制力下降、自我恢复能力弱化而产生预料外的消极结果[3]。

四　网络、支持与精神健康

　　事实上，在社会科学研究中，对于社会网络和社会支持的区别并不那么泾渭分明，甚至从广义上来看，社会网络与社会支持被相互作为对方的一个部分或另一特征。威尔曼[4]在文章中指出"我们将支持系统的分析隐含在社会网络的分析之中"。一些研究将社会支持分为两个部分：（1）结构性特征部分（structural property），这一部分是指社会关系的存在或可获得的潜在的资源，如婚姻、社区、社会网络、存在的人际关系，而网络的规模、密度等也可以纳入其研究范围中；（2）功能性特征部分（functional property），如工具性支持和情感性支持[5]。因而，社会网络也可作为社会支持的结构性特征，而社会支持可视为社会网络的功能性特征。

　　但并非所有的社会网络都是支持性的：首先，支持网络只是社会网络中的一部分，无论心理治疗学研究还是社会网络研究本身都证明了这一点。例如，在东约克人中，有18%的社会网络不提供15种情感、服

---

① Gouldner, Alvin W. "The Norm of Reciprocity: A Preliminary Statement." *American Sociological Review* 25, (1960): 161–178.

② Rook, K. S. "The Negative Side of Social Interaction: Impact on Psychological Well-Being." *Journal of personality and social psychology* 46, No. 5 (1984): 1097; Stephens, M. A., J. M. Kinney, V. K. Norris, and S. W. Ritchie. "Social Networks as Assets and Liabilities in Recovery from Stroke by Geriatric Patients." *Psychology and Aging* 2, No. 2 (1987): 125.

③ Krause, "Understanding the Stress Process: Linking Social Support with Locus of Control Beliefs."; Lee, G. R. "Kinship and Social Support of the Elderly: The Case of the United States." *Ageing and Society* 5, No. 01 (1985): 19–38.

④ Wellman, Barry. "Applying Network Analysis to the Study of Support." In *Social Networks and Social Support*, edited by B. Gottlieb.: Beverly Hills: Sage, 1981.

⑤ Cohen and Syme, "Issues in the Study and Application of Social Support."; Lin and Peek, "Social Network and Mental Health."

务、物质、经济、信息帮助的任何一种①。

　　有研究者②将社会网络或支持概括为一个统一的概念："社会关系"（social relationship）。社会关系包含了三个方面：一是社会整合或社会疏离（social integration or isolation），通常指关系的存在或数量；二是社会网络，通常指已存在关系的结构，包括密度、同构型、幅度等；三是社会支持，是社会关系的功能性内容。社会关系的数量、结构、功能之间是相互联系的关系。关系数量或存在是必要条件，并且部分地决定了网络结构和质量；网络结构可能也部分地决定了网络内关系的内容和质量。例如，社会关系（婚姻）的存在对健康的影响，或全部或部分地被与婚姻相关的网络结构或功能所解释；反之，网络结构或功能对健康的影响，是由于关系本身存在（婚姻）这一前置因素而产生的。社会关系结构图如图 2-2 所示。

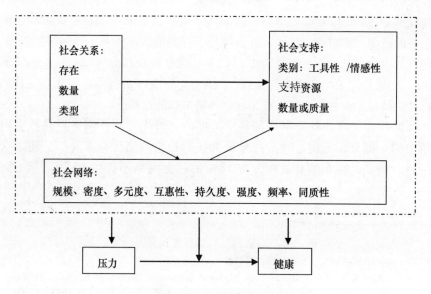

图 2-2　社会关系的理论框架
（引自：James S. House and Kahn Robert, 1985：86）

　　关系的存在或数量及交往频率是相对客观存在、可信度较强并易于

---

① Wellman, Barry. "From Social Support to Social Network." In *Social Support*, edited by I. Sarason and B. Sarason. ；The Hague：Martinus Nijhoff, 1984.

② House and Robert, "Measures and Concepts of Social Support."

获得的资料。这些易于获得且比较客观、可信度较高的数据，经常用于实证研究。这些变项可能被操作化用于社会网络或社会支持的测量，或者也仅仅被界定为关系或人际联系的概念，一些研究甚至也认为关系的存在或数量本身就和健康之间存在因果关系，而非通过关系的结构或功能。无论如何，关系的存在、数量、频率都是网络结构和功能性支持的前提条件。例如对婚姻的研究，这一研究起源于迪尔凯姆的研究——认为未结婚的人们比结婚的人更可能自杀，并且许多截面研究、纵贯研究、回顾性研究显示那些未结婚的人有较高的心理、生理疾病或较低的生命预期，或较高的死亡率。只有为数不多的一些研究也表明，未婚状态不一定都是有害的。无论横剖研究、纵贯研究、还是回顾性研究、预测研究都发现，朋友或亲属联系的存在和数量和较低生理或心理疾病或死亡率相关。与某些团体或组织的联系也有利于健康状况。

社会网络与社会支持之间的相关性。许多研究表明，网络规模与人们的主观和客观支持水平均呈现正相关关系[1]。林南等[2]的研究表明，人们每周交往的人数以及亲密关系的人数与主观支持和客观支持情况均为正相关。在一项对老年人的研究中，西曼等学者[3]发现，网络结构，如网络规模，面对面接触的人数，以及邻近居住的关系的人数和工具性支持和情感性支持的可获得性均相关。两种支持的主观充足感和每个月面对面交往的人数最为相关。对于关系类别，配偶或子女都不是主要的支持资源，而是知己的存在与两种支持的可获得性和充足感最为相关；配偶的存在与否也无显著影响。并且，尽管子女的关系和工具性支持最为相关，但亲密朋友关系和亲属关系与情感支持的状况更为相关。而没有子女的老人，和亲密朋友与亲人的关系成为影响两种支持主观充足感的重要方面。

社会网络、社会支持与精神健康的相关性。由上述可知，"社会网

---

① Haines, V. A., J. J. Beggs and J. S. Hurlbert. "Exploring the Structural Contexts of the Support Process: Social Networks, Social Statuses, Social Support, and Psychological Distress." *Advances in Medical Sociology* 8 (2002): 269 – 292; Vaux, A. "An Ecological Approach to Understanding and Facilitating Social Support." *Journal of Social and Personal Relationships* 7, No. 4 (1990): 507 – 518; Wellman, Barry. "Which Types of Ties and Networks Provide What Kinds of Social Support?" *Advances in Group Processes* 9 (1992): 207 – 235.

② Lin and Peek, "Social Network and Mental Health."

③ Seeman, T. E. and L. F. Berkman. "Structural Characteristics of Social Networks and Their Relationship with Social Support in the Elderly: Who Provides Support." *Social Science & Medicine* 26, No. 7 (1988): 737 – 749.

络"与"社会支持"这两个概念，可以视为一件事物的两个层面，即社会关系的结构性层面和功能性层面。而对于这两种社会因素各自如何影响精神健康的研究，也往往会从另一因素中寻找原因和解释。

社会网络对精神健康的影响，理论解释之一就是"支持论"（support argument），即网络能够使人们从周围的人那里得益，并获得他们想要的资源，这些支持能够有益于精神健康①。可见，社会支持可以被视为社会网络有益于精神健康的原因之一。

而对于社会支持能够有益于精神健康的研究，也常常置于"社会网络"为特征的社会结构背景之下。研究者们建立了两个关于支持过程（support process）的标准社会学模型②，用于分析"结构性背景"（structural contexts）对社会支持过程以及精神健康的影响。（1）"社会地位背景模型"（social status context），它是指运用社会地位去考虑人们在社会结构中的位置。这一方法认为，社会支持与精神健康的程度都将随着不同的社会阶级、性别、年龄、种族以及婚姻状况而改变。（2）"网络背景模型"（network context），它运用网络概念及方法发展了对社会结构的分析。这一模型包括两个操作方法，这两种方法均是将社会网络界定为一系列"自我—他者"（ego - alter）的关系，这一系列关系均是从"中心人"（focal individual）的视点出发。两种方法都是从"自我"搜集信息，以描述他们的人际环境特征。这两种操作方法，一是社会整合法（social integration strategy），这一方法是对社会关系的存在与否、数量，以及交往频率的考查，所运用的是类网络资料（quasi - network data），即只描述与中心人有联系的关系类别（如家庭、朋友），而并不讨论中心人与特定他人之间的联系或关系。二是网络结构法（network structure strategy），如网络密度、网络同质型、关系持久度等，这一方法的实现只能够依靠网络中"他者"与特定成员之间关系的信息，例如经常使用的"提名法"：被提问者举出网络成员的名字，然后再回答一系列跟进问题，如他们成员的个人特征，与他人的关系，等等。可以看出，"网络背景模型"正是通过将支持置于广阔的社会结构中，对支持的影响加以分析的。

无论是验证"支持论"是否成立的社会网络研究，还是"网络背

---

① Lin and Peek. "Social Network and Mental Health."

② Haines, Beggs and Hurlbert. "Exploring the Structural Contexts of the Support Process: Social Networks, Social Statuses, Social Support, and Psychological Distress."

景"下的社会支持研究，它们最终的研究模型都是一致的，即"社会网络"是否以"社会支持"为中介因素，对"精神健康"产生影响。有研究发现，网络结构（包括网络成员中亲属的比例，男性的比例，以及高学历者的比例）对人们感受到的支持的充足性（adequacy）具有直接影响；并且网络结构对抑郁症状同时具有直接影响和间接影响（通过社会支持传递）。[1] 林南等人[2]的研究结果说明，结构性支持（即"社会网络"，包括：社区参与程度，社会网络规模，以及亲密关系是否存在）对功能性支持（即"社会支持"）具有不同程度的影响。而结构性支持和功能性支持对抑郁症状均有直接影响，同时，结构性支持也通过功能性支持对抑郁症状产生间接影响。

第三节　亲属关系与精神健康

一　亲属在个人网络中的位置及特征

亲人，无论是血缘关系还是姻亲关系，都在人们的一生中具有重要作用，他们相互依赖、相互扶助。对于亲属在个人网络位置的研究，最早发端于博特[3]为代表的网络分析者对个人（或家庭单位）怎样处理以他/她为中心的网络其他成员的关系的研究。正如前文对社会网络研究的起源所介绍，这些研究采用的网络法最初并不关注于亲属或家庭，而是将社区作为超越家庭单位的一系列关系的组合——不预先设定网络成员的居住地点和他们与网络中心成员的关系如何。这一方法使研究者可以分析社区中不同关系种类的特征，而不仅仅将社区作为传统的邻居或亲属的稳固组织。网络研究者从一系列亲密或积极关系开始，并只问这些网络成员是否为亲属，而后延伸至许多问题，比如这些个人特征（性别，阶级），关系特征（交往频率，亲属角色），以及这些网络成员间的关系[4]。他们的研究大多关注：组成（如亲属比例，居住远近的比例，同事的比例）；结构（如网络成员中相互有关系的密度）；内容

---

① Haines, Beggs and Hurlbert, "Exploring the Structural Contexts of the Support Process: Social Networks, Social Statuses, Social Support, and Psychological Distress."

② Lin, Ye. and Ensel, "Social Support and Depressed Mood: A Structural Analysis."

③ Bott, Elizabeth. *Family and Soicla Network*. London: Tavistock Press, 1957.

④ Wellman, Barry. "The Community Questions Re - Evaluated."

（如网络成员的支持状况）。但在客观上，网络方法为探索亲属关系提供了一个有用的方法：根据成员和比例，了解亲属在个人网络中的重要程度。亲属是否在个人网络中呈现分散的群体，他们的关系是否是紧密结合并稳固束缚的，或亲属只是变成了一个获得新朋友的便利途径？网络中的亲属之间他们的不同角色是怎样的，亲属和朋友之间是否是经济学家眼中可替换的资源，特别是他们所提供的支持和陪伴在质与量上以及可靠性上有什么区别？亲属关系是如何帮助人们和家庭处理问题的，他们是否提供了一种集体性关系去支持或控制整个亲属群，或他们是否提供了能够自愿并有选择性获取的资源？[①]

大多数研究表明，人们的亲密关系大多由亲属关系组成，亲属也是人们获得帮助和支持的重要来源。亲属体系是家庭的社会化组织，它依靠的是不同家庭成员之间相互的权利和责任，如父母和孩子之间，祖辈与孙辈之间，岳母与女婿之间等。亲属体系分为姻亲关系和血亲关系。每个人在核心家庭中的角色，加上在扩展亲属中的角色，共同形成了亲属体系，前者如父母、孩子、丈夫、妻子、兄弟姐妹等，后者如（外）祖父母、姨、叔叔、堂兄弟姐妹、女婿或媳妇等。亲属们创造了一个丰富的社会网络。而许多研究也表明，无论是否处于灾难之中，家庭成员是提供情感及工具性支持的关键提供者[②]。关于"亲属在个人支持网中的位置"一类的研究大致有以下两个研究成果：

（一）亲属在关系网络中的结构性特征

亲属在关系网络的比例：近亲属网为主、朋友关系等为辅、远亲关系较弱的支持网结构。范[③]采用"互换法"对 1987 年 20—72 岁荷兰人的研究表明，人均支持网络规模是 9.9（方差为 3.0），网络成员中超过一半是亲属（53%），主要是配偶、父母、孩子、兄弟姐妹等近亲属；远亲较少被提及。进一步，朋友（18%）和邻居（16%）都占有比较重要的地位。其他人，如同事、组织成员、熟人等在个人支持网中占13%。威尔曼[④]发现多伦多市东约克人最强的亲密关系通常是至亲：成

① Wellman, "The Place of Kinfolk in Personal Community Networks. " *Marriage & Family Review* 15, No. 1 – 2 (1990): 195 – 228.

② Haines, Beggs and Hurlbert, "Exploring the Structural Contexts of the Support Process: Social Networks, Social Statuses, Social Support, and Psychological Distress. "

③ Van der Poel, "Delineating Personal Support Networks. "

④ Wellman, Barry. "The Community Question: The Intimate Networks of East Yorkers. " *American Journal of Sociology* (1979): 1201 – 1231.

年子女，父母和兄弟姐妹。他[1]在对一系列研究的回顾后发现，在三种重要关系中，亲属特别是至亲的比例均高于其他关系：（1）积极关系（active ties）：因为不断的接触、支持或亲密的感觉而在一个人生活中有重要意义的14—23人。这些关系给人们提供了人际支持和陪伴。在积极关系中，至少30%为亲属。因此亲属比其他人更多地进入积极关系。不是所有亲属类别都占据一样的比例，大多积极的亲属关系来自于小部分至亲（父母，成年子女，兄弟姐妹，包括姻亲结成的关系）。相反，只有很小一部分远亲结为积极关系（叔伯，堂兄弟姐妹，（外）祖父母）。一些研究表明特定的社会特征将带来包含高比例亲属关系的网络：结婚人群获得姻亲关系[2]；女性能更多地从工作、家庭、社区三条路径中获得支持关系[3]。（2）亲密关系（intimates）：一般来说，经常接触和有亲密关系的成员之间很少有重合部分[4]。许多网络研究将积极关系的25%（4—7人）作为支持性紧密的亲密关系。在亲密关系中，亲属和朋友比例相等。几项研究已表明，至亲通常是一个网络中社交最紧密的成员。扩展亲属很少是亲密关系。例如他们在多伦多第二次调查中只占所有亲密关系的6%。（3）知己：1—3位推心置腹的人。在1985年General Social Survey中发现，所有家庭成员以外的知己中少于1/2是来自于亲属。总之，大多数可接触的亲属都是个人社会网中的积极成员，用于定义网络的关系越强，则网络成员为亲属的比例越高。大多至亲，一些远亲，是作为积极关系甚至是亲密关系的强关系。至亲是亲密关系甚至是知己。扩展亲属通常为积极关系而非亲密关系，或是弱关系。

居住关系：无论居住较为分散或紧密的研究均发现亲属关系都比朋友关系能更好地维系。一些研究发现，积极关系多为居住较为分散的关系，强的亲密关系甚至可能很少在一个地区，例如多伦多市民亲密关系中的7/8相互不邻近，而1/4则超出了市区范围[5]。他们依赖交通工具保持联系，甚至在比较贫穷的拉斯维加斯黑人的亲密关系中也有一半不

[1] Wellman, Barry. "The Place of Kinfolk in Personal Community Networks."

[2] Wellman, "The Community Questions Re – Evaluated."

[3] Hammer, M, L. Gutwirth and S. Phillips. "Parenthood and Social Networks: A Preliminary View." *Social Science and Medicine* 16, No. 24, (1982): 2091 – 2100.

[4] Milardo, Robert M. "Theoretical and Methodological Issues in the Identification of the Social Networks of Spouses." *Journal of Marriage and the Family* 51, No. 1 (1989): 165 – 174.

[5] Milardo, Robert M. "Theoretical and Methodological Issues in the Identification of the Social Networks of Spouses." *Journal of Marriage and the Family* 51, No. 1 (1989): 165 – 174.

和他们毗邻，10%在市区以外。对于亲属或是朋友，他们也很少毗邻而居，但大多生活在一个市区内①。也有研究发现，成年子女和他们父母经常居住得比较近，并且相互之间有规律地探望，彼此帮助，例如照顾孩子、家务、维修，或相互赠送礼物。在非裔美国人中，祖父母经常担负起照顾和教育孙辈的责任②。同样，美国大多数老人和他们的一个孩子居住较近，并经常能看见他们的亲人，卧床不起或久病在床的老人住在家中的比例是住在养老机构中的 2 倍，60%—80%的瘫痪老人接受的帮助主要来自于家庭③。

亲属关系比朋友关系能够更好地在远距离中维持。亲属比朋友超过市区范围的比例高。少数民族或低收入状况下的人们比其他人有更多居住相近的亲属。通常的模式是，紧密联络但居住较为分散的小部分至亲，和同样居住分散联络稍少的数量大体一致的朋友，共同组成了一个人社会网的核心部分。远亲关系则多在特殊需要时发挥作用，如家庭聚会或搬家④。

交往情况：至亲关系的联系都较为紧密，不会随距离而减弱。尽管相距较远的网络成员直接接触的比率低，但亲属关系比朋友关系更少地被远距离减弱。电话交流和面对面交流两种方式通常是相互补充，但是很少有一种关系可以只通过电话交流而没有定期面对面交流就得以维持。在积极关系或亲密关系中，至亲比远亲都有更多的接触。即使至亲的接触比朋友多，但远亲通常联络最少⑤。

英国利物浦，有80%的老人至少能一周一次与亲属、子女见面聊天，与北京86%的老人和天津82%的老人比例相差不远⑥。

密度：主要由亲属组成的亲密关系网比其他成员更倾向于形成紧密的关系网络。亲属通常是积极关系和亲密关系网络中最高密度联结的成

① Wellman, "The Place of Kinfolk in Personal Community Networks."
② Flaherty, Mary Jean, Lorna Facteau, and Patricia Garver. "Grandmother Functions in Multi-generational Families." In *The Black Family: Essays and Studies*, edited by Robert Staples. Belmot, CA: Wadsworth, 1990.
③ Callahan, D. *Setting Limits: Medical Goals in an Aging Society.* New York: Simon&Schuster Inc., 1998.
④ Wellman, "The Place of Kinfolk in Personal Community Networks."; Wellman, "The Community Question: The Intimate Networks of East Yorkers."
⑤ Wellman, "The Place of Kinfolk in Personal Community Networks."
⑥ 婉格尔·珂莱尔、刘精明：《北京老年人社会支持网调查——兼与英国利物浦老年社会支持网对比》，《社会学研究》1998 年第 2 卷第 1 期，第 57—66 页。

员群体，同时，亲属亲密关系网中的成员相互连结度也更高，而若其他成员组成亲密关系网，各个成员之间有可能相互不认识。亲密关系的类别越多，网络密度越低，亲密关系与本人之间相互均视为亲密关系的程度越低，则代表了一种松散多样的主关系网，而非紧密稳固的社区类型。这种没有牢固边界的关系网，为他们去和其他社会圈内的成员建立联结提供了更为协调的基础①。

（二）不同亲属提供不同的支持

这类研究最具有代表性的就是威尔曼②关于"社区失落"的研究。他的研究发现东约克人的生活并不是在一个独立、稳固、紧密的小区内，而是被划分进入了多元的网络内。这些网络内联结的松散性使结构空间得以解放，另一方面也造成了身份的缺失感，因为人们不再清晰地从属于一个群体。这也是使人们有"城市失落论"感受的原因之一。这一研究最重要的发现是，以个人为中心的个人社会网络开始比地域意义上的社区对人们产生更大的影响和作用力。而在客观上，这一研究的结果还说明了不同亲属关系对人们提供不同的支持。之后，许多研究，包括威尔曼的一系列研究都证明了，不同的亲属关系会提供不同的支持。

就个人网络整体而言，不仅仅是亲属，所有的网络成员均存在不同的关系提供不同的支持。通常来说，所有具有一定作用的网络一般提供情感支持、小宗服务、大宗服务、经济支持、陪伴以及工作和住房信息提供。大多数网络成员只提供这6种中的0—2种，约60%的成员提供一定程度的情感支持、小宗服务和陪伴，只有10%—16%提供大宗服务、经济支持和信息，少于一半的成员提供情感和小宗服务③。威尔曼发现81%东约克人的紧急帮助来自于他们的亲密网络，60%东约克人的日常事务帮助也来自于亲密网络，但也只限于亲密网的少数成员而非全部成员能够提供这两类帮助，紧急帮助为亲密网的30%，日常帮助为22%。普通的帮助则来自于较为疏远的关系，如同事、邻居、熟人等。

至亲间通常相互帮助，紧密的联系通常能使他们相互了解对方需

---

①　Wellman, "The Community Question: The Intimate Networks of East Yorkers."

②　Ibid.

③　Wellman, B. and S. Wortley. "Brother's Keepers: Situating Kinship Relations in Broader Networks of Social Support." *Sociological Perspectives* 32（1989）: 273 – 306.

求，提供有效且给对方负担最小的帮助，如成年子女照顾生病的父母[1]。保持友好（amity）这一文化准则使亲属之间提供支持通常不带严格的回报期望，也使大家能够共享资源。这与友情需要互惠来维持的准则不同。几项研究认为，至亲是支持性关系因此他们很重要，并暗示了亲戚朋友在提供支持的质和量上均有区别[2]。威尔曼[3]的研究比较了20个不同的亲属和非亲属角色在提供情感支持等方面的差别，发现亲属角色有三个清晰的类型：父母—成年子女，兄弟姐妹和远亲。

（1）父母—成年子女。父母和成年子女间的联系是所有积极关系和亲密关系中支持程度最高的，无论是在物质上还是情感上。这种支持性关系普遍存在，即使是那些不是亲密关系的父母—成年子女之间[4]。母亲—女儿之间的关系特别具有支持性，特别当它们建立在对第三代共同的关注和对家庭稳定的共同理念时。第三代的到来使母女间的矛盾很好地转向家务上的合作[5]。这些强关系也正是老年人非正式支持的基础[6]。父母—子女也互为彼此非正式经济支持的重要来源，如买房、旅游或生活照顾[7]，也是比其他网络成员更能给彼此礼物、情感支持、孩子照顾、生病照顾、维系家庭。例如，第二次多伦多研究中发现84%有作用的亲子关系提供了情感支持，39%提供了其他服务，而所有积极关系提供这两项支持的比例分别为62%和16%。父母孩子间相互支持但经

① Soldo, Beth J., Douglas A. Wolf and Emily Agree. "Family, Household and Care Arrangements of Frail Older Women: A Structural Analysis." Paper presented at the annual meeting of the Gerontological Society of America, Chicago, Illinois, 1986.
② Naomi. Gerstel. "Divorce, Gender, and Social Integration." *Gender & Society2*, No. 3 (1988): 343 - 367; Essock - Vitale, Susan M., and Michael T. McGuire. "Women's Lives Viewed from an Evolutionary Perspective. Ii. Patterns of Helping." *Ethology and Sociobiology* 6, No. 3 (1985): 155 - 173.
③ Wellman and Wortley, "Brother's Keepers: Situating Kinship Relations in Broader Networks of Social Support."
④ Hoyt, Danny R. and Nicholas Babchuk. "Adult Kinship Networks: The Selective Formation of Intimate Ties with Kin." *Social Forces* 62, No. 1 (1983): 84 - 101.
⑤ Wood, Vivian, Jane Traupmann and Julia Hay. "Motherhood in the Middle Years: Women and Their Adult Children." *Women in Context: Development and Stresses.* (1984): 227 - 244.
⑥ Susan E. Crohan and Toni C. Antonucci. "Friends as a Source of Social Support in Old Age." In *Older Adult Friendship: Structure and Process*, edited by Rebecca G. Adams, Blieszner, Rosemary. 129 - 146: Thousand Oaks, CA, US: Sage Publications, Inc, 1989.
⑦ Wellman and Wortley, "Brother's Keepers: Situating Kinship Relations in Broader Networks of Social Support."

常并不喜欢对方，他们往往选择他人作为交往的对象①，母女间经常期望从彼此那里获得支持，并认为理所当然，而如果未能得到则会抱怨。父亲和儿子之间，则期望较少，他们之间的紧张也相对较少。有研究发现对于老年父母而言，女儿作为照顾者更多地承担日常照顾的角色，而儿子通常提供经济支持和决策，这与一直以来，女性终身都是"照顾亲人的人"的角色相一致②。

（2）兄弟姐妹。兄弟姐妹通常只有一部分是支持性的，他们之间更像朋友而不似亲属，他们能够像朋友一样共同做一事，提供情感支持、大宗服务和家庭内的帮助，但不太可能讨论观点，或在家庭以外帮助彼此。兄弟姐妹在所有提供种类支持的有效关系中占据1/5③。兄弟姐妹之间的关系有时也很紧密，并且也是在需要时重要的帮助者④。

（3）远亲。他们只有至亲的一半且可能只提供一种支持，如29%的远亲提供较低程度的情感支持，而至亲则有60%⑤。在积极关系的比重低，提供较少的支持，这些都意味着远亲在大多通常的、日常或紧急问题中，是无足轻重的。在移民或找工作的事务中，这些弱关系因为其空间和社会的离散性，可能会有一定的作用。不过，远亲关系在传播信息方面却是联系充分和有力的⑥。

（4）朋友（kith）支持与亲属支持的比较。朋友几乎组成了最有效亲密关系的一半，通常也组成了提供除经济以外其他支持关系的50%⑦。尽管朋友比父母和成年子女提供支持的量和种类少，但他们可能和兄弟姐妹一样多，并比远亲多。特别对于那些没有有效亲属关系的人，就会有一个或两个朋友像至亲那样为他们提供社会支持。朋友关系

① Wellman and Wortley, "Brother's Keepers: Situating Kinship Relations in Broader Networks of Social Support."

② Hareven, T. K. "Aging and Generational Relations - a Historical and Life - Course Perspective." [In English]. *Annual Review of Sociology* 20 (1994): 437 - 461.

③ Wellman and Wortley, "Brother's Keepers: Situating Kinship Relations in Broader Networks of Social Support."

④ Lee, Thomas R. Jay A. Mancini, and Joseph W. Maxwell. "Sibling Relationships in Adulthood: Contact Patterns and Motivations." *Journal of Marriage and the Family* 52, No. 2 (1990): 431 - 440.

⑤ Wellman and Wortley, "Brother's Keepers: Situating Kinship Relations in Broader Networks of Social Support."

⑥ Liu, X., J. Liang and S. Gu. "Flows of Social Support and Health Status among Older Persons in China." *Social Science & Medicine* 41, No. 8 (1995): 1175 - 1184.

⑦ Willmott, Peter. *Friendship Networks and Social Support.* Policy Studies Institute, 1987.

通常是自愿、松散的，当朋友不再有帮助性质时，关系通常就会结束，正因如此，许多多伦多人报告，他们通常很小心地向朋友求助，并不是当需求时朋友不给予支持，而是人们在向朋友寻求帮助的时候通常感觉没有信心。而在邻居之间，邻近的居住关系使邻居成为彼此日常陪伴，或照顾小孩子等方面的基本资源。总之，朋友和亲属在提供支持方面没有差异。

父母孩子之间交换广泛的支持，远亲则很少是支持性的，即使住在附近。兄弟姐妹是有条件的陪伴和支持关系，和朋友相近。亲属的作用仅仅用网络规模和交往频率是无法预测的，因为他们的关系是一般的朋友维持时间的 2 倍，从而也有更长时间的接触。

二　亲属关系与精神健康

社会道德法则为维持亲属关系提供了体系化的保障。友谊需要不断稳定，邻居关系会因为争吵或搬迁而失去，但亲属关系最为可靠。至亲是可靠的支持提供者，远亲对于适应生活改变是可靠的支持者。亲属不需要期望直接的互惠，只要他们一直保持在网络中。正如洛夫兰（Lyn Lofland）所言，我们生活在"一个陌生人的世界"，但正因如此，至亲的可靠支持和联系才更为重要[1]。亲属网络和支持的重要性，决定了亲属关系必然会影响人们的生活满意度和心理健康。在健康危机中，亲属更是最重要的支持源，亲属关系比任何关系都更可能在较长地理距离时也得以保持，因此也更加稳定和有效[2]。

从已有各类文献中，我们可以看出，亲属关系与精神健康的研究大致分为两类，一类是关于亲属关系如何影响被访者精神健康，另一类是如果有亲人身患精神疾病，作为亲属的被访者如何受其影响。前者关注亲属关系在人们情绪危机中的缓冲效应，而后者关注精神疾病在病人亲属身上发生的连带效应。

（一）亲属关系对精神健康影响

亲属关系的研究，如前文所述，涌现了如伊丽莎白·博特、巴瑞·威尔曼等对亲属关系研究透彻丰富的大批学者。而对于亲属关系与精神健康的影响研究，往往作为社会支持与社会网络研究的子议题，大多散见于各类社会支持研究的相关文献中，完全继承了社会网络议题的理论

---

[1]　Wellman, "The Place of Kinfolk in Personal Community Networks."

[2]　Wellman and Wortley, "Brother's Keepers: Situating Kinship Relations in Broader Networks of Social Support."

体系和研究方法。

亲属关系对精神健康影响的研究维度，主要可分为两类：一类是亲属关系的结构维度，亲属关系是否存在、在整体关系网中的比例、与中心人的交往频率等。许多研究表明，在个人关系网中亲属比例较大将会有利于支持感[①]，一份来自纽约的调查显示，无论是对年轻人还是老年人，亲属在关系网中结构的比例越大，越会有利于增加社会支持，从而有益于精神健康，年轻人的支持网中比老年人有更高的亲属比例[②]。

另一类是亲属关系的功能维度，主要指支持功能。这一维度是以往亲属关系对精神健康影响研究的主要关注点。一项针对老年人（包括黑人与白人）抑郁症的研究表明，配偶与伴侣有巨大的有益作用[③]。德雷斯勒（Dressler）的一项研究考察了在美国南部黑人小区中，不同的社会关系对抑郁症的影响。社会关系包括亲属网络，亲属支持和非亲属支持。结果表明，更多的来自于非亲属的主观性支持与较高的抑郁症分值相关，来自亲属的主观支持和抑郁症状呈现负相关[④]。一项拉丁裔移民的研究发现，他们通常具有较好精神健康的重要原因之一就在于他们有较高的亲属网支持，而亲属支持对抑郁症状具有显著的有益作用[⑤]。在非裔美国低收入母亲中，亲属联络与情感支持有助于母亲的乐观主义情绪的产生，而与亲属关系较差则与母亲的抑郁症状增多显著相关；亲属的建议和咨询帮助及情感支持有利于父母/子女间的代际关系甚至家庭正常秩序。另有研究表明，父母/子女间的交流出现问题将对青少年抑郁症状的产生推波助澜[⑥]。对于药物滥用者（18—60 岁）的研究表明，

---

① Wellman and Wortley, "Brother's Keepers: Situating Kinship Relations in Broader Networks of Social Support." Wellman, "The Place of Kinfolk in Personal Community Networks."

② Peek, M. K. and Nan. Lin. "Age Differences in the Effects of Network Composition on Psychological Distress." *Social science & medicine* 49, No. 5 (Sep 1999): 621 – 636.

③ Mair, C. A. "Social Ties and Depression: An Intersectional Examination of Black and White Community-Dwelling Older Adults." *Journal of Applied Gerontology* 29, No. 6 (Dec 2010): 667 – 696.

④ Dressler, W. W. "Extended Family Relationships, Social Support, and Mental Health in a Southern Black Community." *Journal of Health and Social Behavior* 26, No. 1 (1985): 39 – 48.

⑤ Almeida, J., S. V. Subramanian, I. Kawachi and B. E. Molnar. "Is Blood Thicker Than Water? Social Support, Depression and the Modifying Role of Ethnicity/Nativity Status." *Journal of Epidemiology and Community Health* 65, No. 1 (Jan 2011): 51 – 56.

⑥ Taylor, R. D., E. Seaton and A. Dominguez. "Kinship Support, Family Relations, and Psychological Adjustment among Low – Income African American Mothers and Adolescents." *Journal of Research on Adolescence* 18, No. 1 (2008): 1 – 22.

家庭经济支持和直接照顾（通过"照顾时间"测量）能够帮助他们减少症状[1]。对于青少年而言，较少的家庭支持与较高的家庭冲突导致较高的青少年抑郁症状[2]。另外，扩展亲属的作用也被关注。例如独居老人较多地依赖扩展亲属，如兄弟姐妹、表亲等，这一点在其他国家的研究中也有相同发现。由于全球老龄化和居住地流动性增强，现在很少有老人和直系近亲属在一起，有研究发现扩展亲属在此时变得越来越重要。一项在黑人家庭调查表明，扩展亲属支持评价更高的人群抑郁症状更少，不过与扩展亲属的数量并没有显著关系；扩展亲属支持对男性的抑郁症状具有缓冲作用，而对女性效果不明显[3]。

　　但有些研究也发现，亲属关系对精神健康的作用并非对所有人均有效，也并非所有支持网中最有效的类别。一项针对中年人群的纵向研究表明，获得亲属情感支持只与女性的精神健康相关[4]，但对于男性效果并不显著。

　　一项针对 168 名抑郁症患者在出院后 1—7 个月的追踪调查发现，对于出院后担任全职家庭主妇的女性而言，由亲属提供的心理支持更可能导致她们抑郁症状复发；但对于工作中的男性和女性而言，这种负面作用则不存在。基本原因可能是：在心理学机制上，一方面是由于亲属支持过载可能对此类女性产生负担。对于未康复的抑郁症患者而言，亲属支持能够满足患者的需要，产生正向的效果；但对于康复出院的人群而言，亲属支持过多超出了他们真正的需要，从而产生负担。另一方面，良好的社会支持关系是双向的，当康复患者回到家庭后，他/她在获得亲人的支持同时，就意味着他/她同样有责任向家庭提供相应的支持，这也将会给他们带来心理上的负担。这一点尤其体现在女性身上，女性比男性要更多地处于提供支持的角色上，当女性患者返回家庭后，

---

① Clark, Robin E. "Family Support and Substance Use Outcomes for Persons with Mental Illness and Substance Use Disorders." *Schizophrenia Bulletin* 27, No. 1 (2001): 93.

② Sheeber, Lisa, Hyman Hops, Anthony Alpert, Betsy Davis and Judy Andrews. "Family Support and Conflict: Prospective Relations to Adolescent Depression." *Journal of Abnormal Child Psychology* 25, No. 4 (1997): 333 – 344.

③ Dressler, "Extended Family Relationships, Social Support, and Mental Health in a Southern Black Community."

④ Fiori, K. L. and C. A. Denckla. "Social Support and Mental Health in Middle – Aged Men and Women: A Multidimensional Approach." *Journal of Aging and Health* 24, No. 3 (Apr 2012): 407 – 438.

她们面临更多提供帮助的角色，家庭主妇尤其如此①。

还有一些研究探索了不同亲属关系提供不同支持对精神健康的影响。例如，有研究发现对于老年父母而言，女儿通常作为照顾者更多地承担日常照顾的角色，而男性通常提供经济支持和决策。长期以来，女性一直身兼"照顾亲人的人"的角色。

对于亲属关系能够有益于精神健康的原因机制与社会网络、支持理论相一致。一方面，在心理层面上，稳定的亲属关系给人们带来的归属感。近亲属提供实际支持，有安全感和归属感，而非亲属网络可以赋予自尊并实现社会整合过程。另一方面，在作用过程上，亲属关系可以带来有效的压力缓冲作用②。（前文已有详述，此处不再赘述）

另外，"社会支持的护航模式"也被广泛关注并运用，这一理论源于社会角色和社会支持理论，"护航"一词起源于人类学家大卫·普拉斯（David Plath），指在一个人的周围一直存在由家人与朋友组成的保护层，贯穿其一生，为其保驾护航。因此，护航是指一系列与中心人（自我）相关的重要他人提供的保护。这些保护关系随中心人一生角色和关系的变动而有机变化。保护层可分为从内至外、从亲至疏三圈环绕，最内层关系圈最为亲厚，最为稳定③。在护航理论看来，人的一生之中，婴儿时是由父母护航，长大后由家人与同伴，成年后由配偶、子女及其他亲密家人和朋友陪伴与支持，这对人们意义重大，包括对精神健康产生影响。

（二）精神疾病对亲属的影响

精神健康问题不仅影响本人，同时对家人也有严重影响，因为出现精神健康问题之后，人们往往长时间住在家里，家人是最重要的照顾者，大量研究表明亲人照顾者将会遭受巨大的压力和负担，也很少能得到专业帮助。

桑德斯（Saunders Jana C.）④ 对 1970—2000 年的文献中关于患有严重精神疾病的病人家庭影响进行了回顾，主要对几个问题进行了关

① Veiel, H. O. F. "Detrimental Effects of Kin Support Networks on the Course of Depression." *Journal of Abnormal Psychology* 102, No. 3 (Aug 1993): 419 – 429.

② Cassel, "The Contribution of the Social Environment to Host Resistance."

③ Antonucci and Akiyama, "Social Networks in Adult Life and a Preliminary Examination of the Convoy Model."

④ Saunders, Jana C. "Families Living with Severe Mental Illness: A Literature Review." *Issues in Mental Health Nursing* 24, No. 2 (2003): 175 – 198.

注：应激过程，照顾者负担（精神压力），照顾者的适应性，照顾者的抑郁症，社会支持，行为问题，以及家庭功能。

（1）身患精神疾病对亲属的影响研究。此类研究表明，家庭成员身患精神疾患，将给家人带来长久的压力和紧张，产生精神压力的比例高于常人2倍以上。许多亲属也会产生精神问题，例如强迫症、焦虑、抑郁、人际敏感等，其中抑郁症极为常见。对于主要的亲属照顾人最重要的问题是，情感问题、工作干扰、日常生活的中断。精神上的压力和日常问题不仅会影响甚至阻碍亲属继续其照顾者的责任，甚至会影响家庭功能的正常运行。

（2）亲属应激能力和过程。研究者们发现，家庭中有四类应激反应，分别是问题中心型、情感中心型、认知中心型和躯体中心型。每一类型都对应不同的应激方案，如发展支持与帮助，加入支持群体、强化精神承受力、与他人分享经验与感受、运动、获得信息、改变生活方式等。对于亲属而言，8个应激策略是非常有帮助的：对于疾病症状的学习和了解，必要的药物，精神疾病知识，对于处理病人行为的有效建议，参与自助群体，可选择的居住安排，家庭疗法，经济压力的减轻，偶尔离开病人请人帮忙，来自其他亲属与邻居的理解等。有研究发现，年纪大的人或教育程度较高的人通常有更有效的应激能力；满意的社会支持关系、配偶的帮助能够有助于应激能力，从而减缓家庭压力。整体上而言，亲属对于家人身患精神疾病这一事件的发生，其应激反应，包括理解程度和相应行为，一直处于变动之中，与病人的疾病程度、对疾病知识的掌握、其他支持的获得有一定关系。

（3）社会支持。对于精神疾患的亲属而言，社会支持是非常重要的帮助其应激和适应的资源。特别是当家庭中出现严重精神疾患时，亲属往往会感受到与以往社会交往关系的疏离，社会支持感缺乏。一般来说，亲属应激过程中寻求支持过程是，首先，寻求其他亲属和好朋友的帮助。其次，寻求那些处于同样处境的人的帮助。同伴互助能够通过会面、提供情感和信息帮助等方式，非常有效地减弱社会交往的疏离感，提高社会支持感。

三　中国人的亲属关系与精神健康

（一）中国人的家庭主义文化

影响中国人精神健康的重要文化因素有以下几种，一是和谐对待自然的态度，与自然和谐相处已成为中国人处理日常生活的基本法则，也同时影响到人们的自然健康；二是强调人与人相互依赖和睦相处的态度①，有研究认为中国人强调人际间相互依赖以及和睦相处，这使得人们的社会化角色和地位得以维系，并且行动的本质也由人与人之间的关系紧密程度所决定；三是家庭的地位，在中国传统文化中，家庭是作为基本的支持资源存在的。在所有社会群体中，尽管家庭被普遍视为生活、个人成长以及社会化的基本单位，但是在不同文化背景下，家庭的重要性以及对精神健康的影响却有所差异②。大多数学者都认为，中国人对"家庭"给予了极大的重视，不仅将家庭视为社会组织的基本单位，以及解决各类问题的基本支持来源，并且也因此成为了人们应对各类压力的潜在支持来源，从而影响精神健康③。

中国人的家庭主义文化的主要特征包括：（1）理论上的家长制和父系制，人类学家一般将中国人家庭描述为家长制和父系制④，家庭的承袭由父亲传递给儿子。而且，对中国人家庭的实际生活和情感维度的调查则发现，通常妻子和母亲在家庭事务中掌握更多的权力，特别是在他们的后半生中。儿子习惯性地和母亲更为亲近，孝文化在母子之间更加强调⑤。尽管丈夫可能在理论上是一家之主，但在实践中妻子通常在幕后控制了家庭生活。如果再考虑情感方面，女性则在家庭中扮演了至关重要的角色。（2）情感与亲密性。中国的传统文化不鼓励开放的情感表达，即使是夫妻之间。中国人通常反对情感表现，特别是在公众面前。一对夫妻的主要责任是照顾父母和孩子，在情感上放纵则意味着可能会疏忽家庭责任。因此，中国夫妻之间较少表达感情⑥。

紧密的母亲—儿子关系。母子关系是家庭情感生活中最重要的部分。例如，在中国写给孩子的经典孝道故事中，许多都是关于儿子对母

---

① Li, Y. Y. and K. S. Yang, *The Character of the Chinese*. Taipei: Institute of Ethnology, Academia Sinica, 1972.

② Tseng, Wen – Shing and Hsu, J. *Culture and Family: Problems and Therapy*. New York: Haworth Press, 1991.

③ Wen – Shing, Tseng, Lin Tsung – Yi and Yeh Eng – Kung, "Culture as the Primary Focus for Examining Mental Health." In *Chinese Societies and Mental Health*, edited by Tsung – yi Lin, Wen – shing Tseng and Eng – kung Yeh. 9 – 12: Oxford University Press, 1995.

④ Hsu, F. L. K. "Suppression Versus Repression." *Psychiatry* 12 (1949): 223.

⑤ Hsu, F. L. K. and W. S. Tseng, "Family Relations in Classic Chinese Opera." *International Journal of Social Psychiatry* 20 (1974): 159 – 172.

⑥ Hsu, Jing. "Family Therapy for the Chinese: Problems and Strategies." In *Chinese Societies and Mental Health*, edited by Tsung – yi Lin, Wen – shing Tseng and Eng – kung Yeh. 295 – 314: Oxford University Press, 1995.

亲的孝行为，而在中国戏剧也是如此①。

疏远的父亲—女儿关系。父女关系一直是以含蓄而又隐藏的微妙形式存在，在传统中，父女情感是不能袒露的②。

兄弟姐妹之间。由于兄弟姐妹之间存在着特权和偏爱，例如男孩比女孩、年长孩子比年幼孩子拥有更多特权和宠爱，因此尽管中国家庭崇尚和睦，但兄弟姐妹之间的关系难免发生冲突，例如在财产继承和对养老的责任时。

正因为家庭在中国人心目中的重要地位，而中国人在面对问题时也往往强烈地依赖家庭或亲戚，而不愿求助于"外人"，因此有学者③主张，家庭定位的治疗，即将家庭纳入治疗过程并且利用家庭资源解决问题，可能是治疗中国人的精神疾病最为行之有效的方法。

（二）中国人的亲属网络

阮丹青（Ruan Danching）④等学者对 1986 年与 1993 年的中国天津进行了一项比较研究。研究中关系网络的基本问题是："在以往 6 个月中，你和谁讨论重要事务？"关系类别被分为四类：亲属关系、工作单位中的关系、朋友关系，以及其他关系。1986 年数据表明在个人的社会关系中家庭关系最为重要。1993 年数据表明，亲属提到的情况有所下降，同时，每一位亲属关系被提及的情况都有所下降——配偶、父母、兄弟姐妹、子女，以及其他亲属。调查发现现在的天津居民有更多的朋友关系。一份 1993 年天津的资料还表明，中国人的近亲属更多地承担的是工具性支持的角色，而中国人的情感要求更多地是求助于非亲属，例如朋友。随后这一天津资料在与西方 8 个国家做了对比后，进一步确认了中国人的亲属关系更加专一于工具性支持，这被视为与中国传统文化相符合，即强调年龄、性别与代际的差序，从而使中国家庭的情感性功能一直保持相对弱势⑤。

亲属关系在中国人际网中的位置似乎并不像西方研究中所显示得那样核心，一方面可能在于中国亲属关系在中国家庭文化中被确立为承担

---

① Tseng, Wen – Shing. and J. Hsu. "The Chinese Attitude toward Parental Authority as Expressed in Chinese Children's Stories." *Archives of General Psychiatry* 26, No. 1 (1972): 28.

② Ibid.

③ Hsu, "Family Therapy for the Chinese: Problems and Strategies."

④ Ruan, D., L. C. Freeman, X. Dai, Y. Pan and W. Zhang. "On the Changing Structure of Social Networks in Urban China." *Social Networks* 19, No. 1 (1997): 75 – 89.

⑤ Freeman, L. C. and D. Ruan. "An International Comparative Study of Interpersonal Behavior and Role Relationships." *L'Année sociologique* (1940/1948—), (1997): 89 – 115.

更加专门的支持功能，例如侧重于工具性支持；另一方面通过上述研究也可以看出，在中国，特别是城市家庭的支持功能相对于传统有一定程度的下降，一个解释可能仅仅是超越家庭的工作关系开始比过去更加重要、更加易于建立。有学者指出，自 1949 年后，中国政府为中国家庭营造了一个矛盾的环境。一方面，父系权威和权力被削弱，家族农业和商业的经济链被破坏；另一方面，它创造了大型的、多代同堂或邻近的家庭模式的人口学和物质条件。例如，政府限制居住和职业流动使得家庭成员的多代都毗邻而居，并且市场化的服务体系缺乏，使得家庭成员的相互依赖和帮助不可替代。然而在经济改革以后，劳动力的可流动性和增长的各种机会已弱化了家庭得以维持的最后条件。事实上，市场经济提供了更好的资源和服务，这些能够减少人们对亲属以及工作单位的依赖。工作单位利益供给和帮助的减弱也弱化了亲属帮助的能力。例如原来父母利用单位供给的房屋，提供给成年子女，而如今许多单位已停止了这种供给；市场上更多的商品房为年轻人提供了获得房屋的机会，这也使得子女与父母的居住距离拉远。但这并不一定意味着亲属间更少的互动，一些研究表明，亲属间依然有频繁的交往。尽管大多数人更倾向核心户的居住模式，但他们的居住安排往往依赖的是住房条件，或老年父母的年龄和健康状况[1]。

　　然而，不可否认的是，亲属关系依然是中国人最为关键的支持资源，特别是近亲属。李沛良等学者[2]对 2000 年北京及香港的数据分析结果显示，近亲属关系是所有支持网络中最为重要的部分。在近亲属中，无论获得何种支持类别，配偶或伴侣是受访者提及最多的人，随后依次为：孩子、父母、兄弟姐妹。可见，无论是香港还是北京，核心家庭关系，特别是丈夫—妻子关系，是提供工具性支持和情感支持的核心关系。扩展亲属对人们的支持没有明显作用。而非亲属关系中最基本的类别，如朋友、邻居和同事，在提供各种支持种类方面的重要性，均不如近亲属，却强于扩展亲属。另一类支持类别，即专业社会机构，则无论在北京还是香港均无明显重要性。

　　（三）中国人的亲属关系与精神健康：以老年人群为例

　　在对"中国人（华人）亲属关系与精神健康"的相关文献进行搜

---

① Ruan et al. , "On the Changing Structure of Social Networks in Urban China. "

② Lee, Rance P. L. D. Ruan and G. Lai. "Social Structure and Support Networks in Beijing and Hong Kong. " *Social Networks* 27, No. 3 (2005): 249 – 274.

索和回顾时，笔者发现，截止本书出版前，针对这一议题的系统研究非常匮乏，只能在散落于某些特定人群的研究中有所发现，其中大多聚集于针对老年人的研究。因此本节将对中国老年人群的亲属关系与精神健康的相关研究进行梳理与总结。

对于中国老年人而言，家人长期被视为整个支持体系中的中流砥柱，家庭也一直被认为是最原始最初级、但持续时间最长且最可靠的保障体系。这主要有三方面原因：一是源于中国的传统孝文化观念。在中国传统文化中，照顾老人是家庭特别是子女的责任和义务，子女孝顺父母、赡养老人是被社会颂扬的美德。亲子之间的关系在社会体系中已进入了道德规约的领域，正如费孝通先生所指出的，在中国的家庭结构关系中，子女赡养父母的方式不同于西方的接力模式，它是一种"反哺模式"。中国传统中老人生养儿女，儿女照顾老人的伦理，体现了养儿防老这样一种均衡互惠和代际递进的原则，它成为维系家庭经济共同体延续的纽带。同时，中国的"孝"与代际关系也体现了儒家文化"尊卑有序，长幼有别"等一系列理念，"传统家庭结构的等级制、严格的父权制度和财产继承制度"① 更在实践层面使代际交换中赡养内容得以实施和遵守，费孝通先生所指的"礼治秩序"正体现了中国文化传统所特有的社会规约力②。二是，在今天的中国，由子女承担起赡养责任更进一步拥有了合法性保障——老年人作为特殊的群体，根据其自身特点和需要，享有《宪法》和法律规定的特殊权益，例如他们有得到成年子女赡养扶助的权利等；《婚姻法》规定：子女不履行赡养义务时，无劳动能力或生活困难的父母，有要求子女给赡养费的权利；1996年第八届全国人民代表大会常务委员会第二十一次会议通过了《中华人民共和国老年人权益保障法》，对家庭赡养给予了更加详细的规定和保障③。子女赡养父母的法律保障不仅在于子女可以从父母那里得到有形财产，而且在于子女如果不赡养老人所面临的法律制约。三是中国养老保障体系尚未不健全，来自于家人的支持意义因此尤其重大④。亲属支持对老年精神健康的研究大致侧重以下几类：

---

① 裴晓梅：《传统文化与社会现实：老年人家庭关系初探》，《清华社会学评论——特辑》，2000年第11期，第174—180页。

② 费孝通：《乡土中国生育制度》，北京大学出版社1998年版。

③ 王建华：《老有所靠》，中国工人出版社、中国环境科学出版社2000年版。

④ Sun, Rongjun. "Worry About Medical Care, Family Support, and Depression of the Elders in Urban China." *Research on Aging* 26, No. 5 (2004): 559–585.

支持来源方面，配偶与子女支持显著有利于老人的精神健康。一份对生活无法自理老年人的调查数据显示，依赖其配偶占48%，依赖其子女的占40%。另一项对80岁以上高龄老人的调查数据显示，生活安排对老年情绪健康有重要的影响，独居老人幸福感较低，而与配偶或（和）成年子女共同居住的老人幸福感较强[1]，与子女们更强的情感联系也能提高幸福感[2]。另外也有研究表明，扩展亲属或许并不是常规性的支持，但他们也可能是危机时有效的支持源[3]。

子女数量。孩子多少代表了老年人获得支持的潜在资源的多少，中国俗语有云"多子多福"。有研究表明对于网络规模，通常认为规模越大，则老年人可获得的支持就越多[4]。卡德威尔（Caldwell）的财富流动理论（Wealth Flow Theory）从实用角度提供了子女数量和老年人安全感之间的理论解释，他认为当人们比较富裕的时候就会有更多的孩子，如果家庭模式是按照年老者的希望而组织起来时，它就会更加刺激家庭中孩子数目增加。切尔林（Cherlin）[5]在对老年人和家庭的文献进行回顾的时候发现，和老年人共同居住的孩子的数目是这位老者人际关系的重要决定因素。然而对于孩子是否越多，就代表精神状态越好或生活满意度更好，从各类研究来看，其结果是模棱两可的。有研究发现，对于中国的老年人而言，无论他们是否从孩子那里获得经济帮助，孩子越多的人就会感觉越快乐[6]。但也有研究显示的结果相反，孩子数量对于精

① Chen, Feinian and Susan E Short. "Household Context and Subjective Well – Being among the Oldest Old in China." *Journal of Family Issues* 29, No. 10 (2008): 1379 – 1403.

② Silverstein, Merril, Zhen Cong and Shuzhuo Li. "Intergenerational Transfers and Living Arrangements of Older People in Rural China: Consequences for Psychological Well – Being." *The Journals of Gerontology Series B: Psychological Sciences and Social Sciences* 61, No. 5 (2006): S256 – S266.

③ Cheng, S. T. C. K. Lee, A. C. Chan, E. M. Leung and J. J. Lee. "Social Network Types and Subjective Well – Being in Chinese Older Adults." *Journals of Gerontology Series B – Psychological Sciences and Social Sciences* 64, No. 6 (Nov 2009): 713 – 722.

④ Eggebeen, D. J. "Family Structure and Intergenerational Exchanges." *Research on Aging* 14, No. 4 (1992): 427 – 447; Seeman and Berkman, "Structural Characteristics of Social Networks and Their Relationship with Social Support in the Elderly: Who Provides Support."

⑤ Cherlin, A. J. "A Sense of History: Recent Research on Aging and the Family." In *Aging in Society: Selected Reviews of Recent Research*, edited by N. W. Riley, B. B. Hess and K. Bond. 52 – 86; Hillsdale, NJ: Lawrence Erlbaum Associated, Publishers, 1983.

⑥ Pei, X. and V. K. Pillai. "Old Age Support in China: The Role of the State and the Family." *International Journal of Aging and Human Development* 49, No. 3 (1999): 197 – 212.

神状态并没有显著影响[1]，对于这一研究结果，一个可能的解释是，网络规模的增加可能会带来冲突，豪斯[2]等人的研究就发现，小规模并且紧密的关系对心理健康有利；也有研究发现[3]，关系的数量对香港的老年人的抑郁症状并没有影响，真正重要的是他们自我感觉亲密的关系的数量。另一个可能的解释是大家庭可能会处于较低的社会地位，这同样也会有损于老年人的生活满意度[4]。

子女性别。在中国传统上，对于老人而言，儿了特别重要，儿子特别是长子通常被视为赡养父母最重要的人。这在父系传统根深蒂固的国家都相类似[5]。但近来的一些研究发现，女儿开始成为老年人越来越重要的支持者[6]。传统型居住安排，即仅与一位儿子共同居住相比，与女儿共同居住的老人有更高水平的情绪健康[7]。而有研究发现，是有儿子还是女儿这一因素对老人的精神状态评分并没有显著的区别[8]。

居住关系。对于和至少一位成年子女一起生活是否有利于老年人的精神健康，同样也存在矛盾的研究结果。裴晓梅等学者发现，和结婚儿子共同居住，无论关系如何，都是一种获得支持的象征，因此就会产生更好的心理感受[9]。

有研究认为，老年人和成年子女在居住位置上越接近通常被认为越有利于支持的获得，同时也预示代际间的亲密程度和互动程度，因而通

---

[1] Chen, X. and M. Silverstein. "Intergenerational Social Support and the Psychological Well - Being of Older Parents in China." *Research on Aging* 22, No. 1 (2000): 43 - 65; Sun, "Worry About Medical Care, Family Support, and Depression of the Elders in Urban China."

[2] House, Landis and Umberson, "Social Relationships and Health."

[3] Chou, K. L. and I. Chi. "Stressful Life Events and Depressive Symptoms: Social Support and Sense of Control as Mediators or Moderators?" *International Journal of Aging and Human Development* 52, No. 2 (2001): 155.

[4] Sun, "Worry About Medical Care, Family Support, and Depression of the Elders in Urban China."

[5] Burgess, E. W. *Aging in Western Societies.* Chicago: University of Chicago Press Chicago, 1960.

[6] Yang, H. "The Distributive Norm of Monetary Support to Older Parents: A Look at a Township in China." *Journal of Marriage and the Family* (1996): 404 - 415.

[7] Chen and Short, "Household Context and Subjective Well - Being among the Oldest Old in China."

[8] Chen and Silverstein, "Intergenerational Social Support and the Psychological Well - Being of Older Parents in China."

[9] Pei and Pillai, "Old Age Support in China: The Role of the State and the Family."

常也认为获得更多支持的父母精神状态越好[1]。也有研究发现至少与一个孩子同住的老人精神状态评分优于没有同住的老人，并且"共同居住"这一因素对精神状态的影响，有一部分是通过共同居住所带来的功能性帮助而实现的，特别是更有利于子女向老人提供经济帮助和情感帮助。在一项对50岁以上老年人的调查发现[2]，和孩子住在同一街道的人比和孩子同住一室的老年人，抑郁水平更低。

支持种类。对于老年人而言，无论东方还是西方的研究通常都发现，情感支持有益于老年人的精神健康[3]。而工具性支持对精神健康的影响，其调查结果则不相一致。有研究发现实质性帮助能够减轻抑郁症状[4]，而一些研究则发现这一影响并不显著[5]。工具性支持的作用不明显的原因，有两种可能[6]：一种是"支持动员"机制（support mobilization mechanism），认为工具性支持是作为对健康状况的反应，从而在这一过程中工具性支持的作用变得模糊不清；另一种可能是接受帮助使一个人感觉自我的控制能力下降，从而增加了抑郁心理。克劳斯[7]等人对武汉市老年人的研究发现，支持预期能够减少经济压力

[1] Crimmins, E. M. and D. G. Ingegneri. "Interaction and Living Arrangements of Older Parents and Their Children Past Trends, Present Determinants, Future Implications." *Research on Aging* 12, No. 1 (1990): 3 – 35; M. Silverstein, and E. Litwak. "A Task – Specific Typology of Intergenerational Family Structure in Later Life." *The Gerontologist* 33, No. 2 (1993): 258 – 264.

[2] Sun, "Worry About Medical Care, Family Support, and Depression of the Elders in Urban China."

[3] House, *Work Stress and Social Support*; N. Krause and J. Liang. "Stress, Social Support, and Psychological Distress among the Chinese Elderly." *Journal of Gerontology* 48, No. 6 (1993): 282 – 291; Pinquart, M. and S. S. rensen. "Influences of Socioeconomic Status, Social Network, and Competence on Subjective Well – Being in Later Life: A Meta – Analysis." *Psychology and Aging* 15, No. 2 (2000): 187; Sun, "Worry About Medical Care, Family Support, and Depression of the Elders in Urban China."

[4] Chou and Chi, "Stressful Life Events and Depressive Symptoms: Social Support and Sense of Control as Mediators or Moderators?"

[5] Krause and Liang, "Stress, Social Support, and Psychological Distress among the Chinese Elderly."; Sun, "Worry About Medical Care, Family Support, and Depression of the Elders in Urban China."

[6] Sun, "Worry About Medical Care, Family Support, and Depression of the Elders in Urban China."

[7] Krause, N. J. Liang and S. Gu. "Financial Strain, Received Support, Anticipated Support, and Depressive Symptoms in the People's Republic of China." *Psychology and Aging* 13, No. 1 (1998): 56 – 58.

带来的抑郁水平，而实际得到的支持并不能。因为支持预期让人们有安全感，使他们相信在遇到困难时随时可以得到帮助，但实际中得到的支持却使人们感觉负债。另有研究发现，在特定压力的情况下，老年人在获得一些支持的同时又会失去一些支持，[1] 例如在经济压力下，老年人在获得别人经济帮助的时候，在精神帮助上的获得就会减少，而这又不利于精神健康，这和他们在 1991 年对美国老年人的调查结果相一致，另外一些关于日本和中国的研究也证明了与美国研究结果的相似。其原因可能是，经济压力会在一定程度上破坏人们的社会网络关系，因为这是一种羞耻的、尴尬的、不被希望地对别人的依赖，因此，在这种压力下，即使获得了支持同样不利于精神健康。对于中国，经济困难带来的情感支持减少从而增加抑郁症状的原因，还可能是，经济困难的家庭往往伴随着住房短缺、居住拥挤的问题，因而伴随而来的是共同居住的争吵以及和邻居的争执，这将影响社会关系的质量。

关系满意度。也有研究发现，对老人精神状态影响最深的是老人对子女的满意程度，以及他们是否能对子女提供功能性帮助。[2] 无论是子代的网络属性（子女是否共同居住）还是功能性支持属性（情感支持、经济支持），对老人精神状态评分的有利影响，都完全是通过老人对子女的满意程度来实现的。老人对子女提供日常帮助，如照看孩子等，也对老人的精神健康有益。

社会体制与老年经济保障。许多研究表明，在西方社会政府对于保证老年人的经济安全有重要的作用[3]。对于中国城市老年人，中国政府同样是一个重要的支持来源，例如公共退休基金，它涵盖了在城市中所有现代化工业体系、国家公职人员以及国家所属的文化和教育单位下的退休从业人员（50 岁或 60 岁以上，退休年龄取决了职业类别和年龄的不同）。而这一退休基金真正实现了从国家中青年一代向老年一代代际间财富的传递[4]。在医疗和其他社会福利方面，老年人还继

[1] Krause and Liang, "Stress, Social Support, and Psychological Distress among the Chinese Elderly."

[2] Chen and Silverstein, "Intergenerational Social Support and the Psychological Well – Being of Older Parents in China."

[3] Bernstein, M. C. and J. B. Bernstein, *Social Security: The System That Works.* New York: Basic Books, 1988; J. H. Schulz, *The Economics of Aging.* 6th ed.: Westport, CT: Auburn House, 1995.

[4] Pei and Pillai, "Old Age Support in China: The Role of the State and the Family."

续享受一定程度的免费服务①。一项对中国 12 个省市的调查表明，在城市中 73% 的老年人领取退休金，而有 83% 的老年人获得政府经济帮助（包括低收入保障等），而老年人获得子女经济支持的比例为 60%。这些经济上和医疗方面的国家保障，为人们在年老时提供了经济安全②。

可以看出，与其他变迁中的社会一样，中国现代化进程背景下的代际关系也正在经历着改变。在笔者 2000 年对北京市老年人的调查研究中发现，对于他们来说，（1）经济支持不再仅仅由子女承担；（2）单位和社会机构成为一些老人获取支持的重要体制性资源；（3）对于生病老人的日常照护责任由子代向"护工"等其他资源转交；（4）老人对子代精神支持的期望更趋强烈；（5）子代给予老人的情感关怀却可能由于功能性支持的减少而趋向弱化。代际关系是否弱化，应置于更加广泛的社会变迁的背景下去思考：家庭结构的变化，社会保障的发展以及老年人经济力量的增强使孩子对于父母必须承担的压力得以减少；另外，传统农业社会中父母对权力、土地等资源掌握的下降甚至丧失，工业化使政府开始分担家庭的权力，也减少了父母控制孩子的权力，带来了父母和孩子都开始有独立的趋势。因而产生了这样一种现象："今天的父母比过去希望更少地为孩子牺牲，但他们要求孩子为他们尽的责任也比他们自己的父母要求得更少，67% 的人相信无论孩子的父母为孩子做了什么，孩子对父母都没有责任。"③ 变迁的社会酝酿了代际理念和行动方式的矛盾和模糊，同时这种含混的景象也体现在关于老年人在整体社会中地位的界定上。现代化理论通常认为，"引起社会由乡村和农业的社会和经济制度向工业体制进化的诸过程，也同时导致老年人在社会中所处位置和对老年人敬重程度的变化，这种变化通常朝着更加不利于老年人的方向发生"；可一些研究也表明，随着退休和社会保障制度的建立，工业社会的老年人在家庭中的地位普遍高于非工业社会老人的地位④。

另外，香港地区华人老年群体研究，对亲属关系与精神健康也给予了关注。香港的相关研究同样发现，亲属支持有利于老年人的精神健

---

①　Peng, X. *Demographic Transition in China: Fertility Trends since the 1950s.* New York: Oxford University Press, 1991.

②　Pei and Pillai, "Old Age Support in China: The Role of the State and the Family."

③　Callahan, *Setting Limits: Medical Goals in an Aging Society.*

④　裴晓梅：《传统文化与社会现实：老年人家庭关系初探》。

康。一份香港的研究表明，青少年孙辈的支持显著有利于老年人的生活满意度，特别是情感支持。当代香港老年人依然较多地受益于家庭传统文化，并且家庭支持对他们生活满意度、克服独居的孤独感都影响显著，这也是与中国传统家庭文化密切相关[1]。另一份跟踪研究也表明，获得较多家庭资源的老人在三年后其抑郁症状更少[2]。社会支持缺乏一直被视为老年抑郁症发生的重要原因之一[3]。在一项关于老年人社会网络与精神健康的研究中发现，香港老年人的社会网络主要可以分为以下几类：（1）多元网络（Diverse networks），被调查老人中占26%，这一网络中近亲属、扩展亲属、非亲属各占1/3，他们有较大的网络规模，频繁的交往，较高的网络支持，积极的社交参与；（2）朋友为主网络类型（Friend‐focused networks），占25%，这类也有较高的支持交换；（3）家庭为主的网络类型（Family‐focused networks），占15%，与亲属紧密联系，与家庭间有较高的支持交换，以这一类型为主的老人，他们的关系类型90%以上都是亲属关系；（4）扩展家庭为主的网络类型（Distant family networks），占18%，这类与扩展亲属交往比较多，有较少的近亲属关系，但扩展亲属关系与朋友数量趋近；（5）限制型网络类型（restricted network type），这类网络规模较小，交往也少，社会支持与交换也少。结果表明，多元网络类型和家庭为主的有利于老人的主观幸福感，而限制性网络类型中的老人幸福感最低。远亲属家庭网络类型的老人幸福感和积极情绪仅略低于直系近亲属家庭网络类型，与朋友网类型老人相当；远亲属网的支持提供也是非常重要，特别是对于那些直系近亲属和朋友都比较匮乏的老人而言[4]。

当今香港老年人经历了较高的精神压力和自杀率。香港男性今年抑郁症发生率为29.9%，女性为41.1%，有研究表明香港老年人的精神

① Lou, V. W. Q. "Life Satisfaction of Older Adults in Hong Kong: The Role of Social Support from Grandchildren." *Social Indicators Research* 95, No. 3 (Feb 2010): 377 – 391. Lou, Vivian WQ, and Jimmy W Ng. "Chinese Older Adults' Resilience to the Loneliness of Living Alone: A Qualitative Study." (2012).

② Boey, KW and HFK Chiu. "Life Strain and Psychological Distress of Older Women and Older Men in Hong Kong." *Aging & Mental Health* 9, No. 6 (2005): 555 –562.

③ Chi, Iris, Paul SF Yip, Helen FK Chiu, Kee Lee Chou, Kin Sun Chan, Chi Wai Kwan, Yeates Conwell and Eric Caine. "Prevalence of Depression and Its Correlates in Hong Kong's Chinese Older Adults." *American Journal of Geriatric Psych* 13, No. 5 (2005): 409 –416.

④ Cheng et al., "Social Network Types and Subjective Well‐Being in Chinese Older Adults."

健康差于居住在北京、上海、广州和拉斯维加斯的老年人①。香港老年人精神健康问题上升的社会动因之一，是由于香港的经济发展与家庭模式的改变。在香港高度城市化的环境下，家庭系统经历了巨大的转变，包括家庭规模减小、已婚子女搬离父母独自生活等，中国香港家庭结构逐渐变小，平均家庭人口数从 1971 年的 4.5 降至 2007 年的 3.0②。这些生活安排影响了老年人获得家庭支持，更影响了他们的精神健康。甚至有研究发现在校学生以及大众传媒对老年人的尊重感也在降低，倾向于将其视为对社会没有贡献但却要求更多社会关注和照顾的群体。无疑，当代的香港老年人大多依然秉持了中国传统养老的理念与希望，一直将家人视为自己最主要的照顾者。但目前来看，家人对老年人的支持和照顾多来自在于责任，而非爱，这就产生了一个"照顾困境"（caring delemma），即赡养责任与及早摆脱的矛盾。与西方社会的老年人网络更侧重自愿与情感不同，东方则侧重与网络成员间的角色责任，包括中国社会中孝的责任③。因此，尽管亲属支持对老人非常重要，但依然日益减少④。

　　华人研究中大多表明，家庭资源对于老年人精神健康作用更为重要，这与西方研究并不一致，西方研究表明，朋友网络比家庭网络对老年心理幸福感受的作用更为重要。例如，在英国的一项社区研究中，抑郁症和孤独感大多被发现在那些朋友支持感受不满意的人群中，而与亲属支持感受并不相关。在一项关于丧偶老人的研究中也发现，朋友网络比家庭网络提供了更好的支持⑤。另有研究发现，社区居住的老年人通

①　Boey and Chiu，"Life Strain and Psychological Distress of Older Women and Older Men in Hong Kong."

②　Cheng et al.，"Social Network Types and Subjective Well – Being in Chinese Older Adults."

③　Ibid.

④　Lui，May HL，Diana TF Lee and Anne E. Mackenzie. "Community Care of Older Chinese People in Hong Kong: A Selective Review." *Australasian Journal on Ageing* 19，No. 4 (2000): 180 – 184.

⑤　Lubben，James E. "Gender Differences in the Relationship of Widowhood and Psychological Well – Being among Low Income Elderly." *Women & Health* 14，No. 3 – 4 (1989): 161 – 189; Prince，Martin J，Rowan H. Harwood，RA Blizard，A. Thomas，and Anthony H. Mann. "Social Support Deficits，Loneliness and Life Events as Risk Factors for Depression in Old Age. The Gospel Oak Project Vi." *Psychological Medicine* 27，No. 2 (1997): 323 – 332; Wood，Vivian，and Joan F. Robertson. "Friendship and Kinship Interaction: Differential Effect on the Morale of the Elderly." *Journal of Marriage and the Family* 40，No 2 (1978): 367 – 375.

常有四种主要支持网定位：家人主体网、朋友主体网、邻居主体网，以及团体活动伙伴（教会或俱乐部等）主体网。家人主体网主要由近亲属组成：配偶、孩子、兄弟姐妹。在美国，网络关系多元化的老人的抑郁评分最低，朋友主体网的老人其次，家庭主体网的老人抑郁评分高于前两者[1]，可见多元网络与家庭网络类型最有利于人们的幸福感和积极情绪。华人社会群体与西方人群差异的最重要原因来自于文化传承。亲人是最重要的支持提供者，这是华人文化的核心内容之一，分享并身体力行这一文化惯习已内化为人们日常生活、行为方式的重要部分。对于华人群体的老年人而言，相对于获得更少的朋友支持，更少的家庭支持将更会使他们感受精神压力和痛苦[2]。其基本原理与斯托夫（S. Stouffer）提出的"相对剥夺理论"或墨顿提出"参照群体"理论相一致，即人们对自我与生活的评价，通常是根据与其他和自己身份地位相近的人或群体境遇相比较而产生的心理感受，当获得较高家庭支持成为华人群体老年人的常态时，那些家庭支持评价较低的老年人就会在"相对剥夺感"中产生较差的情绪甚至精神疾病。

第四节　社会人口特征与精神健康的相关研究

社会人口特征也往往被研究者视为影响精神健康的社会结构背景之一。有研究者[3]分析"结构性背景"（structural contexts）对社会支持过程以及精神健康的影响时，其中分析模型之一为："社会地位背景模型"（social statuses context），它是指运用社会地位去考虑人们在社会结构中的位置。这一方法认为，社会支持与精神健康的程度都将随着不同的社会阶级、性别、年龄、种族以及婚姻状况而改变。

（一）年龄

对于年龄与精神健康状况的相关研究越来越得到重视的一个原因，

---

① Cheng, S. T. , C. K. L. Lee, A. C. M. Chan, E. M. F. Leung and J. J. Lee. "Social Network Types and Subjective Well-Being in Chinese Older Adults. " *Journals of Gerontology Series B-Psychological Sciences and Social Sciences* 64, No. 6 (Nov 2009): 713-722.

② Boey and Chiu, "Life Strain and Psychological Distress of Older Women and Older Men in Hong Kong. "

③ Haines, Beggs and Hurlbert, "Exploring the Structural Contexts of the Support Process: Social Networks, Social Statuses, Social Support, and Psychological Distress. "

在于人口老龄化趋势正在全世界范围内蔓延，例如 1991 年全美人口中有 12.6% 为 65 岁及以上人口，而到 2050 年预计可达到 1/5；另一个原因在于，不同的精神疾病可能高发于特定的年龄群[1]。对于年龄和抑郁症状的关系，以往美国的一些研究显示了矛盾或不一致的结果。纽曼（Newmann）等人[2]曾系统地总结了这类研究（共 18 项）的结果，他的研究表明：这类研究所得出的年龄与抑郁的关系有两种可能的模式：其一，年龄和抑郁之间存在线性的负相关关系，即随着年龄的增长，个体的抑郁分数下降；其二，随着年龄的增加，个体的抑郁得分先明显下降，到中年前期或后期下降到最低程度，然后开始有所回升，在 65—70 岁时，明显回升，即年龄和抑郁之间呈 U 型的曲线关系。另一份对 27 项研究进行回顾的报告表明，在比较退休老年人口与其他年龄组人群时，8 份研究显示其他年龄组人群在心理上更加压抑，而 6 份表明老年人更加压抑，还有 13 份研究显示在两个群体中并无差别[3]。这种不一致的结果使得 Feinson 称之为：抑郁症状在老年中的"科学秘密"（scientific myth）。

米罗斯基和罗斯的研究采用 CES-D 量表测定抑郁症状，其研究证明的结果是，随着年龄增大，抑郁症状呈现 U 型分布。抑郁症状在中年时期程度最底，大约在 45 岁达到低谷，而在年轻时和老年时较高，最高点处于高龄人口中，而抑郁症状在 60 岁以后开始上升，在 80 岁或者更高时达到最高[4]，即中年是一生中程度最轻的阶段；老年和年轻时都显示出较高的抑郁水平。在年轻时抑郁症状较低和在老年时较高反映了，人们在婚姻、工作和经济状况的生命周期情况，即中年在这几方面都趋于好转。他们认为，这一"年龄—抑郁"轨迹的原因包括 5 个方面，即年龄增长将伴随着更加成熟、体质下降、特定生命阶段、处于某一代中，以及表现相异的生存能力。年龄也与心理健康的外部条件密切相关，如经济状况、雇佣状态、婚姻、子女、教育以及身体健康水平。而

---

① Cockerham, W. C. *Sociology of Mental Disorder.* Upper Saddle River: New Jersey, 1996.

② Newmann, J. P. "Aging and Depression." Psychology and Aging 4, No. 2 (1989): 150; Newmann, Joy Perkins. "Stress and Mental Health: A Conceptual Overview." In *A Handbook for the Study of Mental Health*, edited by Allan V. Horwitz and L. Scheid. Tereas 161 – 175: Cambridge University Press, 1999.

③ Feinson, M. C. "Aging and Mental Health Distinguishing Myth from Reality." *Research on Aging* 7, No. 2 (1985): 155 – 174.

④ Mirowsky, John and C. E. Ross. "Age and Depression." *Journal of Health and Social Behavior* 33, No. 3 (1992): 187 – 205.

那些处于中年的人们，收入达到顶峰，子女长大成人，婚姻趋于稳定，工作比较平稳，年轻时需要面对的紧张与冲突大大减少，而老年需要面对的问题尚未出现。这些都使得中年人有更好的精神健康。而老年群体面对退休、丧偶、经济困难等生活问题，同时身体健康日趋下降和个人对生活的控制能力的下降也是重要原因。

　　弗雷里克斯（Frerichs）等人[①]的研究表明，18—24 岁的美国人抑郁程度最高，而随后年龄段的人群均随年龄的增长而降低。米罗斯基和罗斯[②]的另一项研究考察了经济困难因素对抑郁症状和年龄相关程度的影响，他们对两个相反的假设进行了测定。假设一认为由于经济困难而生的抑郁症状会随年龄增大而下降，因为年龄越大，会更加成熟并拥有更多的生活经验。假设二则认为相反，因为年龄增大会使人们拥有更少克服困难的机会。结果表明，在美国的成年人口中，由于经济困难产生的抑郁症状会随着年龄的增大而减少，而不是增加。但是没有家庭收入或者身患残疾，或者有管理方式慢性疾病的人们会随着年龄的增大，更多地受到经济困难的影响产生抑郁症状[③]。

　　中国人口抑郁得分与年龄的相关情况也有一系列研究，其结果多验证了，抑郁得分随年龄增长而降低的反比关系。一项对北京地区的研究表明[④]，无助与无望感、抑郁情感和 CES-D 总分随着年龄的增长而减少。这一研究从心理学的角度对此研究结果给予了解释：不同年龄阶段的人群，其抑郁体验有所不同。该研究认为，客观的抑郁（症）与个体对抑郁本身的主观体验是两个概念。一个人是否真的患有抑郁症，与他的抑郁体验有着根本的不同。CES-D 量表是一种自陈量表，它所测得的抑郁得分反映了个体对自身抑郁状况的主观体验，并不表示个体真实的抑郁状况。而抑郁体验随着年龄的增长而下降，其原因首先在于，不同年龄阶段的个体对抑郁症状的心理敏感性是不同的。青年人对负性刺激的反应更为强烈，而随着年龄的增长，个体经历了各样的事件，承受

① Frerichs, R. R., C. S. Aneshensel and V. A. Clark, "Prevalence of Depression in Los Angeles County." *American journal of epidemiology* 113, No. 6 (1981): 691 – 699.

② Mirowsky, John and C. E. Ross. "Age and the Effect of Economic Hardship on Depression." *Journal of Health and Social Behavior* 42, No. 2 (2001): 132 – 150.

③ Mirowsky, John. "Age and the Gender Gap in Depression." *Journal of Health and Social Behavior* 37, No. 4 (1996): 362 – 380.

④ 辛涛、申继亮：《CES-D 的结构分析及其在成年人的试用》，《中国临床心理学杂志》1997 年第 1 期，第 14—16 页。

了各种痛苦，因此逐渐对那些负性刺激的反应阈值升高，能够很平静地对待。其次，不同年龄阶段的个体对抑郁的理解可能是不同的。可能青年人对某些抑郁症状的体验更强烈，而老年人则对另一些抑郁症状的体验更强烈。研究表明：患抑郁症的青年人更多地表现为罪恶感、自我贬低或自杀冲动等。而与此相对的，患抑郁症的老年人则更多地表现为冷漠、精力不济、或动力缺乏，并伴有不同的躯体症状。另一项对中国北京和天津55—75岁人口的抑郁情绪（采用CES-D量表）及相关因素的研究表明，抑郁情绪随年龄增长而呈下降趋势，55—59岁年龄组的抑郁总分显著高于60岁以上的年龄组，生活满意感和社会支持感是预测抑郁情绪产生的直接因素[①]。

（二）性别

尽管对于精神疾病的性别差异研究表明，女性与男性可能分别在某类疾病上比例更高，但关于抑郁状况的性别差异在精神健康的社区研究中，一直是最为古老和有力的发现，许多研究均表明，在抑郁症状的平均水平或抑郁症的发病率上，女性明显高于男性[②]，有研究回顾了从1945—1970年间的所有文献后，得出结论，在美国社区人口到患病人口中，抑郁症的性别比从1.6∶1—2∶1，女性均高于男性。中国一项2000年对上海的人口调查发现，男女抑郁症患病率比例为1∶1.89，女性高于男性[③]。另外一项对安徽省属四所大学的大学生抑郁症状调查发现，大学生中女性抑郁得分显著高于男性大学生[④]。

抑郁得分的性别差与年龄有一定的关系，米罗斯基[⑤]的研究以CES-D（7项）为抑郁症状测量指标的研究中，结果表明女性的抑郁症状在各个年龄段均高于男性，并且验证了"年龄增长假设"（The age increm-

① 佟雁、申继亮、王大华、徐成敏：《成人后期抑郁情绪的年龄特征及其相关因素研究》，《中国临床心理学杂志》，2001年第9卷第1期，第21—23页。

② Aneshensel, C. S. , R. R. Frerichs and V. A. Clark. "Family Roles and Sex Differences in Depression." *Journal of Health and Social Behavior* (1981)：379 - 393；Haines, Beggs, and Hurlbert, "Exploring the Structural Contexts of the Support Process：Social Networks, Social Statuses, Social Support, and Psychological Distress."

③ 肖凉等：《城市人群中抑郁症状及抑郁症的发生率调查分析》，《中国行为医学科学》2000年第9卷第3期，第3页。

④ 许韶君、陶芳标、张洪波、曾广玉：《大学生抑郁，焦虑症状及其影响因素的分析》，《安徽预防医学杂志》1999年第5卷第2期，第121—122页。

⑤ Mirowsky, "Age and the Gender Gap in Depression."

ent hypothesis）——认为在性别之间，抑郁症状的差异随着年龄的增长而增长，至少到退休，或者会终生如此；以及"变化差异性假设"（The differential change hypothesis）——在中青年时期，女性的抑郁症趋势下降得比男性慢，以至于性别差异也随着时间而增大；有研究同样发现，比较有子女和没有子女的群体之间抑郁得分的性别差异，有子女的男性抑郁得分比没有子女的男性有所下降，而女性下降的趋势则不明显，可见，男性的抑郁水平随着年龄通常会呈现更明显的下降趋势。①

对于精神健康性别差异的原因，主要归因于三个方面②：一是人为因素，即女性比男性更愿意承认抑郁问题。有研究表明女性比男性对健康问题更加关注，并且比男性更愿意在健康问题上寻求帮助；而男性则相对不愿意承认自己存在健康问题或承认自己有疾病。二是生物学上的性别生理差异，以及不同性别在幼年发育期的社会心理学差异。三是社会学原因，主要包括：

1. 生活压力事件。许多研究表明，女性较男性经历更多的生活压力事件（例如生育等）是她们具有较高抑郁症状的重要原因③。

2. 女性对抑郁症状的易感性强于男性。（1）在面临相似的生命压力事件时，男性多以开放式的愤怒或敌意加以表达，而女性在社会化过程中则通常会被教授控制情绪，因此女性更可能以自我批判或否定的态度对愤怒或冲突加以内化处理，而非外化，这一过程就是抑郁性反应的过程④。因此女性相较于男性更易于显露出抑郁症状，女性比男性更易于在困难时产生自我羞愧、无助和无望的感觉，或某些抑郁症状的主诉特征⑤。对这一假设的验证，有研究表明男女对于压力事件的易感性存在差异，女性的易感性更多体现在人际问题或压力，而男性的易感性多

---

① Aneshensel, Frerichs and Clark, "Family Roles and Sex Differences in Depression."
② Rosenfield, S. "Gender and Mental Health: Do Women Have More Psychopathology, Men More, or Both the Same?" In *A Handbook for the Study of Mental Health*, edited by Allan V. Horwitz and Tereas L. Scheid. 348 – 360: Cambridge University Press, 1999; Lin, Dean and Ensel, *Social Support*, *Life Events and Depression*.
③ Rosenfield, "Sex Differences in Depression: Do Womenalways Have Higher Rates?"
④ Ibid.
⑤ Makowsky, Vivian P. "Sources of Stress: Events or Conditons?." In *Lives in Stress: Women and Depression*, edited by D. Belle, 35 – 53: Beverly Hills: Sage, 1982.

在于工作压力中①。也有研究结果否定了这一假设。纽曼②的一项研究发现，女性比男性更多地遭遇丧偶（变项为婚姻状态）、社会疏离（变项为是否独居）、经济困难以及慢性疾病，但女性在抑郁症状上与男性并没有显著差异。值得关注的是，这一研究的关注点均为慢性压力事件（Chronic stress），而非突发性压力事件（Life events）。而一项香港的研究认为，"女性比男性更会表达"在华人社会中更为突出：男性为了维持优势地位，被期待应表现坚强，而不可轻易诉苦；女性则应软弱温柔，因而女性表达苦痛更具有道德合法性。这在新加坡华人研究中也有相似发现③。（2）在自我尊严与人际关系上，女性比男性更多地依赖于他人对自我进行定位和评价，过多依赖于他人导致了一种不安全感，这同样也是社会化过程产生的问题，即在孩童时期，女性给予的指导较男性少，因此她们更可能产生对他人的依赖而较少自我的独立感。这同时也导致了对自我的否定和批判，这可能使她们更易感于抑郁症状（Rosenfield，Sarah，1980：33—42）。（3）性别间的权力差异也使女性更易感于抑郁症状。女性更多地被教授"感到无助"和对当前不利情境"感到无力控制"，即缺少控制力——"权力"（power），这种"习得的无助感（learned‒helplessness）"也是女性易感于抑郁症状的重要原因之一④。

　　3. 婚姻中的角色责任差异⑤。抑郁程度的性别差异被许多研究证明是在婚姻后最为明显⑥。有研究发现精神健康上的性别差异随着男女所承担的社会角色差异性增大而增大，他讨论了工作状态和婚姻状态下性别角色的差异：整体上而言，单身男女的抑郁得分较高，而结婚后男女的抑郁得分普遍降低；但对于同样有职业的已婚男女而言，他们若都较少地承担家庭角色那么他们在精神健康上的性别差异较小，未婚且有职

①　Radloff, Lenore Sawyer and S. Rae. Donald. "Components of the Sex Difference in Depression." In *Research in Community and Mental Health*, edited by R. G. Simmons. 76 – 95: Greenwich, CT: JAI Press, 1891.

②　Newmann, J. P. "Gender, Life Strains, and Depression." *Journal of Health and Social Behavior* (1986): 161 –178.

③　Lee, Rance P. L. "Sex Roles, Social Status, and Psychiatric Symptoms in Urban Hong Kong." In *Normal and Abnormal Behavior in Chinese Culture*, edited by Arthur Kleinman, Tsung‒yi and D. Lin, 273 –289: Reidel Publishing Company, 1981.

④　Rosenfield, "Sex Differences in Depression: Do Womenalways Have Higher Rates?"

⑤　Rosenfield, "Gender and Mental Health: Do Women Have More Psychopathology, Men More, or Both the Same?"

⑥　Aneshensel, Frerichs and Clark, "Family Roles and Sex Differences in Depression."

业的男女的精神健康差异则几乎没有（这一点在其他研究也显示了相同的结果）[1]；当孩子出生后，家庭中的男女的性别角色差异性最大，其中女性角色责任增大高于男性，因此他们的角色差异增大，而他们的抑郁状况的差异也增大。可见相对于女性，男性更能从"家庭—工作"的双重角色中获益，从而具有较低的心理紧张。

男性比女性能够更多地受益于工作和家庭的原因在于：一是大多数女性更多地被限制于家庭主妇的角色，而男性则可能从工作和家庭中找到满足感；二是女性的主要功能性行为——抚育子女和收拾屋子通常是充满艰难并与女性的教育程度无关，例如有研究表明相对于男性受益于工作，女性很少对于自己抚育子女的成效感觉满意[2]；三是作为家庭主妇的女性往往缺乏社会交往；四是即使是工作中的女性，他们因为角色责任负荷大于男性，导致抑郁情况更严重，而那些照顾孩子压力消解或能得到丈夫帮助的女性，其抑郁程度则与男性无差别[3]。女性无论是否处于工作中，都会对家庭抱有更大的责任感，这种角色负荷过重的结果是女性抑郁程度较高[4]。

4. 社会经济地位因素[5]。有研究表明夫妻间收入较少方经常经历更多的抑郁症状，而女性通常是收入较少一方[6]。同时，女性也往往在工作中自主性和复杂度较低，这不利于女性的工作满足感[7]。米罗斯基[8]的研究则认为之所以中年人比低龄人在抑郁症状的性别差异大，婚姻和雇佣规律的性别差异所带来的社会经济地位的不平等（unequal socioeconomic status）是其主要原因。在雇佣方面，就传统劳动力分工来看，年

---

① Horwitz, A. V. and T. L. Scheid. *A Handbook for the Study of Mental Health: Social* Contexts, Theories, and Systems. Cambridge University Press, 1999.

② Cleary, Paul D. and David Mechanic. "Sex Differences in Psychological Distress among Married People." *Journal of Health and Social Behavior* 24, No. 2 (1983): 111 – 121.

③ Rosenfield, S. "The Effects of Women's Employment: Personal Control and Sex Differences in Mental Health." *Journal of Health and Social Behavior* (1989): 77 – 91.

④ ——. "The Costs of Sharing: Wives' Employment and Husbands' Mental Health." *Journal of Health and Social Behavior* 33, No. 3 (1992): 213 – 225.

⑤ Rosenfield, "Gender and Mental Health: Do Women Have More Psychopathology, Men More, or Both the Same?"

⑥ Rosenfield, "The Effects of Women's Employment: Personal Control and Sex Differences in Mental Health."

⑦ Pugliesi, K. "Work and Well – Being: Gender Differences in the Psychological Consequences of Employment." *Journal of Health and Social Behavior* 36, No. 1 (1995): 57 – 71.

⑧ Mirowsky, "Age and the Gender Gap in Depression."

轻时男女有相似的全职或半职就业状况，但到中年时期，女性的非全职就业率远远高于男性；在婚姻方面，女性在经历婚姻周期的关键点的年龄都较男性小，无论是结婚高峰、离婚高峰女性平均年龄都小于男性，而女性却有更长的生命预期，因此寡居产生率更高，并且时间更长。

另外，有研究表明女性获得更多的社会支持，而社会支持是减少抑郁症状的重要因素，其中女性中较高的主观支持水平是源于和网络成员更多的接触并且于拥有更多的亲密朋友、情感交流和同情心。然而，女性也有更多的与网络成员负面的互动，以及比男性对婚姻矛盾受到的负面影响更深。而负面的互动和矛盾并不能说明男女在抑郁症方面的差异。对于女性，支持健康的帮助功能可能被有害的冲突性环境的影响中和[1]。

（三）教育

教育水平通常被视为社会经济地位（SES：social economic status）的重要指标之一。教育是社会地位影响健康最为重要的方面。它形塑了人们的知识和行为，例如减少了危害健康的行为，决定了人们能够获得的工作类别，并影响人们的收入水平，如教育水平低的人更多地从事低收入有风险的工作，从而也更多地可能经历心理问题。教育和收入对健康的影响可以通过经济压力和社会支持的两个因素来解释。低教育水平与低收入相联系，而且低收入者在处理经济时也更无能为力，因为他们缺乏技能、信息、控制生活的自信心，甚至教育水平高并有能力的朋友。低收入、贫困以及能够获得的支持较少，也增强了疾病对家庭以及家庭各成员的影响[2]。总体来看，所有研究均表明，社会经济地位与精神疾病存在负相关，即地位低的人群患有精神疾病的比例更高。两者的因果关系，存在两种解释模式：社会选择模式和社会成因模式（这与婚姻家庭状况与精神健康的关系的解释模式一致）。前者认为那些有精神疾病的人们在教育获得和工作地位实现方面有更多的困难，因此更易于进入社会经济地位的低层。而社会成因模式强调，不同社会阶级成员的经历或经验会影响他们是否会有精神疾病或精神压抑的可能性。这两种模式可能同时产生作用，因此，对于社会经济地位与精神健康相互关系的分

---

① Turner, H. A. "Gender and Social Support: Taking the Bad with the Good?" *Sex Roles* 30, No. 7 (1994): 521 – 541.

② Ross, C. E. , J. Mirowsky and K. Goldsteen. "The Impact of the Family on Health: The Decade in Review. " *Journal of Marriage and the Family* 52, No. 4 (1990): 1059 – 1078.

析也就较为复杂①。一项对中国北京和天津老年人口的研究表明，男性被试者受教育水平与抑郁情绪没有显著相关，而女性被试者受教育水平与抑郁情绪存在显著负相关②。

（四）婚姻状况

结婚的人有相对较低的精神健康问题，这是流行病学调查中最为一致的发现③。许多研究发现，相对于已婚者，非婚者有更高程度的抑郁症状、焦虑，以及其他心理疾病，而结婚人群呈现出更好的精神面貌④。鳏寡者也比配偶健在的人更多抑郁症以及更高的死亡率。尽管一些研究发现，那些有严重健康问题的人更不易保持婚姻生活，但婚姻对健康的保护性功能能够说明两者中更多的相关性。婚姻对精神健康的保护性可有两种解释，一是婚姻能够提供所有形式的社会支持，特别是情感支持。结婚者更可能在他们有困难的时候获得支持和理解，他们能够找到信任的人去倾诉。二是结婚的人比非婚者有更高的家庭收入。有研究表明，无论对男性还是女性，甚至无论处于何年龄段、种族、雇佣状态，以及教育，处于婚姻均体现出的经济上的益处，而良好的经济状态下，对健康以及精神健康均有巨大影响⑤。婚姻对老年人的精神健康同样具有重要影响，一些研究发现，婚姻对老年人的心理健康有显著影响，处于正常婚姻状态下的老人比其他人精神状态或生活幸福度更好⑥。一项对中国北京和天津老年人口的研究表明，婚姻满意感和健康

---

① Eaton, William W. and Carles Muntaner. "Socioeconomic Stratification and Mental Disorder." In *A Handbook for the Study of Mental Health*, edited by Allan V. Horwitz and Tereas L. Scheid. 259 - 283: Cambridge University Press, 1999.

② 佟雁、申继亮、王大华、徐成敏：《成人后期抑郁情绪的年龄特征及其相关因素研究》。

③ Bachrach, L. L. *Marital Status and Mental Disorder: An Analytical Review*. Washington: US Department of Health, Education, and Welfare, Public Health Service, Alcohol, Drug Abuse, and Mental Health Administration, 1975.

④ Horwitz, A. V., H. R. White and S. Howell - White. "The Use of Multiple Outcomes in Stress Research: A Case Study of Gender Differences in Responses to Marital Dissolution." *Journal of Health and Social Behavior* 37, No. 3 (1996): 278 - 291; Ross, Mirowsky and Goldsteen, "The Impact of the Family on Health: The Decade in Review."

⑤ Ross, Mirowsky and Goldsteen, "The Impact of the Family on Health: The Decade in Review."

⑥ Chen and Silverstein, "Intergenerational Social Support and the Psychological Well - Being of Older Parents in China."; Pei and Pillai, "Old Age Support in China: The Role of the State and the Family."; Sun, "Worry About Medical Care, Family Support, and Depression of the Elders in Urban China."

状况通过影响生活满意感和社会支持感对抑郁情绪产生间接作用①。

因而，对于结婚者通常显现更好的精神健康这一研究共识，大致有三种理论解释。第一种解释是社会成因论，指已婚人群比其他人群更少地受到压力事件的侵害，而生活压力事件往往是增加精神健康问题的诱因。例如许多日常生活压力都需要一定的性别分工，夫妻双方各自承担自己分内的职责远远强于由一个人来承担。第二种解释是社会选择论，即精神上存在功能性问题的人更可能不结婚或离婚，例如精神病患者，是这一情况的极端。第三种解释是结婚的人对来自于生活压力的情感伤害有更强的弹性机制（emotional resilience），这种弹性机制的获得一方面得益于结婚的人们有较强的自我认同和受尊敬的感觉，以及较强对自我感觉的事务的控制能力；另一方面得益于"亲密关系"，有调查对人们的亲密程度进行比较，发现结婚群体与配偶的亲密程度，高于未处于婚姻中的人们与其最亲密关系之间（如亲人或情人）的亲密程度，而亲密关系恰恰是人们获得情感弹性机制的主要社会原因，因为社会关系帮助人们强化自我的价值感和控制感②。

---

① 佟雁、申继亮、王大华、徐成敏：《成人后期抑郁情绪的年龄特征及其相关因素研究》，《中国临床心理学杂志》2001 年第 23 卷第 1 期。

② Kessler, R. C. and M. Essex. "Marital Status and Depression: The Importance of Coping Resources." *Social Forces* 61, No. 2 (1982): 484－507.

第三章　研究架构与研究设计

第一节　研究设计

本书的数据来自 2000 年 7—8 月在北京城市地区进行的问卷调查。该调查为李沛良教授主持的"香港与北京社会网络与健康比较研究"调查项目中的一部分。李沛良教授为项目负责人，参与者还包括香港中文大学社会学系陈膺强教授、彭玉生博士、香港浸会大学社会学系赖蕴宽博士、阮丹青博士。北京的抽样调查和入户调查的工作由北京大学社会学系林彬、刘德寰与中国人民大学社会学系郝大海负责。

北京地区的抽样过程采用多段整群（cluster）抽样，首先，按照概率比例抽样方法（probabilities proportional to size，简称 PPS）从北京市城区 120 个街道中抽取 12 个街道作为初级抽样单位；其次，根据同样的 PPS 法从每个被抽中的街道选取 4 个居民委员会；再次，从被抽取的 48 个居委会中用简单随机抽样（不重复）方法获得 1677 个住宅地址；最后，从每个被选中的地址中按照随机抽取一个家庭户，并在选定被访户中，按照修订的基什网格（Kish Grid）法选择符合资格的被访者。最终获得有效样本 1004 人。除年龄之外，样本和城市居民总体的性别、教育等指标上的分布都接近总体的分布。样本代表性基本满足要求①。

本节将对项目中与本书研究主题相关的部分进行介绍，并且对主要概念和测量指标进行操作化界定。

一　研究设计

调查问卷由项目负责人和调查参与者共同设计。为了检验调查问卷

---

① Lee，Ruan and Lai，"Social Structure and Support Networks in Beijing and Hong Kong."

的效度和可操作性，在北京城市地区实施正式调查之前，于香港地区进行了两次测试。该项目的两个原始目标是：（1）社会网络的结构和过程如何在影响心理健康方面发挥作用。（2）社会网络及其相关和心理健康后果如何受到微观社会经济因素（如性别、年龄和社会阶层地位）和宏观社会与经济环境（如文化传统、工作组织及小区）的形塑和限制。

与本研究相关的调查问卷由以下几个部分组成：

1. 被访者个人背景资料：受访者的社会人口特征，包括被访者的年龄、性别、婚姻状况、教育水平。

2. 亲属网络结构：包括近亲属网络——与父亲、母亲、兄弟姐妹、成年子女的居住关系、交往频率；扩展亲属网络——与其他扩展亲属在过去一个月内是否有联系，包括祖父母与外祖父母、叔伯姨姑舅、堂（表）兄弟姐妹、配偶的兄弟姐妹、配偶的父母、干爹（妈）、孙或外孙等。

3. 亲属支持：包括被访者在六类情况下，预期谁将是支持者。六类情况下的支持可分为工具性支持（instrumental support）和情感支持（expressive support）。

4. 心理抑郁症状（depression symptom）：22 项"流行病调查中心忧郁量表"（Center for Epidemiological Studies Depression Scale，简称CES-D）。

二　主要分析指标的操作性测量

本书中的"亲属"包括：近亲属——配偶、父亲、母亲、成年子女、兄弟姐妹，以及扩展亲属。在分析中，"近亲属"中的 5 类关系，有时根据研究需要合并为"近亲属"一项指标进入回归分析，有时则分开成为独立指针进入多元线性回归分析。

1. 自变项：亲属网络结构

（1）人们是否拥有各类近亲属。

配偶：原始问卷分为未婚、已婚、分居/离婚和丧偶 4 个类别。在回归分析中，将最后两类合并，归为 3 个类别：从未结婚、正常婚姻状态、非正常婚姻状态。后将此三类分别重新编码为虚拟变项（是为 1，否为 0），最后以"从未结婚"作为参照变项，将"正常婚姻状态"、"非正常婚姻状态"两个类别进入回归分析。

父母：原始问卷包括"父亲是否健在"和"母亲是否健在"（健在

为 1，过世为 0）两个问题。在回归分析中，将两个问题相加，得到新
变项"父母是否健在"，0 为"父母均过世"，1 为"父母中有一方在
世"，2 为"父母都在世"；后将此三类分别重新编码为虚拟变项（是为
1，否为 0），最后以"父母均过世"作为参照变项，将"父母中有一方
在世"、"父母都在世"两个类别进入回归分析。

兄弟姐妹：兄弟数量 + 姐妹数量。

成年子女：儿子数量 + 女儿数量。

（2）近亲属网络规模（size of family network）。由近亲属成员数目
总和构成。"近亲属网规模" = 配偶（"正常婚姻状态"为 1，其他为
0）+ 父亲（"健在"为 1）+ 母亲（"健在"为 1）+ 兄弟姐妹数目 +
成年子女数目。

以下两项只针对最亲近的近亲属网络：本书只调查最亲密的家人与
被访者之间的网络关系，而非所有的近亲属，包括配偶、父亲、母亲、
接触最多的一位兄弟姐妹，接触最多的一位成年子女。

（3）居住关系。原始问卷涉及的亲属关系包括：父亲、母亲、最
亲近之兄弟姐妹，最亲近之成年子女。每一类都分为两个问题，一个是
"是否共同居住"，另一个是"如果不共同居住，居住距离是多远"。对
于不同的研究对象，本书采用了不同的赋值。

父母：

是否与父母共同居住。原始问卷分为"父亲"与"母亲"两个问
题，是为 1，否为 0。在回归分析中，将两个问题相加，得到新变项
"是否与父母共同居住"：1 为"与父母共同居住"，2 为"与父母一方
共同居住"，3 为"与父母均不共同居住"。在进入回归方程前，将三个
类别转变为二分变项，"与父母共同居住"一项将作为参照变项，其他
两项进入回归分析。

不与父母同住的居民与父母的相距距离。原始问卷分为"与父亲的
居住距离"，"与母亲的居住距离"。在分析中，仅将"与母亲的居住距
离"代表"与父母共同的居住距离"作为分析变项（原因在后文中将
阐述），变项赋值为：⓪小于 15 分钟；①15 至不到 30 分钟；②30 分钟
至不到 1 小时；③1 至不到 2 小时；④2 至不到 3 小时；⑤3 至不到 4 小
时；⑥4 至不到 5 小时；⑦5 小时及以上。此变项将直接进入回归方程。

兄弟姐妹：

与兄弟姐妹的居住情况。对兄弟姐妹的居住情况不作"共同居住"
和"居住距离"分别分析，而是两个变项相加，从而得到，变项赋值

为：①共同居住；②小于 15 分钟；③15 至不到 30 分钟；④30 分钟至不到 1 小时；⑤1 小时至不到 2 小时；⑥2 至不到 3 小时；⑦3 至不到 4 小时；⑧4 至不到 5 小时；⑨5 小时及以上。此变项将直接进入回归方程。

成年子女：

选择儿子和选择女儿作为最亲近成年子女，两组人群抑郁得分是否存在差异。变项赋值：0 选择女儿，1 选择儿子。此变项将直接进入回归方程。

是否与最亲近成年子女共同居住的情况：1 为"是"，0 为"否"。

不与成年子女共同居住的 36 岁以上居民与最亲近成年子女的相距距离。变项赋值为：⓪小于 15 分钟；①15 至不到 30 分钟；②30 分钟至不到 1 小时；③1 至不到 2 小时；④2 至不到 3 小时；⑤3 至不到 4 小时；⑥4 至不到 5 小时；⑦5 小时及以上。此变项将直接进入回归方程。

（4）交往频率。本项中，配偶将不进入分析范围。因此，根据不同亲属，本项分为：与父母的交往频率（由"与母亲的交往频率"作为分析变项，原因后文中阐述）、与成年子女的交往频率、与兄弟姐妹的交往频率。交往频率选项赋值均为：②每天，②每周几次，③每周一次，④每月一两次，⑤每年几次，⑥每年一两次或更少。

（5）与扩展亲属的交往。与扩展亲属在过去一个月内是否有联系，1 为"有"，0 为"没有"。扩展亲属包括祖父母与外祖父母、叔伯姨姑舅、堂（表）兄弟姐妹、配偶的兄弟姐妹、配偶的父母、干爹（妈）、孙或外孙等。对于"与祖辈是否有交往"，本书只分析 50 岁以下的居民情况，对于"与孙辈是否有交往"，本书只分析 50 岁及以上居民的情况。

2. 自变项：亲属支持

调查中，被访者被询问在 6 种生活潜在压力情况下，所预期的支持来源，选项为多类角色关系类别（role relation categories）。所涉及的 6 种情况产生 6 个问题，分别询问被访居民如果有下列各项需要或问题时，会首先找谁来帮忙或谈谈：①家中有工作自己办不来，②生病卧床，需要他人帮忙，③需要借一笔钱，④心情沮丧，需要倾诉，⑤面临重要抉择，想与别人商量，⑥外出购物或消遣，想找人陪伴。六项问题可以分为两大类，前三项测量工具性支持（家务、生病照顾、借钱），后三项代表情感性支持（情感帮助、意见征求、外出陪伴）。

　　6个问题的选项均包括27类关系，经重新归类后分：①"配偶或同居伙伴"、②"父母"、③"儿女"、④"兄弟姐妹"、⑤"扩展亲属"（原有6项合并组成，包括：孙儿/女，配偶之父母，女婿，媳妇，自己的其他亲戚，配偶的其他亲戚）⑥"好友/邻居"、⑦其他（包括普通朋友、单位、同学、同事、种类组织、付钱请人等）。由于本文研究的主要对象是亲属支持，因此作为预期支持者，前五类关系将是主要的研究内容。

　　（1）预期支持来源对抑郁得分影响之比较

　　此研究主要是比较至亲四类关系：配偶、父母、儿女、兄弟姐妹，这四项预期支持源对人们抑郁得分的影响是否存在差异。操作过程是将6个问题中，选项的7个关系合并为5个："配偶或同居伙伴"、"父母"、"儿女"、"兄弟姐妹"、"近亲属以外的支持源"。此定类变项可转为二分变项，例如，选择"父母"的赋值为"1"，其他选择则赋值"0"，其他类推，共产生4个二分变项，"近亲属以外的支持源"作为参照变项，不进入回归模型，然后将"是否选择父母作为支持来源"等4个二分变项进入回归分析，从而可以分析在6种生活压力的每一种情况下，不同的预期支持源对居民的抑郁得分是否存在显著差异，并可根据相关系数进行比较和排序。

　　（2）支持类别

　　工具性支持。指标由前三个问题（家务、生病照顾、借钱）中各类关系被视为支持来源的总次数构成。操作化过程为：将前三个问题中各个关系类别是否被选择的二分赋值相加（这在预期支持来源的分析中已转换为二分变项），例如，前三个问题中，选择"父母"的赋值为"1"，其他选择则赋值为"0"，再将前三个问题的结果相加得出的总和则为"预期父母所提供的工具性支持的总数"。其他关系类别的赋值依此类推。由此可以得到的4个指标代表人们预期4种关系所提供的工具性支持总数：配偶、父母、兄弟姐妹、子女。本文将首先考察这4个变项与社会人口变项的相关性。而后将这4个指标分别转换为二分变项，支持总数等于"0"的赋值为"0"，否则赋值为"1"，其产生的四个新变项代表的含义分别是"预期配偶是否提供工具性支持"、"预期父母是否提供工具性支持"、"预期兄弟姐妹是否提供工具性支持"、"预期子女是否提供工具性支持"。此四个变项分别进入回归模型，以考察各个关系类别是否作为预期的工具性支持来源，与人们的抑郁得分的相关性。

情感性支持。指标由后三个问题（情感帮助、意见征求、外出陪伴）中不同支持者的支持总数构成。操作过程除将相加问题改为后三项外，其他一致。由此可以得到的 4 个指标代表人们预期 4 种关系所提供的情感性支持总数：配偶、父母、兄弟姐妹、子女。本书也将首先考察这 4 个变项与社会人口变项的相关性。而后将这 4 个指标分别转换为二分变项，最后同样得到"预期的配偶（父母/兄弟姐妹/子女）是否提供情感性支持"共 4 个变项，此 4 个变项分别进行回归模型，以考察各个关系类别是否作为预期的情感性支持来源，与人们的抑郁得分的相关性。

（3）近亲属与扩展亲属。将配偶、父母、兄弟姐妹、子女所提供的工具性支持的总数相加，得到变项："近亲属所提供的工具性支持的总次数"；将他们提供的情感性支持的总数相加，得到变项"近亲属提供的情感性支持的总次数"。扩展亲属是初始选项的单独类别，因此可将前三个问题中，扩展亲属提供的支持总数相加得到变项"扩展亲属提供的工具性支持"；后三个问题中，扩展亲属提供的支持总数相加得到变项"扩展亲属提供的情感性支持"。

3. 控制变项：社会人口指标

（1）年龄：为被访者在调查进行时的实际年龄。年龄大多分为两类进入回归分析：0 为小于 50 岁年龄组，1 为 50 及以上年龄组（具体的分类原因将在后文中阐述）。

（2）性别：在回归分析中编码为虚拟变项，男性为 1，女性为 0。

（3）教育水平：原始分类为——未受过正式教育、小学、初中、高中/职业高中、技校、中专、大专、大学本科、研究生及以上共 9 个类别。在本研究的回归分析中，一般将其中三个类别合并，采用七个类别教育水平：①未受过正式教育、②小学、③初中、④高中/职业高中/技校/中专、⑤大专、⑥大学本科、⑦研究生及以上。

4. 依变项：心理抑郁症状

正如前文介绍，本书将采用的是经由林南进行了本土化检验、评估抑郁症状的量表，即中国版 CES-D（22 项）。这一量表分别测量小区人口中流行的忧郁症状，例如觉得心烦、胃口不佳、精神不集中、心情沮丧、感到害怕、自觉失败、睡得不好、感到孤独、觉得苦闷、做事不起劲、感到悲伤、觉得别人不喜欢自己、觉得别人不信任自己、和自觉对别人起疑心等。量表中每个 P 有 4 个可能答案，评分是 3 = 经常，2 = 有时，1 = 很少，0 = 从不，所以总分是由 0 分至 66 分，分数愈高表示情绪困扰愈严重。此量表显示了高信度（reliability），alpha 系数为 0.89。将其数据与"生活满意程度"和"自我效能评估"两个变项的进行相关分析后，发现相关系数值分别是 −0.46 或 −0.35，都是负向相关，且统计显著度都小于 0.001，体现了较强的效度（validity）。

5. 分组变项

（1）社会人口变项

年龄。处于不同年龄阶段的人们，其亲属网络、亲属支持以及抑郁症状均可能有所区别，相关程度和相互影响也均可能有所不同。在中国，最低退休年龄划定在 50 岁，因而本书在 50 岁以上的人群和不满 50 岁的人群间，在抑郁心理上应该存在一定差异。本书拟分为两个年龄组别进行讨论："18—49 岁年龄组"和"50 岁及以上"。为了更清晰地分析年轻人和中年人之间的差异，本书在一些分析中还采用了三个年龄组的分组法："18—34 岁"为 1，"35—49 岁"为 2，"50 岁及以上"为 3。

性别。亲属支持、亲属网络和抑郁症状在性别中有差异，已经有许多研究关注和证明。因此，本书也将区分为"男性组"和"女性组"进行分组讨论。

教育水平。教育水平的原始分类包括 9 个类别，在分组分析时，将合并为高、低教育水平两个类别。"低教育水平组"包括：未受过正式教育、小学、初中；"高教育水平组"包括：高中/职业高中、技校、中专、大专、大学本科、研究生及以上。对教育水平与社会网络结构的条件关系进行分析时，也是采用这两个级别的分析。

婚姻状况。婚姻状况在对"配偶"的分析中分为三个类别：从未结婚、正常婚姻状态、非正常婚姻状态。由于对于老年人而言，是否有老伴相伴，会影响成年子女对其的重要性，没有老伴的老年人，成年子女的重要性更加明显，因此本书对婚姻状况进行分组讨论主要是比较，拥有配偶的老年人较之其他老年人，成年子女对其精神健康的影响。婚姻状况的分组讨论主要分为两种，正常婚姻状态、其他（合并从未结婚和非正常婚姻状态），从而分析分别处于这两类婚姻状态下的老年人，成年子女与其的居住状况、交往频率、是否提供种类支持与其抑郁得分的相关性。

本书所涉及的变项如表 3 − 1 所示。

表 3 - 1		本书所涉及的变项
指标名称及分类		相依变项
亲属网络结构（自变项）	网络关系是否存在或存在的人数（近亲属）	配偶（存在与否） 父母（在世与否） 兄弟姐妹（人数） 成年子女（人数）
	网络规模	近亲属人数之总和
	（近亲属） 居住关系： 是否共同居住 居住距离 交往频率	父母 兄弟姐妹 成年子女
	扩展亲属的交往	过去一个月中，与 7 类扩展亲属是否有交往
亲属支持（自变项）	6 种压力下，是否预期支持源	配偶 父母 兄弟姐妹 成年子女
	是否工具性/ 情感性预期支持源	配偶 父母 兄弟姐妹 成年子女
	作为工具性/ 情感性预期支持源 的次数	近亲属 扩展亲属
控制变项		年龄 性别 教育水平 个人收入
分组变项		年龄 性别 教育水平 婚姻状况
抑郁症状（依变项）		CES-D（22 分值）

第二节 研究框架及研究模型

一 研究框架

本书基本的研究主题是，探讨亲属网络结构与亲属支持对人们的抑郁得分的影响。笔者认为，亲属网络的结构性因素应该对人们的精神健康状况产生影响；但同时，亲属网络的影响，有一部分应是通过亲属所提供的功能性支持的作用，从而影响人们的精神健康状况。与此同时，区分不同的支持者资源，如父亲、母亲、配偶等，亲属网络和亲属支持对精神健康的影响也会有所区别，即某些亲属关系会比其他类别产生更加重要的影响。基本的研究框架如图 3－1 所示。

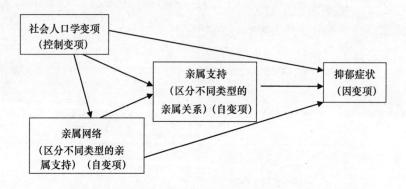

图 3－1 本书的研究架构图

二 研究问题及关注

本书基本的研究假设已经在第一章中提及，根据这些假设，本书具体研究的问题及关注点有以下一些方面：

1. 社会人口变项与抑郁得分的研究关注

根据以往我国对年龄与抑郁情感的研究结果，无助与无望感、抑郁情感和 CES-D 总分随着年龄的增长而减少[①]；许多研究结果均表明，在

---

① 辛涛、申继亮：《CES-D 的结构分析及其在成年人的试用》。

抑郁症状的平均水平上，女性高于男性①；教育是社会地位影响健康最为重要的方面，低教育水平与低收入相联系，因此有精神疾病的比例更高②。根据以上关于社会人口特征与精神健康的研究结果，本研究将研究分析不同的年龄、性别、教育程度的群体，他们的抑郁得分是否有所差异。

2. 关于亲属网络结构的研究关注

配偶关系。结婚的人有相对较好的精神健康，这是流行病学调查中最为一致的发现③。另外在不同的社会人口条件下，人们的婚姻状况与抑郁得分的相关性可能会有所差别。相对于年龄较低的人群，老年人群是相对弱势的群体，因此正常婚姻可能对他们的精神健康更为重要。女性人群除了是弱势群体外，她们在感情上更脆弱、更敏感，同时也更可能在压力面前易受侵害，因此，婚姻对她们可能也更加重要。教育程度低的人群可能更保守、更遵守传统，并且也可能经济状况更差，因此他们也可能对婚姻的依靠更强。因此，关于配偶关系与抑郁得分的相关性，本书将分析是否处于正常婚姻下（即有配偶）的人们，抑郁得分低于从未结婚的人们和处于非正常婚姻状态下的人们；不同社会人口特征分组后，不同婚姻状况的人们，抑郁得分是否存在差异。

父母关系。对于年轻人而言，他们刚刚步入社会，在经济、生活和工作上都处于起步阶段，并且尚未成家立业，他们与父母共同居住、或居住较近、交往较多，均可以减少经济上和生活上的压力，这同样也有利于他们的心理健康。对于中年人和教育水平较高的人群而言，工作生活压力较大，特别在养育第三代的压力上，因此与父母同住、或与父母居住较近、交往较多，均可以获得有利的家务帮助者，从而有利于精神健康。对于老年人来说，他们如果需要和父母同住，必需承担起照顾高龄父母的全部责任，过大的压力可能不利于他们的精神健康。本书希望研究不同年龄群体下，他们与父母的居住、交往情况对抑郁得分是否有所影响。

兄弟姐妹。兄弟姐妹往往被视为相似于朋友一样的关系，而又加之

---

① Aneshensel, Frerichs and Clark, "Family Roles and Sex Differences in Depression."; Frerichs, Aneshensel and Clark, "Prevalence of Depression in Los Angeles County."; Radloff, Lenore Sawyer. "Sex Differences in Depression." *Sex Roles* 1, No. 3 (1975): 249 - 265.

② Ross, Mirowsky and Goldsteen, "The Impact of the Family on Health: The Decade in Review."

③ Bachrach, *Marital Status and Mental Disorder: An Analytical Review.*

有亲情的因素，因此兄弟姐妹多的居民，或者与兄弟姐妹居住较近、或与兄弟姐妹交往频率比较高的居民，可能会得到更多的支持和帮助，从而有利于心理健康。在与兄弟姐妹的交往中，年龄越低的人，可能因为社会资源比较少，因而可能更重视兄弟姐妹的支持；同样，女性因为在情感上和日常生活上也可能比男性更多地希望得到兄弟姐妹的帮助；在教育程度方面，教育水平低的人，可利用的资源可能更有限，并且更重视家族成员的互助，因此比教育水平高的人更多地受兄弟姐妹关系的影响，包括居住距离和交往频率。因此，与兄弟姐妹的交往情况对抑郁得分的影响也将成为本书的关注之一。

　　成年子女。"孝"文化一直是中国代际文化中最为重要的部分，其核心内容就是强调成年子女对老年父母的赡养责任，正因如此，成年子女是中国老年父母最为重要的支持资源，他们之间的代际关系在一定程度上会影响老年父母生活的各个方面，包括精神健康。另外，由于儿子和女儿在中国家庭中的地位一直存在差异，他们对家庭的作用也一直有所不同。在中国传统中，儿子比女儿更为重要，他们在家族延续上传宗接代，在对父母的赡养上承担最重要的责任，"子孙满堂"、"多子多福"，也通常更多地指男性子孙；而女儿则通常被认为是"嫁出去的女，泼出去的水"，她们通常在父母家中承担较少的责任和义务。另外对于年龄低于50岁的人，本身还不需要成年子女太多的照顾，而高于50岁的人，则随着年龄增长更需要成年子女的支持和帮助。对于老年人来说，他们已经从工作中退休，在一定程度上从以往的复杂人际网络中淡出，配偶和子女成为最重要甚至可能是大部分的交往对象，在不同的婚姻状态下，他们与成年子女的交往可能对其精神健康的影响会有所差异。因此本书希望了解子女的数目、居住关系与交往情况对人们的抑郁得分是否有所影响，另外，在不同的婚姻状况下，人们与子女的关系对精神健康的影响也将给予关注。

　　3. 关于亲属支持的研究关注

　　有许多研究都表明社会支持对抑郁症状有直接影响，即社会支持程度越高，抑郁情况则越少[1]。范·德·普尔[2]研究发现，人们的网络成员中超过一半是亲属（53%），主要是配偶、父母、孩子、兄弟姐妹等

---

① Lin and Peek，"Social Network and Mental Health."
② Van der Poel，"Delineating Personal Support Networks."

近亲属，远亲较少被提及。德雷斯勒①的研究发现，来自亲属的主观支持和抑郁症状呈现负相关。至亲是人们支持网最重要的部分，提供了大部分的支持，并且也是可以给人以"结合感"的亲密关系②，因此来自于至亲的支持应该有利于人们的精神健康③。在中国，传统文化决定了家庭的重要地位，来自至亲的支持将更有利于人们的心理健康。本书研究的是人们对日常压力下的预期支持，因此是主观支持；预期支持源的研究主要限定于配偶、父母、孩子、兄弟姐妹四类近亲属，他们属于人们最为亲近的亲人，另外对扩展亲属也有所涉及。具体的研究关注包括：

区分6种压力情况下（家务帮助、生病照顾、经济援助、情感倾诉、意见帮助、外出陪伴），近亲属的支持情况与抑郁得分。配偶、父母、子女、兄弟姐妹，来自不同亲属的支持，可能对人们的精神健康影响不同，抑郁得分有所差异。由于配偶是最亲密的伴侣，人们最希望得到他们的支持，本书希望以配偶支持作为参照，比较不同预期支持源下，人们的抑郁得分如何排序。

工具性支持和情感性支持与抑郁得分。工具性支持包括经济帮助、家务帮助、生病照顾；情感性支持包括情感倾诉、意见征求、外出陪伴。本书希望研究哪类亲属关系对人们的哪种支持，对人们的精神健康更加有益。并且本书还将特别关注在对于较高年龄组人群，以及处于非正常婚姻状态下的人群，子女的支持是否显著有益于他们的精神健康。

4. 关于亲属网络、亲属支持对精神健康影响途径的研究关注

（1）社会网络与社会支持

许多研究表明，网络规模与人们的主观和客观支持水平均呈现正相关关系④，由此可见，社会网络特征与社会支持情况可能存在一定的相关性。而交往情况可能也与能够获得的支持情况相关，例如林南⑤的研究表明，人们每周交往的人数与主观支持和客观支持情况均为正相关。而亲属是人际关系中最为亲密的群体，因此亲属网络与亲属支持情况可能存在相关性。本书将研究分析人们与亲属的网络关系是否与亲属所提

---

① Dressler, "Extended Family Relationships, Social Support, and Mental Health in a Southern Black Community."

② Lin, "Concepualizing Social Support."

③ Wellman, "The Place of Kinfolk in Personal Community Networks."

④ Wellman, "Which Types of Ties and Networks Provide What Kinds of Social Support?"; Vaux, "An Ecological Approach to Understanding and Facilitating Social Support."; Haines and Hurlbert, "Network Range and Health."

⑤ Lin, Ye and Ensel, "Social Support and Depressed Mood: A Structural Analysis."

供的支持之间存在显著相关。

（2）社会网络、社会支持与精神健康

社会网络对精神健康的影响，理论解释之一就是"支持论"（support argument），即网络能够使人们从周围的人那里得益，并获得他们想要的资源。这些支持能够有益于精神健康①。而一些研究也证明社会网络对精神健康的作用有一部分是通过社会支持这一中介因素而产生②。这一研究首先要求人们的亲属网络与其抑郁得分有显著相关，再考察社会支持是否是这两者相关的中介因素，由此本节的研究人群将集中于第五章中研究证明两者显著相关的人群。本书将研究分析，与亲属（父母、兄弟姐妹、成年子女）的居住距离以及交往频率对人们抑郁得分的影响过程中，亲属支持（工具性支持和情感性支持）是否作为其影响过程的中介因素，例如，与父母居住距离越近，或交往越多的人们，抑郁得分越低，这一影响是否有一部分是由于父母能够提供支持而产生的。

三　分析方法与统计模型

1. 基本分析方法

大多数对于社会网络或支持的研究都是相关性研究，即自变项（社会网络或支持）是在调查中而非实验中所测量。因此，不同的研究设计不同的数量控制，可能会产生不同的结果。两个变项之间的互相联系，如果由第三个变项所引起时，那么它就是虚假关系（spurious），例如社会支持的减少和健康问题的增多，可能都是由于年龄或贫穷导致的。一个避免虚假关系的方法就是进行控制性实验。但实验在对社会支持的研究领域中不多，一个原因可能是，这种人为制造的"支持"被认为并不是自然发生的，另外一个原因就是制造"支持"本身也是很困难的③。

通常研究的标准过程，都是在相关性分析中，对一系列可能的混淆变项（confounding variable）进行控制后，再分析网络或支持与健康的关系。即在回归进入分析中，控制变项先进入方程，而后再进入的是社

---

① Lin and Peek, "Social Network and Mental Health."

② Ibid; Haines, Beggs and Hurlbert. "Exploring the Structural Contexts of the Support Process: Social Networks, Social Statuses, Social Support, and Psychological Distress."

③ 李沛良：《社会研究的统计应用》，社会科学文献出版社 2001 年版；Dooley, "Causal Inference in the Study of Social Support."

会支持或网络的测量变项①。在这一类研究中，社会地位等控制变项也被认为与社会支持变项可能产生互动效果，因此还需要对一些控制变项进行分层后，再对社会网络或支持进行分析②。

本章主要以变项为心理抑郁症状得分（CES-D），为定距变项（interval variable），因此本书主要采用最小二乘回归方法，统计模型如下：

$$y = \beta_0 + \beta_1 x_1 + \beta_2 x_2 + \beta_3 x_3 + \cdots + \beta_k x_k$$

在具体分析中，一般将自变项分为几组（block），而后采用全部进入（enter）的方式将所有变项引入回归分析。通常第一步先引入控制变项，第二步引入正在分析的自变项。由于本书重点考察的是，在控制社会人口变项后，代表网络结构和支持的各个自变项与抑郁得分的相关度，而非检测整个模型。因此，在第二步回归之后，得到的各个自变项的 T 值及显著度是本书报告的主要部分。而对于评测整个模型的 R^2，通常在比较两个模型的解释力差异时会有所介绍。

2. 分组分析

社会人口因素。根据以往研究表明，人口学特征对抑郁症状有较强影响。因此，本书还对年龄、性别、教育程度进行分组，并根据原假设需要进一步进行条件分析（conditional analysis）。

婚姻状况。由于婚姻状态的不同，使人们对社会网络的依赖会有所差异，例如老年人，如果没有配偶相伴，则可能比那些有配偶的人，更加依赖人际网络，例如成年子女。

---

① Dooley, "Causal Inference in the Study of Social Support."
② Turner, R. J. and S. Noh. "Class and Psychological Vulnerability among Women: The Significance of Social Support and Personal Control." *Journal of Health and Social Behavior* 24, No. 1 (1983): 2-15.

第四章 北京成年居民精神健康
状况的一般特征

第一节 北京成年居民社会人口特征与精神健康概况

一 北京成年居民抑郁症状测量概况

对于北京市人口精神健康状况的测量，本书以"抑郁症状"（depressive symptomatology）为指标，所采用的是中国版本 CES-D（22 项）量表。这一量表在经过一系列心理测量学分析后（包括效度和信度），被认为是适用于中国人口的调查研究①。本研究的资料也表明，这一量表具有较强的信度（Alpha = 0. 89），如表 4 – 1 所示。在 CES-D 量表中，共包括 22 项问题，每项有 4 个答案，采用 0—3 四级记分，对最近一段时间出现的抑郁感受的频度进行评价，得分越高表明抑郁程度越高。

表 4 – 1　　　中国版本 22 项 CES-D 量表的信度分析

	Corrected It – Total Correlation	Squared Multiple Correlation	Cronbach's Alpha if Item Deleted
本来不烦恼的事，开始使我烦恼	0. 504	0. 313	0. 881
不想吃东西，胃口不佳	0. 373	0. 197	0. 885
觉得心烦，亲友的帮助也不管用	0. 583	0. 413	0. 878

---

① Lin, Nan. "Measuring Depressive Symptomafology in China." *Journal of Nervous ancl Mental Diseasel* 177, (1989)：121 – 131.

续表

	Corrected It – Total Correlation	Squared Multiple Correlation	Cronbach's Alpha if Item Deleted
不能集中精力做要做的事	0.465	0.256	0.882
觉得心情沮丧	0.675	0.510	0.875
觉得做什么事都很辛苦	0.325	0.140	0.887
觉得自己的人生是场失败	0.479	0.299	0.881
感到害怕	0.410	0.220	0.883
睡得不好	0.399	0.196	0.884
好像说话比以前少了	0.423	0.257	0.883
感到孤独	0.517	0.346	0.880
感到人们对我不友好	0.543	0.419	0.880
隔一段时间就会哭一场	0.335	0.252	0.885
感到悲伤	0.598	0.483	0.879
觉得别人不喜欢我	0.503	0.389	0.881
做任何事情都不起劲	0.526	0.330	0.880
觉得有好些话要说但没有合适机会	0.573	0.403	0.878
感到很苦闷	0.695	0.562	0.875
对别人起疑心	0.473	0.444	0.882
觉得别人不信任我	0.470	0.423	0.882
觉得不能信任他人	0.433	0.374	0.883
常想起以往经历过的不愉快的事情	0.445	0.237	0.882
Cronbach's Alpha	0.886		

　　分析表明（见表4－2），在总体1004个样本中，抑郁心理状况的有效样本数为948，数据分析显示，北京市人口的抑郁症状得分最低为0，

最高为 56，均值为 15.10，标准偏差为 10.66。其中 54.9% 的居民抑郁得分低于或等于均值 15.1，而有 45% 的居民抑郁得分高于均值水平。

表4—2　　　　　　　　　　　北京市人口的抑郁症状概况

	抑郁症状量表（22 项）	
	数值	标准误
均值	15.096	
中位数	13.500	
标准偏差	10.656	
最小值	0.000	
最大值	56.000	
Skewness（偏度）	0.626	0.079
Kurtosis（峰度）	−0.134	0.159
有效样本规模	948	

李沛良和赖蕴宽曾对这一资料与 1991 年一项北京地区的调查[①]结果进行了比较分析，发现在 1991 年样本中，CES-D 量表的均值是 8.56，标准偏差是 10.10。至于 2000 年样本，正如上文数据结果所示，均值是 15.10，标准偏差是 10.66。可以看出，"两个样本的标准偏差（即内部差异）情况近似，但 2000 年样本均值是 1991 年样本均值的 1.8 倍，相差的统计显著度小于 0.001。也就是说，在这十年间北京居民的心理卫生显著下滑"[②]。

另外，本研究所基于的 2000 年北京居民抑郁症状的调查资料，将

---

① 美国林南教授在 1991 年主持的北京地区调查，该调查与本书基于的调查（2000 年）一样，均按照概率比例抽样方法，抽取 18 岁以上的成年居民，然后以结构性问卷和面谈方式搜集资料。这两项调查所包括的地区范围却有差异，2000 年的调查限于北京城内区（西城、东城、崇文、宣武、海淀、朝阳、丰台、石景山），1991 年的调查则除了上述区以外也包括两个郊区（门头沟、房山）。为求比较相同地区的变化，Lee 和 Lai 将两项调查的样本个案皆限于城内 8 区。结果是，1991 年的有效样本有 960 人，2000 年的样本则有 1004 人。（Lai and Lee，"Markex Reform and Menfal Health in Urban Beijing."）

② 李沛良、赖蕴宽：《城市生活压力和社会支持对精神健康的影响》，载马戎、刘世定《费孝通与中国社会学人类学》，社会科学文献出版社 2009 年版，第 68—77 页；Lai and Lee，"Market Reforms and Mental Health in Urban Beijing."

其与香港地区居民抑郁症状情况进行了比较分析，发现北京市居民抑郁得分均值低于香港居民（均值为18.13）①。对于老年群体，陈膺强和李沛良②发现香港老年人相对北京老年群体呈现更多的抑郁症状。

二 调查显示的北京成年居民社会人口特征

本次调查结果显示（见表4-3），北京市18岁以上人口的平均年龄为48岁。若以两个年龄组分类，则分别为：50岁以下人口占57.7%，50岁及以上年龄人口比率为42.3%。性别分布为46.5%为男性，女性占53.5%；"教育"在从"未受过正式教育"到"研究生及以上"的7个类别中，北京市居民的教育水平位于"高中/职高/中专/技校"层的人口较其他类别多，并且居民中超过70%的人处于这一教育水平或更低的程度。对于婚姻状况的统计显示，北京市居民中有9.8%的市民从未结婚，有83.4%的人口目前有配偶，离婚或分居人口占1.5%，分居离婚或丧偶者比率为5.4%。可以看出，有正常婚姻并与配偶同住的人口是北京市居民的主要婚姻特征。

表4-3 本次调查所显示的北京市居民社会人口特征 (N=1004)

社会人口特征	值
年龄（均值）	48.19
50岁及以下（%）	57.7
男性（%）	46.5
教育程度	
未受过正式教育（%）	5.6

---

① 李沛良：《社会研究的统计应用》。

② Chan and Lee, "Network Size, Social Support and Happiness in Later Life: A Comparative Study of Beijing and Hong Kong."

续表

社会人口特征	值
小学（%）	7.6
初中（%）	27.7
高中/职高/技校/中专（%）	33.3
大专（%）	13.6
大学本科（%）	11.3
研究生及以上（%）	1.0
婚姻状况	
从未结婚者（%）	9.8
已婚者（%）	83.4
分居、离婚或丧偶者（%）	6.9

三　精神健康状况与社会人口特征的相关分析

1. 整体情况

资料分析表明（见表 4-4），年龄与市民的精神健康具有显著相关性（$\lambda = 0.077$，Pearson$\chi^2 = 148.741$，$p < 0.001$，两端检验），其中 18—34 岁以及 35—49 岁的两个年龄组的抑郁得分均值都略高于 17 分，而 50 岁及以上年龄群居民的抑郁得分则仅为 12.3 分，明显较低，可见，老龄群体抑郁水平明显低于其他年龄群体。性别因素与北京市居民的抑郁得分显示无显著相关性（$\lambda = 0.034$，Pearson$\chi^2 = 44.594$，$p > 0.05$，两端检验），但其中女性和男性抑郁得分的均值分别为 16.1 和 14.9，可以看出，女性抑郁水平略高于男性。婚姻状况与抑郁得分之间无显著相关性（$\lambda = 0.004$，Pearson$\chi^2 = 143.993$，$p > 0.05$，两端检验），但从均值来看，从未结婚的居民显示了更高的抑郁水平；教育程度与抑郁水平间亦无显著相关（$\lambda = 0.038$，Pearson$\chi^2 = 336.164$，$p > 0.05$，两端检验）。

表4-4　　　　　抑郁得分的社会人口特征及两者的相关分析

	均值	样本数	标准偏差	相关分析
年龄				
18—34 岁	17.105	171	9.992	$\lambda = 0.077$
35—49 岁	17.052	382	11.129	Pearson$\chi^2 = 148.741$
50 岁及以上	12.310	393	9.852	(D.F=96)，p<0.001（两端检验）
性别				
男	14.380	439	10.561	$\lambda = 0.034$
女	15.713	509	10.709	Pearson$\chi^2 = 44.594$ (D.F=48)，p>0.05（两端检验）
婚姻状况				
从未结婚	17.237	93	9.305	
正常婚姻状态	14.902	794	10.689	$\lambda = 0.004$ Pearson$\chi^2 = 143.993$ (D.F=96)，p>0.05（两端检验）
分居离婚丧偶等非正常婚姻状态	14.361	61	11.873	
教育程度				
未受过正式教育	16.065	46	9.942	
小学	12.554	74	11.983	
初中	15.494	259	10.774	
高中/职业高中/技校/中专	15.484	320	10.863	$\lambda = 0.038$ Pearson$\chi^2 = 336.164$ (D.F=288)，p>0.05（两端检验）
大专	14.654	130	9.887	
大学本科	14.661	109	9.808	
研究生及以上	18.889	9	11.407	

2. 抑郁得分的年龄差异

从上文可以看出，整体上北京市居民抑郁得分与年龄呈现反比的趋势，但是否还存在其他特征，本研究又做了进一步的分组研究。首先将样本按年龄分为 6 组，分别是，18—29 岁，30—39 岁，40—49 岁，50—59 岁，60—69 岁，70 岁及以上。其各年龄组比率如表 4－5 所示。

表 4－5   6 个年龄组各组人数分布

年龄组	N	%	Cumulative Percent
18—29 岁	105	10.5	10.5
30—39 岁	183	18.3	28.7
40—49 岁	290	28.9	57.7
50—59 岁	157	15.7	73.4
60—69 岁	172	17.2	90.5
70 岁及以上	95	9.5	100.0
Total	1002	100.0	

在转化为二分变项后进入回归模型，分析各组的抑郁得分是否存在差异。结果表明（见表 4－6），若以 18—29 岁年龄组为参照组时，第二组、第三组与其没有显著差异，而 50 岁（$p < 0.005$）、60 岁（$p < 0.000$）以及 70 岁（$p < 0.000$）及以上年龄组与其均有显著差异（回归系数分别是：$B = -3.605$，$B = -4.656$，$B = -5.558$），可见，从 50 岁开始，人们的抑郁得分相比 18—29 岁群体有显著下降。

表 4－6   比较 6 个年龄组下抑郁得分的回归分析

	Unstandardized Coefficients		Standardized Coefficients	t	Sig.
	B	Std. Error	Beta		
（Constant）	16.765	1.030		16.269	0.000
30—39 岁[a]	0.792	1.295	0.029	0.612	0.541
40—49 岁[a]	0.105	1.205	0.004	0.087	0.930
50—59 岁[a]	-3.605	1.336	-0.124	-2.699	0.007
60—69 岁[a]	-4.656	1.325	-0.162	-3.513	0.000
70 岁及以上[a]	-5.558	1.519	-0.151	-3.659	0.000

注 a：参照组为 18－29 岁人群。

由于前三组没有明显差异，因此将三组合并后，再形成 4 个年龄组：18—49 岁，50—59 岁，60—69 岁，70 岁及以上。在转化为二分变项后再次进入回归模型，探索各组对抑郁得分的差异性，此时将 70 岁及以上作为参照组时，由表 4 - 7 可以发现，第 1 组与参照组有明显差异（第 1 组 p < 0.001），但第 2、3 组没有明显差异（p > 0.5），由此，可将第 2、3、4 组合并，最终形成 2 个年龄组：18—49 岁，50 岁及以上。由此验证了本文根据中国城市退休年龄而做的年龄与精神状况关系的假设，即 50 岁将成为人们精神状况发生变化的一个界线。

表 4 - 7　　　　　　比较 4 个年龄组下抑郁得分的回归分析

	Unstandardized Coefficients		Standardized Coefficients	t	Sig.
	B	Std. Error	Beta		
（Constant）	11.337	1.103		10.281	0.000
18—49 岁[a]	5.732	1.188	0.265	4.824	0.000
50—59 岁[a]	1.823	1.392	0.062	1.310	0.191
60—69 岁[a]	0.772	1.382	0.027	0.559	0.577

注 a：参照组为年龄在 70 岁及以上的人群。

由这一分组分析的结果，本研究在后面将年龄作为控制变项进行的分析中，"年龄"将作为二分变项（0 = 低于 50 岁人口组，1 = 年龄在 50 岁及以上人口组）的形式进入分析模型，分组完成后，由表 4 - 8 可见，各年龄组的人数比率分别为：18—49 岁人口为 57.7%，50 岁及以上人口比率为 42.3%。

表 4 - 8　　　　　　　比较 2 个年龄组的人数百分表

	Frequency	Percent	Valid Percent	Cumulative Percent
18—49 岁	578	57.6	57.7	57.7
50 岁及以上	424	42.2	42.3	100.0
有效样本规模	1002	99.8	100.0	

3. 年龄分组下抑郁水平的性别差异分析

在经过年龄分组后发现，抑郁得分的性别差异性在 18—34 岁年龄组居民中最为显著（Eta = 0.19，F = 6.327，P < 0.05）（见表 4 - 9），其中女性抑郁得分均值为 18.8，明显高于男性（均值为 15 分）。另外两年龄组抑郁得分的性别差异不明显，但数据表明，35—49 岁年龄组的男性抑郁得分略高于女性，而 50 岁及以上年龄组居民中，男性抑郁得分均值显示略低于女性。

表 4 - 9　　　　　　　　不同年龄组下，抑郁水平的性别差异分析

年龄组	性别	均值	样本数	标准偏差	相关性分析
18—34 岁	男	15.039	78	9.554	Eta = 0.19 F = 6.327 (D. F = 1)，P < 0.05
	女	18.839	93	10.073	
35—49 岁	男	17.257	171	11.319	Eta = 0.017 F = 0.106 (D. F = 1)，P > 0.05
	女	16.886	211	10.997	
50 岁及以上	男	11.521	190	9.495	Eta = 0.078 F = 2.370 (D. F = 1)，P > 0.05
	女	13.049	203	10.143	

为了进一步了解性别间抑郁水平差异随年龄的变化趋势，本研究在此将年龄细分为六个组（18—29 岁，30—39 岁，40— 49 岁，50—59 岁，60— 69 岁，70 岁及以上），探索各个男女抑郁得分随年龄变化的特征。

资料结果表明（见表 4 - 10 及图 4 - 1），北京市居民精神健康伴随年龄的性别差异状况，可概括如下：

抑郁得分均值

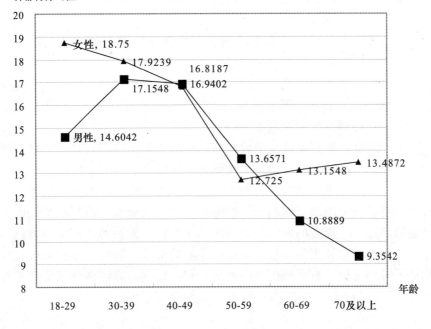

图4-1　不同年龄组下，北京居民抑郁得分均值的性别差异

对于女性居民：低于50岁的人群，抑郁得分均值随着年龄上升而降低，高于50岁的女性则呈现随年龄增长而抑郁得分微弱反弹趋势；抑郁得分均值的最低值为12.7，处于50—59岁之间，最高值为18.75，处于18—29岁年轻期间。对于男性居民：30—49岁时期的抑郁水平高于最年轻时期（18—29岁），从40岁开始男性的抑郁水平随年龄增长呈现快速降低趋势；抑郁得分均值最低值为9.4，处于70岁以上时期，最高值为17.2，处于30—39岁之间。

比较男女之间的抑郁水平，女性的抑郁水平最高点高于男性，最低点同样高于男性，但在40—59岁之间，女性的抑郁水平低于男性；女性在18—29岁达到抑郁水平最高点，男性则晚于女性，在30—39岁达到最大；女性在50—59岁达到抑郁水平最低，而男性则在高龄时期70岁以上达到最低；女性在50岁退休年龄开始时，抑郁症状有所上升，而此时男性保持下降趋势；30—59岁之间的男女抑郁得分均值差都没有超过1分，而19—29岁以及60岁以后的均值差则都超过了2分，特别是18—29岁和70岁以上两个时期均值差超过了4分，可见年轻时期和老龄时期的性别抑郁水平差距大于中年时期。

　　由此我们可以看出北京市居民的精神健康水平随年龄呈现的性别差异有以下几个特征：

　　女性抑郁得分整体均值高于男性，但在中年跨向老年的过渡时期（40—59 岁），女性抑郁得分均值低于男性；

　　抑郁得分的性别落差在最为年轻（30 岁以前）和较老时期（60 岁以后）较大，且女性抑郁水平高于男性；在中年时期（30—60 岁）落差较小，且抑郁水平女性低于男性；

　　无论男女，精神健康水平最好的时期均为老年时期；精神健康水平最差的时期女性为年轻时期，男性则为中年时期。

　　这一结果与米罗斯基[①]对美国居民的研究发现存在差异，此研究发现女性抑郁得分的最低值高于男性的抑郁得分最低值，也即从最差的精神健康状态下，男性的抑郁得分依然低于女性；最低的抑郁得分均值的年龄，女性比男性更为年轻；而随着年龄的增长，男性比女性抑郁得分均值下降得更快，直至抑郁得分再次上升；性别的抑郁得分均值落差在50—69 岁时最大；而在 70—79 岁时差距有所减小。

表 4 - 10　　　　不同性别下，各年龄组人群的抑郁得分概况

性别	年龄组	均值	样本数	标准偏差	最小值	最大值
男性	18—29 岁	14.604	48	9.342	0.00	38.00
	30—39 岁	17.155	84	11.146	0.00	41.00
	40—49 岁	16.940	117	11.154	0.00	54.00
	50—59 岁	13.657	70	10.242	0.00	47.00
	60—69 岁	10.889	72	9.364	0.00	42.00
	70 岁及以上	9.354	48	7.993	0.00	37.00
女性	18—29 岁	18.750	52	8.244	1.00	39.00
	30—39 岁	17.924	92	11.437	0.00	50.00
	40—49 岁	16.819	160	11.057	0.00	56.00
	50—59 岁	12.725	80	10.455	0.00	38.00
	60—69 岁	13.155	84	9.973	0.00	43.00
	70 岁及以上	13.487	39	10.097	2.00	37.00

---

① Mirowsky, John. "Age and the Gender Gap in Depression".

4. 年龄、性别分组下抑郁水平的教育程度差异

年龄分组（见表 4 - 11）。各年龄组下，教育程度对抑郁水平的影响差异性也不明显。仅从比较均值来看，18—34 岁年龄组居民相对于其他年龄段群体来说，受教育程度的影响更大，较低和较高教育水平组抑郁得分均值分别为 20.5 和 16.49，教育程度高的居民抑郁得分均值低 4 分，显示了较低抑郁水平。35 岁以上的居民教育程度对精神健康水平的影响不大，中年及老年两个年龄段中高低教育群体的抑郁得分差均不高于 1 分。由此可见，教育程度对年轻人精神健康影响相对更大。

表 4 - 11　　不同年龄组下，不同教育程度人群的抑郁水平的差异分析

年龄组	教育程度	均值	样本数	标准偏差	相关性分析
18—34 岁	较低	20.500	26	8.247	$\lambda = 0.032$ Pearson$\chi^2 = 47.839$ (D.F = 38)，$p > 0.05$（两端检验）
	较高	14.497	145	10.180	
35—49 岁	较低	17.662	133	11.839	$\lambda = 0.082$ Pearson$\chi^2 = 47.240$ (D.F = 48)，$p > 0.05$（两端检验）
	较高	16.727	249	10.741	
50 岁及以上	较低	12.671	219	10.100	$\lambda = 0.067$ Pearson$\chi^2 = 53.810$ (D.F = 41)，$p > 0.05$（两端检验）
	较高	11.913	173	9.538	

性别分组。从资料来看（见表 4 - 12），女性的抑郁状况受教育程度影响更为显著（$\lambda = 0.070$，Pearson$\chi^2 = 64.813$，$p < 0.05$（两端检验）），可见，教育水平高的女性显示抑郁得分显著高于水平相对较低的女性。而男性的抑郁得分受教育程度影响并不明显。

表 4 - 12　　性别分组后，不同教育程度人群的抑郁水平的差异分析

性别	教育程度	均值	样本数	标准偏差	相关性分析
女性	较低	15.637	223	11.495	$\lambda = 0.070$ Pearson$\chi^2 = 64.813$ (D.F = 44)，$p < 0.05$（两端检验）
	较高	15.773	286	10.073	
男性	较低	14.064	156	10.121	$\lambda = 0.007$ Pearson$\chi^2 = 27.802$ (D.F = 44)，$p > 0.05$（两端检验）
	较高	14.599	282	10.803	

第二节 解释与讨论

本书数据表明，北京市人口中，女性抑郁程度略高于男性，这与国外研究的普遍的研究结果相似，说明整体上，女性在精神健康方面略差于男性。但在年龄分组后，发现：一是男女抑郁得分均值差异在最为年轻（30 岁以前）和较老时期（60 岁以后）较大，而中间年龄段较小；二是 35—60 岁男性的抑郁得分均值略高于女性，这一年龄群女性精神健康状况显示略好于男性。这两点发现与西方研究发现有所不同，西方许多研究表明，性别抑郁得分的差异最大时期是在结婚后，特别是在有幼年子女阶段，并且女性无论在任何年龄段抑郁程度都高于男性①。

本研究与国外研究的结果存在差异的原因可能在于两个方面。

（1）中西方家庭女性角色地位的差异。西方研究多认为女性最重要的社会角色是家庭角色，并且将家庭责任，包括打理家庭事务和抚养子女作为最重要的角色内容，因此作为家庭主妇的女性可能由于角色定位狭窄、并且缺乏社会融入性而使她们抑郁程度较高；而对于那些工作中的女性又因为角色负荷过重，以及在工作中女性地位相对较差而导致较多抑郁症状②。西方研究多表明，女性无论在生活上还是家庭中，都会以男性作为主要的依赖者，她们无法像男性一样控制生活的满意程度，从而导致精神健康状况相对较差③。

新中国成立以来，我国对女性角色的定位与西方有所差异。许多研究都表明，女性无论在家庭地位还是社会地位上都有了巨大的发展，女性特别是城市女性在法律保障下普遍性参与社会经济活动，使她们在经济独立的基础上获得了各类社会权利，社会地位普遍提高。一项对 1991 年当代中国妇女地位调查的数据表明，城市女性收入是丈夫收入的 80%；在城市家庭收入的管理上、支配权上、消费权，均以夫妻共同权力决定为主，这表明家庭收入管理方式趋向民主化，夫妻管理权日趋平等，两性间不平等缩小，女性首先实现了经济独立、而后保障了自

---

① Aneshensel, Frerichs and Clark, "Family Roles and Sex Differences in Depression."; Cleary and Mechanic, "Sex Differences in Psychological Distress among Married People."; Mirowsky, John, "Age and the Gender Gap in Depression".

② Ibid.

③ Cockerham, *Sociology of Mental Disorder*.

身在家庭中的各项权力，在家庭中地位较高[1]。另有研究表明，中国城镇居民认为女性地位优越感略高于认为男性地位的比例，同时有57.8%的城镇女性认为自己在家庭中具有较高或很高的地位。一项对北京城市女性地位的调查表明，妻子收入是丈夫收入的87%。教育程度上，40岁以前的中青年夫妻间综合值最接近，40—50岁夫妻间比值下降8个百分点，而50岁及以上的比值继续下降11.6个百分点，说明出生年代越早的女性，与丈夫教育程度的差距越大。女性在家务劳动中承担较多，但在家庭决策、性别影响力方面，女性所处的地位均超过了男性[2]。一项对3000多对夫妻的婚姻满意度调查显示，民主平等是中国夫妻互动的主要模式，婚姻当事人对夫妻平等的满意度最高；从夫妻的权力地位看，双方平权的比例最高达53%。尽管家务劳动仍由妻子承担较多，但82%的被访女性首肯家务分工很公平和较公平，抱怨很不公平的不到3%。另外，1998年城市妻子的年收入是丈夫的75%—78%[3]。

以上各类研究说明了对于目前我国城市女性：①女性与丈夫的经济差距较小，经济独立性较强，对家庭的依赖程度较低，这为女性获得地位和权力上的平等奠定了经济基础；②在绝大多数家庭中，女性与丈夫实现了平权和民主，在某些家庭或某些事务的决定权上女性地位还高于丈夫；③女性对于自己的家庭地位满意度较高。由此可见，女性无论在角色地位的实践中还是对于自身角色地位的主观满意度评价中，均显示了积极有益的趋势，这必然有利于女性的精神健康。

（2）进入中年后，北京市男性抑郁程度上升明显，而女性抑郁程度下降缓慢。

从数据中可以看出，30岁以前男性抑郁得分均值为14.6，而30—39岁男性升至17.2，提高了近3分；而30岁以前女性抑郁得分为18.8，30—39岁女性为17.9，下降了不到1分。可见男性30岁以后在抑郁得分上升过高，也是女性抑郁状况略好于男性的原因之一。

30岁以后男性抑郁程度上升的原因可能比较复杂，既可能来自工作压力，又可能源于家庭角色压力。女性在家庭社会地位的提高，相对

---

① 孙淑清：《当代中国城乡妇女家庭经济地位比较研究》，《人口与经济》1995年第2期，第40—48页。

② 冯立天：《北京婚姻》，《家庭与妇女地位研究》，北京经济学院出版社1994年版。

③ 徐安琪：《择偶标准：五十年变迁及其原因分析》，《社会学研究》2000年第6期，第18—30页。

而言，是男性家庭地位较传统有所下降所致，这种下降的趋势必然是建立在剥夺男性某些传统家庭权力基础上的。性别角色理论中的权力命题认为，在传统程度较低的家庭性别角色中，男性拥有的是相对较少的权力，表现为控制力的缺失、被敬重感下降，从而导致了无望感以及与抑郁相关的悲观情绪。低传统家庭意味着女性在权力上的相对获得，从而也获得了独立感、控制感和正面的自我尊严感①。而中国城市的家庭中女性就业率较高的情况更符合低传统型家庭的特征。

　　事实上，西方研究中也有相似的发现。一项研究根据已婚女性有无职业，比较其本人及其丈夫的抑郁程度，这里有职业的女性被视为低传统型女性，而无职业的女性被视为传统型女性。研究发现，对于那些低传统型家庭中，男性比女性的抑郁得分更高。这一结果验证了性别角色理论的权力命题，也与本书调查结果一致。另外，该研究还表明，抑郁症状的性别差异更多地归因于男性抑郁得分的变化强于女性，在职女性与家庭主妇之间的抑郁得分并没有显著差异，而传统家庭与低传统家庭中的男性之间，其抑郁得分差异显著。可见，性别角色更多地是以影响男性抑郁得分，从而影响抑郁状况的性别差异的②。这一结果与本研究的结果也相一致。

---

① Rosenfield, "Sex Differences in Depression: Do Women always Have Higher Rates?"
② Ibid.

第五章　北京居民的亲属网络
及支持状况分析

第一节　北京成年居民亲属网络结构的基本特征

一　婚姻

1. 北京居民的基本婚姻状况

本次研究中，婚姻状况分为三种情况：（1）未结婚；（2）目前处于婚姻状态中；（3）离异、分居或丧偶的非正常婚姻状态。在此次对北京市居民的抽样中，有效样本规模为1004人，从未结婚的人口占9.8%，为98人；处于正常婚姻中的人口占83.4%，共837人；而处于非正常婚姻中的人口为6.9%，仅有69人。可见，在北京市的城市总体人口中，绝大多数人口处于正常婚姻状态下，而处于非正常婚姻状态下的居民比例较少。

2. 婚姻状况与社会人口变项的相关分析

（1）性别。表5-1显示了性别与婚姻状况的条件关系，女性中从未结婚的人不到10%，正常婚姻状况的居民为81.2%，而非正常婚姻状态的比例为10%，男性居民三种婚姻状态的比例依次为：10.9%，85.9%，3.2%，除了非正常婚姻状态明显低于女性，其他两种比例显示略高。

表5-1　　　　北京市居民婚姻状况与性别概况（N = 1004）　　　　单位:%

婚姻状况	性别	
	女性	男性
从未结婚	8.8	10.9

续表

婚姻状况	性别	
	女性	男性
正常婚姻状态	81.2	85.9
非正常婚姻状态	10.1	3.2
（N）	（537）	（467）

按照假设，本研究对 50 岁及以上老年人群组的数据进行分析，结果表明（表 5 - 2），性别与婚姻状态之间存在显著相关，相关系数为正值（Pearsonχ^2 = 18. 161，p < 0. 001），男性处于非正常婚姻状况中的比例为 5.4%，而女性比例为 19.1%。可见，在老年人口中，相对于男性，女性更可能处于离婚、分居、丧偶的非正常婚姻中，而对于老年人而言，丧偶这一状况应占据了大部分比例。

表 5 - 2　　　　50 岁及以上老年人群组中，性别与婚姻之间的相关分析（N = 424）　　　　　　　单位:%

婚姻状况	性别	
	女性	男性
非正常婚姻（离婚、分居、丧偶）	19.1	5.4
正常婚姻	80.9	94.6
（N）	（220）	（204）
	$\lambda = 0.058$ Pearsonχ^2 = 18. 161，（D. F = 1）， p < 0. 001（两端检验）	

（2）教育水平。表 5 - 3 显示，较高教育水平的居民中有 15.2% 为从未结婚人群，而教育水平低的人群中只有 2% 从未结婚，正常婚姻或非正常婚姻人口比例，均在低教育水平人群较高。数据表明，任何年龄组、无论男女，不管任何教育水平，三种婚姻状态中，均以正常婚姻状态下的居民最高，达到 80% 以上。

表5-3　　　　教育水平与婚姻状况的条件关系表（N=1003）　　　单位:%

婚姻状况	教育水平	
	低	高
从未结婚	2.0	15.2
正常婚姻状态	87.6	80.4
非正常婚姻状态	10.5	4.4
（N）	（410）	（593）

研究将教育程度由低到高分为两个层次，与是否处于正常婚姻状态进行相关分析。结果表明（见表5-4），教育程度相对较低的人，处于正常婚姻状态下的可能性更大（Eta = 0.094，Pearsonχ^2 = 8.861，p < 0.05），而教育程度高比教育程度低的人更可能从未结婚（Eta = 0.219，Pearsonχ^2 = 48.096，p < 0.001）。

表5-4　　　教育程度与是否正常婚姻状态的相关分析（N=1003）　　　单位:%

婚姻状况	教育水平	
	低	高
处于非正常婚姻（0）	12.4	19.6
处于正常婚姻（1）	87.6	80.4
（N）	（410）	（593）
	Eta = 0.094 Pearsonχ^2 = 8.861，（D.F=1），p < 0.05	
从未结婚（0）	98.0	84.8
曾经结婚（1）	2.0	15.2
（N）	（410）	（593）
	Eta = 0.219 Pearsonχ^2 = 48.096，（D.F=1），p < 0.001	

二 父母

1. 父母在世情况

样本数据表明，在北京市人口中，父母双亡比例为40.7%，父母都在世比例为34.3%，而父母中只有一方在世比例则为25%。从父母在世情况与年龄的条件关系表（见表5-5）可以看出，父母都在世的居民比例，在18—34岁年龄组中最高，为82.1%，而年龄更大的另外两个年龄组分别为44.4%和4.2%。父母都过世的居民在50岁及以上的年龄组中最多，达到78.8%，而另外两个年龄稍低的组别中，比例分别为：1.1%和18.3%。资料结果表明，父母在世情况与年龄具有相关性（$\lambda = 0.414$，Pearson$\chi^2 = 552.326$，$p < 0.001$），因此，低年龄组的居民，父母都在世的比例要高于高年龄组的居民；而年龄越大的居民，父母过世的可能性越大。

表5-5　　　　　　父母在世情况与年龄的条件关系表（N = 1002）　　　　单位:%

父母在世情况	年龄组		
	18—34岁	35—49岁	≥50岁
都过世	1.1%	18.3%	78.8%
一方在世	16.8%	37.3%	17.0%
都在世	82.1%	44.4%	4.2%
（N）	（179）	（399）	（424）
$\lambda = 0.414$ Pearson$\chi^2 = 552.326$，$p < 0.001$（两端检验）			

2. 与父母的居住关系

统计结果表明，在本次调查中，排除父母均过世及拒绝回答的情况，总共有593个样本进入数据分析过程。与父母都共同居住的比例大约16.4%，与父母均不共同居住的比例为72.5%。

那些没有共同居住的北京市居民，他们与父母的居住距离在15分钟之内的人口居多，比例分别为88%和74%，同时与父母居住距离的众数也都为0。但整体的平均居住距离在0.5—1小时之间（与母亲与父亲居住距离的均值分别为2.34和2.28），并且更为临近30分钟。

表5－6显示，与父母是否共同居住情况与年龄因素之间呈现一定的相关性（$\lambda = 0.147$，$Pearson\chi^2 = 154.49$，$p < 0.001$两端检验），青年人中，与父母共同居住的占44.9%，而中年人与老年人中分别只有4.9%和1.1%。其中的原因可能在于，年龄在35岁以上的人群，都已结婚并组建自己的小家庭，因此与原来的血缘家庭分离。另外，性别之间也存在一定的差异，可以看出，女性与父母共同居住的比例较男性低，而女性居民与父母不共同居住的比例为77.3%，比男性高近10%，可见男性与父母居住更多，这一点延续了中国的传统。

表5－6　　与父母是否共同居住情况与年龄、性别的条件关系表　　　单位:%

	年龄组（N=591）			性别（N=593）	
	18—34岁	35—49岁	≥50岁	女	男
与父母共同居住	44.9	4.9	1.1	13.4	19.6
与父母一方共同居住	10.2	12.0	10.0	9.3	13.2
与父母均不共同居住	44.9	83.1	88.9	77.3	67.1
（N）	(176)	(325)	(90)	(313)	(280)
	$\lambda = 0.147$ $Pearson\chi^2 = 154.49$，（D.F=4），$p < 0.001$（两端检验）			$\lambda = 0.047$ $Pearson\chi^2 = 7.681$，（D.F=2），$p < 0.05$（两端检验）	

3. 与父母的交往频率

北京市居民在与父母亲的交往中，交往频率都是以"每周几次"最多（众数都为2），并且每周都与父母有交往的占有效样本的74.8%（母亲）和76.3%（父亲）。

资料分析表明（见表5－7），父亲与母亲的交往频率高度相关（$\lambda = 0.957$，$Pearson\chi^2 = 1041.570$，$p < 0.001$，两端检验），与母亲每天都有交往的居民，通常与父亲每天都有交往，而与母亲的交往情况和与父亲的交往情况基本一致。因此本书只用"与母亲交往频率"作为"与父母交往频率"的分析变项。

表5-7　　　　与父亲和母亲交往频率的条件关系表（N＝234）　　　　单位:%

与母亲交往频率	与父亲的交往频率					
	每天	每周几次	每周一次	每月一两次	每年几次	每年一两次或更少
每天	98.3	1.4	0	0	0	0
每周几次	0	95.8	0	0	0	0
每周一次	0	1.4	98.1	2.7	0	0
每月一两次	1.7	1.4	1.9	97.3	0	0
每年几次	0	0	0	0	90.9	0
每年一两次或更少	0	0	0	0	9.1	100.0
（N）	（59）	（71）	（53）	（37）	（11）	（3）

$$\lambda = 0.957$$
$$\text{Pearson}\chi^2 = 1041.570,（D.F = 4），p < 0.001（两端检验）$$

三　兄弟姐妹

1. 概况

样本显示，北京市人均拥有 2—3 个兄弟姐妹，最多达 12 个。

表5-8 显示了数据分析结果，兄弟姐妹数量和年龄增长呈现正相关（Eta ＝ 0.338，Pearsonχ^2 ＝ 180.369，p ＜ 0.001）。年龄较大的居民，比年龄较小的居民拥有更多的兄弟姐妹。青年人中，有 35.8% 人没有兄弟姐妹，这一比例均高于中年人群组与老年人群组的情况。青年人群组中最多拥有 6 个兄弟姐妹，中年人群组最多拥有的兄弟姐妹数为 8 个，而老年组中最多达到了 12 个。年龄越大的北京市居民，拥有更多的兄弟姐妹，一方面在于，中国计划生育政策的执行对较晚出生的人群影响较大，人口出生率大大下降，只有一个孩子或较少数量的孩子成为中国城市中的普遍现象，这造成了青年人兄弟姐妹数量的下降，而较老人群没有受到这一政策的影响。另一方面，中国素有"多子多福"的观念，子孙满堂代表了家族的兴旺，因此，老年居民中更可能拥有较多的兄弟姐妹。

表 5 - 8　　　　　　兄弟姐妹数量与年龄的条件关系表（N = 1002）　　　　单位:%

兄弟姐妹的数量	年龄组		
	18—34 岁	35—49 岁	≥50 岁
0	35.8	4.0	15.6
1	28.5	12.0	12.5
2	17.3	21.1	15.8
3	8.9	24.3	19.1
4	6.1	20.6	16.0
5	2.8	10.0	10.4
6	0.6	5.0	4.7
8	0	2.3	3.3
9	0	0.3	1.2
10	0	0	0.7
11	0	0	0.5
12	0	0	0.2
(N)	(179)	(398)	(424)
	Eta = 0.338 Pearsonχ^2 = 180.369，（D. F = 22），p < 0.001（两端检验）		

2. 与最亲近兄弟姐妹的居住关系与交往频率

对于最亲近的兄弟姐妹，选择姐妹的（52.8%）比选择兄弟的（47.2%）居民略高，与最亲近的兄弟姐妹共同居住的比例为 5.4%。表 5 - 9 显示，居民与最亲近之兄弟姐妹的居住距离在 1—2 小时之内的较多（众数为 3），而平均居住距离更临近 1 小时路程（均值为 2.84）。

表 5-9　　　　　　　　与最亲近兄弟姐妹居住距离的概况

	与兄弟姐妹居住的距离*
有效样本规模	778
均值	2.84
众数	3
标准误	2.314
最小值	0
最大值	7

注：* 表示这里对距离测量的赋值为：（0）小于15分钟；（1）15至不到30分钟；（2）30分钟至不到1小时；（3）1至不到2小时；（4）2至不到3小时；（5）3至不到4小时；（6）4至不到5小时；（7）5小时及以上。

数据表明（见表5-10），兄弟姐妹居住情况与人们的年龄之间存在一定的相关性（$\lambda = 0.146$，Pearson$\chi^2 = 214.289$，$p < 0.001$，两端检验），年轻人中，与兄弟姐妹共同居住的比例最高，为25.5%，而老年人，共同居住的比例最低，仅为0.9%，老年人中与兄弟姐妹相距5个小时以上路程的比例最高，达到30%。

表 5-10　　　与兄弟姐妹居住情况与年龄的条件关系表（N=820）　　　单位:%

兄弟姐妹的居住距离	年龄段		
	18—34 岁	35—49 岁	≥50 岁
共同居住	25.5	3.5	0.9
<15 分钟	13.6	24.1	8.8
15—30 分钟	12.7	15.7	10.0
30 分钟—1 小时	19.1	21.4	17.0
1 小时—2 小时	14.5	22.5	21.1
2 小时—3 小时	2.7	5.4	6.2
3 小时—4 小时	0	1.4	3.5
4 小时—5 小时	0.9	0.3	2.3
5 小时以上	10.9	5.7	30.2
(N)	(110)	(369)	(341)

$\lambda = 0.146$
Pearson$\chi^2 = 214.289$,
（D.F=4），$p < 0.001$（两端检验）

与接触最多的一位兄弟姐妹的交往频率，以"每月一两次"居多（众数为4）。

四　成年子女

1. 概况

样本显示，北京市民子女数量平均为1个，最多为7个。

表5－11显示，在对年龄分组后，分析结果表明，年龄与成年子女数量均显著相关（Eta＝0.742，Pearsonχ^2＝723.779，p＜0.001，两端检验），成年子女数为0的可能，随年龄增大而减小；年龄大的居民更可能拥有更多的子女，而年龄较低的居民，可能拥有较少的成年子女数量。例如，青年人中几乎都没有成年子女，比例达到98.3%；而50岁及以上的老年人只有3.5%的人没有成年子女，其他老人则拥有1—7个成年子女；中年人群体中，即使有成年子女，也大多只有一个。这些现象的发生，其中原因当然有很大一部分在于，年轻人可能还未结婚或孩子尚未成年；中年人依然拥有较少的成年子女，则是因为，在最近二十年的中国城市居民中，选择不要孩子或较晚生孩子的居民比例有所上升，这使得中年群体拥有成年子女的可能明显下降，他们中一些人的孩子还未成年；对于老一代中国人而言，多子多福是传统观念，所以他们更可能养育更多的孩子。

表5－11　　　　年龄、教育水平与成年子女数量的条件关系表　　　　单位:%

成年子女的数量	年龄组（N＝1001）			教育水平（N＝1002）	
	18—34岁	35—49岁	≥50岁	低	高
0	98.3	68.3	3.5	24.6	61.5
1	1.7	27.6	24.5	25.6	18.8
2	0	3.8	32.8	18.0	13.5
3	0	0.3	0	16.3	4.1
4	0	0	9.4	7.8	1.4
5	0	0	5.4	4.6	0.7
6	0	0	2.8	0.2	1.2
7	0	0	0.2	0.2	0

续表

成年子女的数量	年龄组（N = 1001）			教育水平（N = 1002）	
	18—34 岁	35—49 岁	≥50 岁	低	高
（N）	（179）	（398）	（424）	（410）	（592）
	Eta = 0.742 Pearsonχ² = 723.779, （D. F = 14），p < 0.001（两端检验）			Eta = 0.398 Pearsonχ² = 175.725, （D. F = 14），p < 0.001 （两端检验）	

教育程度与成年子女数量同样显示一定的相关性（Eta = 0.398，Pearsonχ² = 175.725　p < 0.001，两端检验）。教育水平较低的居民拥有更多的孩子，而教育水平高的则相反。受教育水平低的居民中，没有成年子女的比例为 24.6%，拥有 1 个或更多孩子的比例则为 75.4%，而教育水平高的居民中，没有成年子女的比例高达 61.5%。这一现象可能是由于，教育水平高的人可能更倾向于较晚结婚，这一方面源于他们需要花费更长的时间去完成学业。另一方面，在于他们更加独立和追求自由，因此他们生育子女的时间也比教育水平低的人晚，所以他们更可能拥有的是尚未成年的孩子；另一个原因在于，教育程度高的居民，会比教育程度低的人更可能选择不要孩子。

2. 与成年子女的居住关系

在有效被访者中，有 57.9% 选择儿子是最亲近的子女，42.1% 的居民选择了女儿，并且与这位最亲近成年子女共同居住的居民比例为 68.5%。居民与最亲近的成年子女之间的距离，在 15 分钟以内的比例最大，而平均居住距离则是不到 30 分钟的路程。

3. 与成年子女的交往频率

与接触最多的一位成年子女的交往频率以"每天都有交往"居多（众数为 1），达到 42%，接近一半；而每周都有联系的人数则达到有效样本中的 86.4%。

五　远亲属网络

结果表明（见表 5 - 12），50 岁以下的成年人与祖辈在过去一个月内保持联系的，仅有 11.7%；而 50 岁以上居民，与孙辈保持联系的占 63%，可能其中有很大一部分是尚未成年的孙或外孙。其他近亲属中，有超过一半（53.8%）的人与配偶的兄弟姐妹保持联系，这可能源于配偶与兄弟姐妹保持联系。其他是配偶的父母（39.3%），最后是叔伯姨姑舅，只有 22.9%。

表 5 - 12　　　　在过去 1 个月中，人们是否与远亲有联系的概况　　　单位:%

	叔伯、姨姑舅等	堂/表兄弟姐妹	配偶的兄弟姐妹	配偶的父母	祖父母或外祖父母（对于 50 岁以下受访者）	孙或外孙（对于 50 岁及以上受访者）%
是	22.9	30.1	53.8	39.3	11.7	63.4
否	77.1	69.9	46.2	60.7	88.3	35.8

第二节　北京成年居民对亲属支持源之选择

一　概况

分析表明（见表 5 - 13），在需要家务帮忙时，配偶作为支持源的比例最高，占 28.9%；其次为子女，占 20.1%，选择父母和兄弟姐妹的分别占 4.1% 和 5.3%。这些亲属关系组成近亲属网络，北京市居民选择近亲属帮助家务困难的，共占 58.3%，选择扩展亲属的居民比例为 3.8%。好友支持的比例超过父母和兄弟姐妹，达 9.9%。

表 5 - 13　　　　六种支持类型中，不同支持源的选择百分表　　　单位:%

支持源	支持类型					
	家务	生病照顾	借钱	感情安慰	意见	外出陪伴
配偶	28.9	53.2	3.4	32.9	48.6	39.7
父母	4.1	7.9	15.5	2.6	12.1	1.0
子女	20.1	20.3	17.4	5.6	11.4	9.1
兄弟姐妹	5.3	2.7	17.9	5.9	6.4	2.0
扩展亲属	3.8	2.0	9.6	1.2	1.4	1.8
好友/邻居	19.7	6.2	15.7	31.2	7.9	21.8
其他人	14.9	4.2	6.0	6.2	2.5	9.6
不找任何人	3.3	3.6	14.5	14.3	9.5	14.9
(N)	(1001)	(1002)	(1004)	(996)	(996)	(999)

在生病需要照顾时，53.2%的居民选择配偶作为支持源；其次选择子女，占20.3%，选择父母和兄弟姐妹的分别占7.9%和2.7%。北京市居民在生病时求助于近亲属的，共占84.1%，选择扩展亲属的居民比例为2%。

在需要经济帮助时，人们选择兄弟姐妹和选择子女作为支持源的比例均超过17%；随后为求助于父母，占15.5%；配偶在经济支持上比例较低，只有3.4%。54.2%的居民会向近亲属寻求帮助，向扩展亲属求助的居民比例为9.6%。另外向好友求助显示了较高的比例，为15.7%。

人们在心情沮丧时，最多的是向配偶求助，占32.9%，向父母、子女及兄弟姐妹寻求情感慰藉的比例均不高，分别为2.6%、5.6%、5.9%，向近亲属求助的居民总比例为47.1%，向扩展亲属求助的比例则只有1.2%。好友是人们仅次于配偶的求助对象，占31.2%。

人们在求助意见帮助时，寻求配偶提供建议或意见的居民比例最高，达48.6%，其次为父母和子女，分别是12.1%和11.4%，兄弟姐妹占6.4%。人们向近亲属寻求意见帮助的比例总共占78.5%，而扩展亲属只占1.4%。

人们在寻找外出陪伴的帮助时，39.7%的居民会选择配偶，选择子女的占9.1%，选择父母与兄弟姐妹的分别为1.0%和2.0%。人们选择近亲属陪伴外出的比例为51.8%，选择扩展亲属的为1.8%。好朋友也是人们外出的重要陪伴者，其被选择比例为21.8%，仅次于配偶。

二 工具性支持与情感性支持

数据表明（见表5-14、表5-15），对于工具性支持，向配偶求助的人口比例近60%，向子女求助的比例为35.1%，80%左右的人不会向父母和兄弟姐妹求助。对于情感性支持的求助，66.3%的居民会向配偶求助，向子女求助的比例为22.2%，近90%的人不会向兄弟姐妹和父母求助。配偶、父母、子女、兄弟姐妹，组成近亲属网络，人们会向近亲属网络求助工具性支持的比例高达92.8%，求助情感性支持的比例达88.2%。对远亲属的求助比例非常低，86.4%的居民不会向远亲属求助工具性支持，而95.7%的居民不会将远亲属作为提供情感性帮助的来源。

表5-14 不同近亲属作为预期工具性支持源的百分表 单位:%

向某一亲属关系求助工具支持的预期次数	近亲属关系类别				近亲属	远亲属
	配偶	父母	子女	兄弟姐妹		
3次	2.0	2.4	5.7	0.8	33.1	0.2
2次	23.1	3.8	11.1	2.7	36.9	1.7
1次	33.0	12.8	18.3	17.7	22.8	11.7
无	41.9	81.0	64.9	78.7	7.2	86.4
(N)	(964)	(964)	(964)	(964)	(964)	(964)

表5-15 不同近亲属作为预期情感性支持源的百分表 单位:%

向某一亲属关系求助工具支持的预期次数	近亲属关系类别				近亲属	远亲属
	配偶	父母	子女	兄弟姐妹		
3次	16.1	0.2	0.7	0.4	30.0	0
2次	22.6	1.7	2.6	1.4	29.3	0.2
1次	27.6	11.9	18.9	10.1	28.9	4.1
无	33.7	86.2	77.8	88.0	11.8	95.7
(N)	(986)	(986)	(964)	(986)	(964)	(986)

社会人口因素与选择求助对象的相关分析。

年龄。对于工具性支持,向配偶(见表5-16)、父母(见表5-17)、子女(见表5-18)的求助情况,都显示与年龄有显著相关:低年龄组人群比高年龄组更多地向配偶(Eta = 0.211,Pearsonχ^2 = 44.225,p < 0.001,两端检验)、父母求助(Eta = 0.335,Pearsonχ^2 = 134.101,p < 0.001,两端检验),而高年龄组人群则比年龄较低的人更多地向子女(Eta = 0.267,Pearsonχ^2 = 85.929,p < 0.001,两端检验)求助;向兄弟姐妹求助的情况与年龄没有显著相关(见表5-19)。对于情感支持,向子女(见表5-20)的求助情况与年龄有相关性

（Eta = 0. 257，Pearsonχ^2 = 72. 277，p < 0. 001，两端检验），年龄大的
人更可能向子女求助；向父母（见表 5 - 21）求助的情况也与年龄显著
相关（Eta = 0. 267，Pearsonχ^2 = 85. 929，p < 0. 001，两端检验），超过
50 岁的人群几乎不向父母寻求情感帮助（98. 1%）。

性别。性别因素的影响较小，只在工具支持中，与求助配偶（见表
5 - 16）的情况相关（Eta = 0. 115，Pearsonχ^2 = 67. 946，p < 0. 001，两
端检验），尽管男女居民中，不求助配偶的比例都多于 40%，但在那些
求助配偶的居民中，男性比女性求助于配偶更多的工具性事务。在情感
支持中，性别与求助子女（见表 5 - 20）的情况相关（Eta = 0. 182，
Pearsonχ^2 = 32. 622，p < 0. 001，两端检验），女性比男性更多地求助于
子女。

教育程度。由于在上一章对于社会网络的分析中，只有父母网络与
人们的教育程度有一定的相关性，因此本章也只检测求助父母的情况与
人们教育程度之间的相关性。对于工具性支持（见表 5 - 17），两者有
显著相关（Eta = 0. 025，Pearsonχ^2 = 65. 252，p < 0. 001，两端检验），
教育程度低的人群有 93. 1% 的比例不求助于父母，而教育程度高的人
群，不求助于父母的比例为 72. 8%，即有近 1/3 的人群会向父母求援。
对于情感性支持（见表 5 - 21），两者也有显著相关（Eta = 0. 197，
Pearsonχ^2 = 41. 164，p < 0. 001，两端检验），教育程度低的人有 94. 7%
不会向父母寻求情感性帮助，而教育程度高的人不向父母寻求情感性帮
助的为 80. 4%，因此有近 1/5 的人群会向父母求援。

表 5 - 16　　　　人们求助配偶工具性支持的年龄差异及性别差异　　　单位:%

求助配偶的次数（工具性支持）	年龄组（N = 962）		性别（N = 964）	
	18—49 岁	≥50 岁	女	男
无	33. 8	53. 2	41. 2	42. 5
1 次	34. 8	30. 6	44. 1	23. 3
2 次	29. 1	14. 9	13. 4	31. 7
3 次	2. 3	1. 2	1. 3	2. 5
(N)	(560)	(402)	(449)	(515)
	Eta = 0. 211 Pearsonχ^2 = 44. 225，(D. F = 3)，p < 0. 001（两端检验）		Eta = 0. 115 Pearsonχ^2 = 67. 946，(D. F = 3)，p < 0. 001（两端检验）	

表 5 - 17　人们求助父母工具性支持的年龄差异、性别及教育程度差异　单位:%

求助父母的次数（工具性支持）	年龄组（N = 962）		性别（N = 964）		教育程度（N = 963）	
	18—49 岁	≥50 岁	女	男	较低	较高
无	68.6	98.3	82.2	80.0	93.1	72.8
1 次	20.9	1.5	10.9	14.4	5.9	17.5
2 次	6.4	0.2	4.9	2.9	1.0	5.8
3 次	4.1	0	2.0	2.7	0	4.0
(N)	(560)	(402)	(449)	(515)	(390)	(573)
	Eta = 0.335 Pearsonχ^2 = 134.101, (D.F = 3), p < 0.001（两端检验）		Eta = 0.013 Pearsonχ^2 = 5.367, (D.F = 3), p > 0.1（两端检验）		Eta = 0.025 Pearsonχ^2 = 65.252, (D.F = 3), p < 0.001（两端检验）	

表 5 - 18　人们求助成年子女工具性支持的年龄差异及性别差异　单位:%

求助子女的次数（工具性支持）	年龄组（N = 962）		性别（N = 964）	
	18—49 岁	≥50 岁	女	男
无	87.3	33.6	66.6	63.5
1 次	11.4	27.9	17.1	19.2
2 次	1.3	24.9	11.4	10.9
3 次	0	13.7	4.9	6.4
(N)	(560)	(402)	(449)	(515)
	Eta = 0.574 Pearsonχ^2 = 332.776, (D.F = 3), p < 0.001（两端检验）		Eta = 0.031 Pearsonχ^2 = 1.926, (D.F = 3), p > 0.1（两端检验）	

表5-19　　　**人们求助兄弟姐妹工具性支持的年龄差异及性别差异**　　　单位:%

求助兄弟姐妹的次数（工具性支持）	年龄组（N = 962）		性别（N = 964）	
	18—49 岁	≥50 岁	女	男
无	73.0	86.8	82.0	75.9
1 次	22.1	11.7	15.1	20.0
2 次	3.6	1.2	2.2	3.1
3 次	1.3	0.2	0.7	1.0
（N）	（560）	（402）	（449）	（515）
	Eta = 0.165 Pearsonχ² = 27.719，(D. F = 3)，p < 0.001（两端检验）		Eta = 0.069 Pearsonχ² = 5.251，(D. F = 3)，p > 0.1（两端检验）	

表5-20　　　**人们求助子女情感性支持的年龄差异及性别差异**　　　单位:%

求助子女的次数（情感性支持）	年龄组（N = 962）		性别（N = 964）	
	18—49 岁	≥50 岁	女	男
无	87.4	64.7	85.1	71.5
1 次	11.2	29.5	14.0	23.1
2 次	1.1	4.6	0.9	4.2
3 次	0.4	1.2	0	1.3
（N）	（570）	（414）	（457）	（529）
	Eta = 0.257 Pearsonχ² = 72.277，(D. F = 3)，p < 0.001（两端检验）		Eta = 0.182 Pearsonχ² = 32.622，(D. F = 3)，p < 0.001（两端检验）	

表 5 – 21　　人们求助父母情感性支持的年龄差异、性别及教育程度差异　单位:%

求助父母的次数（情感性支持）	年龄组（N = 984）		性别（N = 986）		教育程度（N = 985）	
	18—49 岁	≥50 岁	女	男	较低	较高
无	77.5	98.1	85.8	86.6	94.7	80.4
1 次	19.6	1.2	12.5	11.3	4.8	16.7
2 次	2.5	0.7	1.8	1.7	0.5	2.6
3 次	0.4	0	0	0.4	0	0.3
(N)	(570)	(414)	(457)	(529)	(398)	(587)
	Eta = 0.267 Pearsonχ^2 = 85.929, (D. F = 3), p < 0.001 (两端检验)		Eta = 0.001 Pearsonχ^2 = 2.014, (D. F = 3), p > 0.1 (两端检验)		Eta = 0.197 Pearsonχ^2 = 41.164, (D. F = 2), p < 0.001 (两端检验)	

表 5 – 22　　　　人们求助配偶情感性支持的年龄差异及性别差异　　　　单位:%

求助配偶的次数（情感性支持）	年龄组（N = 984）		性别（N = 986）	
	18—49 岁	≥50 岁	女	男
无	34.9	32.1	30.9	36.1
1 次	26.1	29.2	27.6	27.6
2 次	22.6	22.7	22.8	22.5
3 次	16.3	15.9	18.8	13.8
(N)	(570)	(414)	(457)	(529)
	Eta = 0.010 Pearsonχ^2 = 1.406, (D. F = 3), p > 0.1 (两端检验)		Eta = 0.072 Pearsonχ^2 = 5.846, (D. F = 3), p > 0.1 (两端检验)	

　　36 岁以上拥有成年子女的居民，他们拥有配偶与否，与求助子女情况的相关分析。无论是工具性支持（见表 5 – 24）还是情感性支持（见表 5 – 25），人们对成年子女的求助情况均与婚姻状态相关。对于工具性支持，没有配偶相伴的居民，将成年子女作为求助对象的比例为

66.2%，其中三种工具性支持均向子女求助的居民比例占 24.7%；而有配偶相伴的居民中，有 41.2% 的人将成年子女作为求助对象，并且其中三种工具性支持均求助于子女的仅有 5.1%。对于情感支持，没有配偶的居民，有 55.1% 的人会向子女求助，而有配偶的居民，只有 23.5% 的居民会求助于子女。由此可见，人们是否将子女作为支持者，与人们的婚姻状态紧密联系，那些不处于正常婚姻中的人们，更可能向成年子女求助。

表 5-23　　人们求助兄弟姐妹情感性支持的年龄差异及性别差异　　单位:%

求助兄弟姐妹的次数（情感性支持）	年龄组（N=984）		性别（N=593）	
	18—49 岁	≥50 岁	女	男
无	87.0	89.4	89.9	86.4
1 次	10.9	9.2	8.8	11.3
2 次	1.4	1.4	1.1	1.7
3 次	0.7	0	0.2	0.6
(N)	(570)	(414)	(457)	(529)
	Eta=0.044 Pearsonχ^2=3.741，(D.F=3)，p>0.1（两端检验）		Eta=0.058 Pearsonχ^2=3.341，(D.F=3)，p>0.1（两端检验）	

表 5-24　36 岁以上居民，求助子女工具性支持与婚姻状况的相关分析　单位:%

工具性支持是否求助子女（N=784）	是否处于正常婚姻中	
	否	是
无	33.8	59.8
1 次	26.0	21.6
2 次	15.6	13.4
3 次	24.7	5.1
(N)	(77)	(707)
	Eta=0.211 Pearsonχ^2=47.022，(D.F=3)，p<0.001（两端检验）	

表5-25　36岁以上居民，求助子女情感性支持与婚姻状况的相关分析　单位:%

情感性支持是否求助子女 (N=801)	是否处于正常婚姻中	
	否	是
无	44.9	76.5
1次	39.7	20.7
2次	10.3	2.4
3次	5.1	0.4
(N)	(78)	(723)
	Eta = 0.252 Pearsonχ^2 = 52.823，(D.F=3)，p < 0.001（两端检验）	

第三节　解释与讨论

北京成年居民亲属网络结构特征

（1）绝大多数人口处于正常婚姻状态之中。（2）大约1/3的居民，其父母均在世，在父母至少有一方在世的居民中，有约2/3的人口都未与父母共同居住，但这部分居民中与父母居住距离平均在1小时路程之内；超过2/3的居民每周都与其父母有不同方式的交往。（3）至于兄弟姐妹，北京成年居民人均有2—3位兄弟姐妹，年龄较大的居民比年龄较小的更可能拥有更多的兄弟姐妹，兄弟姐妹共同居住的比例非常低，人们与其最亲近之兄弟姐妹的居住距离多在1—2小时路程之间，而与最亲近兄弟姐妹交往频率以"每月一两次"最为常见。（4）北京成年居民的成年子女平均数量为1个，选择儿子为最亲近子女的居民人数略高于选择女儿的人数，近1/3成年居民与最亲近成年子女共同居住。

由此可见，夫妻关系是绝大多数人们具备的亲属关系，与父母共同居住的虽然是少数，但大部分人选择了与父母居住在较短的距离之内，且大部分人经常与父母交往，反之，成年子女也是人们亲近的亲属关系。而相较之下，与兄弟姐妹无论是在居住距离与交往上都略为疏远。

北京成年居民预期支持网的亲属关系分布

（1）配偶是人们在日常压力下最重要的支持提供者，除了经济帮助外，其他5项日常压力情况下，人们选择向配偶求助的比例在所有关系类别中最高；无论是工具性支持还是情感性支持，配偶都是人们首选的支持者。（2）子女在人们日常求助中也具有重要的作用，在家务、生病照顾和外出陪伴上，子女作为预期支持源的比例在近亲属中仅次于配偶关系；同样，无论是工具性支持还是情感性支持，子女都是人们仅次于配偶的求助对象，其中对于年龄较高、女性及没有配偶相伴的人群来说，他们更可能向子女求助。（3）低年龄群体和教育程度较高的人群更可能将父母作为预期支持资源之一，既包括工具性的也涉及情感性求助。（4）求助兄弟姐妹的比例，只在经济压力时与求助子女比例相似，而对于其他压力，都较少地被视为求助对象。（5）近亲属网是人们的首要预期支持网，除感情沮丧压力时为接近50%的人口比例外，其他压力情况下的求助均有一半人口会将近亲属作为首要支持源，其中生病照顾和意见征求压力下，求助近亲属均在80%左右；扩展亲属作为预期支持源的比例在任何情况下都相当低。（6）值得关注的是，朋友作为预期支持源在家务帮助、经济支持、感情帮助、外出陪伴几种情况下都显示了较高的比例，特别在感情帮助和外出陪伴两种情况下是仅次于配偶的求助对象。

从以上数据结果可以看出，北京城市居民的支持网特点可概括如下：

亲属支持网的分布。日常生活压力下人们所预期的支持网，在相当大程度上可以代表人们的主要支持网。对于北京市居民而言，他们的支持网也主要是由配偶、父母、子女为主体的近亲属网构成，兄弟姐妹占据较少的比例，但却可以提供经济帮助；远亲关系较少提及，另外朋友在人们的支持网中也具有比较重要的地位。

不同亲属提供不同的支持。配偶和子女对人们几乎是生活所有方面重要的支持源（经济压力除外），父母对人们来说是工具性支持上重要的支持源，但在情感方面人们则不倾向于向父母求助，兄弟姐妹的关系则相对比较淡漠。

由此可见，北京市城市居民的支持网络形成了"近亲属网为主、朋友关系等为辅、远亲关系较弱的支持网结构"，正如文献回顾中所讲，这也正是国外许多研究中发现的人们支持网的结构分布。这一结构分布体现了人类社会将家庭作为基本社会单位，而亲属关系作为最重要社会关系的特点。

第六章 亲属网络与精神健康

第一节 亲属网络结构对精神健康的影响

一 婚姻关系

在婚姻关系的分析中,研究以"从未结婚人群"作为参照组,分析结果表明(见表6-1),在正常婚姻状态的人们与从未结婚人群之间,抑郁症状具有明显差异(B = -2.335, p < 0.05),从未结婚的人们抑郁得分高于处于正常婚姻状态的人们;而处于非正常婚姻状态的人们与其他组没有显著差异。

表6-1　　　　　　　比较不同婚姻状况下抑郁得分的回归分析

	B	Beta
Constant	17.237 *** (1.104)	
正常婚姻状态*	-2.335 * (1.166)	-0.081
非正常婚姻状态ª	-2.876 (1.753)	-0.066
N	948	
R^2	0.005	
Adjust R^2	0.002	

注: *** p < 0.001; ** p < 0.01; * p < 0.05; + p < 0.1(两端检验)。
a:参照组为"从未结婚人群组"。
括号内为标准误。

在控制了年龄、性别和教育水平等社会人口变项之后（见表6－2
中模型2），不同婚姻状况的人群组之间在抑郁得分没有表现显著的差
异。由此可见，在上文中所验证的婚姻状况与抑郁得分之间的相关，可
能是由于社会人口变项是两者因果关系的前置变项。例如，前文中数据
结果表明，年龄对抑郁得分有显著影响，在成年人中，年龄越低，抑郁
得分越高；同时，年龄低人群更可能处于从未结婚状态，因此，从未结
婚的人们抑郁得分高于处于正常婚姻状态的人们。但在控制了社会人口
变项后，婚姻状况与抑郁得分不再显著相关。

表6－2　　控制社会人口变项比较不同婚姻状况下抑郁得分的相关分析

	模型1		模型2	
	B	Beta	B	Beta
Constant	18.663 *** (0.964)		19.325 *** (1.493)	
50岁及以上年龄组人口[a]	-4.950 *** (0.712)	-0.229	-4.872 *** (0.736)	-0.225
性别（男性）	-1.007 (0.687)	-0.047	-1.005 (0.691)	-0.047
教育水平	-0.368 (0.274)	-0.045	-0.386 (0.279)	-0.047
正常婚姻状态[b]			-0.736 (1.190)	-0.026
非正常婚姻状态[b]			-0.444 (1.828)	-0.010
N	945		945	
R^2	0.053 ***		0.053 ***	
Adjust R^2	0.050		0.048	

注：*** $p<0.001$；** $p<0.01$；* $p<0.05$；+ $p<0.1$（两端检验）。
a：参照组为"18岁至49岁年龄组"。
b：参照组为"从未结婚人群组"。
括号内为标准误。

另外，分析结果表明（见表6－3），婚姻状况与社会人口各变项对
抑郁得分的互动效果没有显著性。

表 6 – 3　　　　婚姻状况与社会人口变项对抑郁得分的互动效果分析

	模型1		模型2		模型3		模型4	
	B	Beta	B	Beta	B	Beta	B	Beta
Constant	19.325 *** (1.493)		19.358 *** (1.507)		19.358 *** (1.507)		19.358 *** (1.507)	
50 岁及以上年龄组人口[a]	-4.872 *** (0.736)	-0.225	-5.167 (6.123)	-0.239	-5.167 (6.123)	-0.239	-5.167 (6.123)	-0.239
性别（男性）	-1.005 (0.691)	-0.047	-1.023 (0.694)	-0.048	-1.023 (0.694)	-0.048	-1.023 (0.694)	-0.048
教育水平	-0.386 (0.279)	-0.047	-0.390 (0.279)	-0.047	-0.390 (0.279)	-0.047	-0.390 (0.279)	-0.047
正常婚姻状态[b]	-0.736 (1.190)	-0.026	-0.786 (1.216)	-0.027	-0.786 (1.216)	-0.027	-0.786 (1.216)	-0.027
非正常婚姻状态[b]	-0.444 (1.828)	-0.010	0.447 (2.767)	0.010	0.447 (2.767)	0.010	0.447 (2.767)	0.010
50 岁及以上年龄 × 正常婚姻状态			0.378 (6.162)	0.017				
50 岁及以上年龄 × 非正常婚姻状态			-0.971 (6.812)	-0.019				
性别（男性）× 正常婚姻状态					0.378 (6.162)	0.017		
性别（男性）× 非正常婚姻状态					-0.971 (6.812)	-0.019		
教育程度[c] × 正常婚姻状态							0.378 (6.162)	0.017
教育程度[c] × 非正常婚姻状态							-0.971 (6.812)	-0.019
N	945		945				946	
R^2	0.053 ***		0.054 ***				0.053 ***	
Adjust R^2	0.048	0.047	0.046				0.046	

注：*** $p < 0.001$；** $p < 0.01$；* $p < 0.05$；+ $p < 0.1$（两端检验）。
a：参照组为"18 岁至 49 岁年龄组"。
b：参照组为"从未结婚人群组"。
c：7 个教育程度级别。
括号内为标准误。

二 父母

1. 父母在世与否与精神健康的相关分析

父母在世与抑郁得分。表 6 - 4 中模型 1 显示，父母都健在或只有一方健在的人们精神健康情况反而比父母过世的人们差（相关系数分别是：3.315 和 3.079，p < 0.001）；在控制社会人口特征之后，两者不再显著相关（见模型 3）。而正如本书在前面所分析过的，年龄与抑郁得分、父母在世情况之间均有显著相关性：年龄越小，抑郁得分越高，而同时青年也更可能父母都在世；年龄越大，抑郁得分越低，而同时年龄越大，父母越可能为均过世。因此，父母在世情况与抑郁得分之间的变化关系可能是：父母都在世的居民反而抑郁得分越高，但这实际上是可能由于"年龄"这一变项的作用产生的。因此，"年龄"是"父母在世情况"与"抑郁得分"两个变项之间的前置变项。也正因如此，在控制了社会人口因素之后，父母在世情况与抑郁得分之间相互关系的显著消失。

表 6 - 4　　　　　比较父母是否在世情况下抑郁得分的回归分析

	模型 1		模型 2		模型 3	
	B	Beta	B	Beta	B	Beta
Constant	13.166 *** (0.542)		18.663 *** (0.964)		18.476 *** (1.179)	
50 岁及以上年龄组人口[a]			-4.950 *** (0.712)	-0.229	-4.888 *** (0.941)	-0.226
性别（男性）			-1.007 (0.687)	-0.047	-1.061 (0.690)	-0.050
教育水平			-0.368 (0.274)	-0.045	-0.351 (0.280)	-0.043
父母仅一方在世[b]	3.079 *** (0.869)	0.126			0.683 (0.999)	0.028
父母都在世[b]	3.315 *** (0.796)	0.148			-0.097 (1.081)	-0.004

续表

	模型1		模型2		模型3	
	B	Beta	B	Beta	B	Beta
N	948			945		945
R²	0.022 ***,		0.022 ***			0.054 ***
Adjust R²	0.020		0.019			0.048

注: *** p < 0.001; ** p < 0.01; * p < 0.05; + p < 0.1 (两端检验)。
a: 参照组为"18 岁至 49 岁年龄组"。
b: 参照组为父母都去世。
括号内为标准误。

父母在世情况与社会人口变项的互动效果分析。考虑到不同的年龄组中,父母在世情况对精神状况可能存在不同的影响,因此下面我们进行年龄组的分组讨论。从表 6 - 5 可以看出,无论对于哪个年龄组的人们,父母在世情况对他们的抑郁得分影响均不显著。

表 6 - 5   年龄分组后,比较父母在世情况下抑郁得分的回归分析

	≤49 岁年龄组		≥50 岁年龄组	
	B	Beta	B	Beta
Constant	19.053 *** (1.784)		13.299 *** (0.998)	
性别(男性)	-0.589 (0.463)	-0.056	-0.179 (0.344)	-0.027
教育水平	-0.881 (0.927)	-0.041	-1.309 (1.032)	-0.066
父母一方在世ᵃ	0.948 (1.524)	0.041	-0.006 (1.342)	0.000
父母都在世ᵃ	-0.106 (1.456)	-0.005	2.257 (2.408)	0.048
N	553		392	
R²	0.008		0.008	
Adjust R²	0.001		-0.002	

注: *** p < 0.001; ** p < 0.01; * p < 0.05; + p < 0.1 (两端检验)。
a: 参照组为父母都去世。
括号内为标准误。

2. 同父母居住关系与精神健康

（1）是否共同居住

表6-6中模型1显示，在控制了社会人口因素后，分析结果表明，人们与父母是否共同居住，与他们的抑郁得分没有显著相关。同时模型2表明，是否与父母共同居住与社会人口因素，对抑郁得分互动效果不显著。

表6-6　　　父母共同居住与抑郁得分的回归分析/社会人口因素与
"共同居住"对抑郁得分的互动效果分析

	模型1		模型2	
	B	Beta	B	Beta
Constant		17.423 *** (1.932)	18.547 *** (4.521)	
50 岁及以上 年龄组人口[a]	-4.586 *** (1.274)	-0.154	10.021 (10.836)	0.336
性别（男性）	-0.919 (0.905)	-0.043	-2.832 (2.277)	-0.133
教育水平	-0.091 (0.425)	-0.009	-0.147 (1.127)	-0.015
与父母一方 共同居住[b]	-0.070 (1.776)	-0.002	0.263 96.857)	0.008
与父母均 不共同居住[b]	0.533 (1.273)	0.022	-0.656 (4.803)	-0.027
与父母一方 共同居住[b] ×50 岁及以上年 龄组人口[a]			-15.167 (11.608)	-0.168
与父母均不 共同居住[b] ×50 岁及以 上年龄组 人口[a]			-14.853 (10.920)	-0.476

续表

	模型 1		模型 2	
	B	Beta	B	Beta
与父母一方共同居住[b] × 男性			2.589 (3.608)	0.060
与父母均不共同居住[b] × 男性			2.158 (2.516)	0.094
与父母一方共同居住[b] × 教育水平			−0.567 (1.874)	−0.051
与父母均不共同居住[b] × 教育水平			0.058 (1.229)	0.009
N	565		565	
R^2	0.026*		0.031+	
Adjust R^2	0.017		0.012	

注：*** $p < 0.001$；** $p < 0.01$；* $p < 0.05$；+ $p < 0.1$（两端检验）。

a：参照组为"18—49 岁年龄组"。

b：参照组为"与父母双方共同居住"。

括号内为标准误。

（2）居住距离

居住距离与抑郁得分。从表 6 - 7 可以看出，父亲与母亲的居住距离呈现高度相关性（$\lambda = 0.967$，Pearson$\chi^2 = 1600.856$，$p < 0.001$，两端检验），无论在任何居住距离类别中，与父亲和母亲居住距离一致的均达到了 90% 以上，甚至 100%。因此，本书对父母居住距离的分析，将母亲一方的数据代表"父母居住距离"进入回归分析。

表6-7　与父亲居住距离及与母亲居住距离的条件百分表（N=237）　单位:%

与母亲居住距离	与父亲居住距离							
	<15分钟	15—30分钟	30分钟—1小时	1—2小时	2—3小时	3—4小时	4—5小时	5小时及以上
<15分钟	96.4	0	0	0	0	0	0	0
15—30分钟	1.8	94.9	0	0	0	0	0	0
30分钟—1小时	1.8	5.1	100.0	3.6	0	0	0	0
1—2小时	0	0	0	96.4	0	0	0	0
2—3小时	0	0	0	0	100.0	0	0	0
3—4小时	0	0	0	0	0	100.0	0	0
4—5小时	0	0	0	0	0	0	100.0	0
5小时及以上	0	0	0	0	0	0	0	100.0
（N）	（56）	（39）	（44）	（56）	（12）	（3）	（4）	（23）

$\lambda = 0.967$

Pearson$\chi^2 = 1600.856$，（D.F=49），$p < 0.001$（两端检验）

表6-8　　比较不同父母居住距离对抑郁得分的相关分析

	模型1		模型2	
	B	Beta	B	Beta
Constant	17.322 *** (1.824)		16.730 *** (1.887)	
50岁及以上年龄组人口[a]	-5.058 ** (1.622)	-0.166	-5.502 ** (1.662)	-0.181
性别（男性）	-0.605 (1.188)	-0.027	-0.469 (1.193)	-0.021
教育水平	0.005 (0.550)	0.000	-0.058 (0.552)	-0.006
与父母居住距离			0.341 (0.281)	0.066

续表

	模型 1		模型 2	
	B	Beta	B	Beta
N	351		351	
R^2	0.029 *		0.033 *	
Adjust R^2	0.021		0.022	

注：*** $p < 0.001$；** $p < 0.01$；* $p < 0.05$；+ $p < 0.1$（两端检验）。
a：参照组为"18—49 岁年龄组"。
括号内为标准误。

表 6 - 8 中数据分析结果表明，在控制了社会人口变项后，父母居住距离与抑郁得分相关性不显著（B = 0.341，p > 0.1）。

　　*父母居住距离、社会人口因素对抑郁得分的互动效果。表 6 - 9 及表 6 - 10 显示了在对年龄、性别分组后，分析父母居住距离与抑郁得分的相关性，数据结果表明，对于各年龄组人群、无论是男性、女性居民，以及教育水平较低的人群，父母居住距离对抑郁得分的影响均不显著。但对于较高教育水平的人们来说（见表 6 - 11），与父母居住距离与抑郁得分呈现正相关（B = 0.675，p < 0.05），因此，教育水平高的人群，与父母距离越近，则抑郁得分越低，而与父母相距越远，则越不利于精神健康。其原因可能在于，教育水平较高的人，他们面对更多的生活和工作压力，如果与父母相距较近，更有利于获得父母的安慰和帮助，既在精神上，同时还在日常生活上，例如日常家务、对于有第三代的家庭，父母更是重要的照顾孙代的好帮手。这将大大减轻人们的压力，从而有利于精神健康。

表 6 - 9　　年龄分组后，与父母不同居住距离对抑郁得分回归分析

	≤49 岁		≥50 岁	
	B	Beta	B	Beta
Constant	17.970 *** (2.068)		5.227 (4.238)	
性别	-0.256 (1.325)	-0.011	-1.003 (2.599)	-0.053
教育水平	-0.552 (0.613)	-0.053	2.491 * (1.206)	0.284

续表

	≤49 岁		≥50 岁	
	B	Beta	B	Beta
与母亲居住距离	0.442 (0.320)	0.081	0.016 (0.539)	0.004
N	298		53	
R²	0.009		0.081	
Adjust R²	-0.001		0.025	

注：*** p<0.001；** p<0.01；* p<0.05；+ p<0.1（两端检验）。
a：50 岁以上年龄组有效样本数为 16，因此在本研究中不进行分析。
括号内为标准误。

表 6-10　　　　性别分组后，与父母不同居住距离对抑郁得分的回归分析

	女性		男性	
	B	Beta	B	Beta
Constant	17.107 *** (2.572)		15.969 *** (2.933)	
50 岁及以上 年龄组人口ᵃ	-5.400 * (2.281)	-0.168	-5.588 * (2.467)	-0.195
教育水平	-0.137 (0.741)	-0.013	0.002 (0.856)	0.000
与父母居住距离	0.277 (0.401)	0.049	0.392 (0.408)	0.084
N	204		144	
R²	0.027		0.038	
Adjust R²	0.013		0.018	

注：*** p<0.001；** p<0.01；* p<0.05；+ p<0.1（两端检验）。
a：参照组为"18—49 岁年龄组"。
括号内为标准误。

表 6 - 11　　　教育水平分组后，与父母不同居住距离对抑郁得分的回归分析

	较低教育水平		较高教育水平	
	B	Beta	B	Beta
Constant	18. 308 *** (1. 808)		15. 806 *** (1. 212)	
50 岁及以上年龄组人口[a]	− 6. 948 * (2. 808)	− 0. 252	− 4. 518 * (2. 049)	− 0. 141
性别（男性）	− 0. 375 (2. 210)	− 0. 017	− 0. 584 (1. 401)	− 0. 026
与父母居住距离	− 0. 359 (0. 489)	− 0. 074	0. 675 * (0. 340)	0. 127
N	103		248	
R^2	0. 080 *		0. 031 +	
Adjust R^2	0. 052		0. 019	

注：*** $p < 0.001$；** $p < 0.01$；* $p < 0.05$；+ $p < 0.1$（两端检验）。
a：参照组为"18—49 岁年龄组"。
括号内为标准误。

3. 同父母交往频率与精神健康

与父母交往频率与抑郁得分。在控制了社会人口变项后（见表 6 - 12），结果显示与父母的交往频率与抑郁得分的相关性不显著。

表 6 - 12　　　比较与父母交往频率差异与抑郁得分的回归分析

	模型 1		模型 2	
	B	Beta	B	Beta
Constant	17. 408 *** (1. 824)		15. 683 *** (2. 246)	
50 岁及以上年龄组人口[a]	− 4. 990 ** (1. 621)	− 0. 164	− 5. 458 ** (1. 658)	− 0. 180
性别（男性）	− 0. 723 (1. 190)	− 0. 033	− 0. 706 (1. 189)	− 0. 032
教育水平	− 0. 028 (0. 549)	− 0. 003	0. 025 (0. 550)	0. 002

续表

	模型 1		模型 2	
	B	Beta	B	Beta
与父母的交往频率			0.629 (0.480)	0.072
N	349		349	
R²	0.029 *		0.034 *	
Adjust R²	0.020		0.022	

注：*** p < 0.001；** p < 0.01；* p < 0.05；+ p < 0.1（两端检验）。
a：参照组为"18—49 岁年龄组"。
括号内为标准误。

与父母交往频率、社会人口因素对抑郁得分的互动效果。在年龄分组后（见表 6 - 13），对于 18—49 岁年龄组的居民来说，与父母交往频率对抑郁得分有显著影响（B = 0.998，p < 0.1），即与父母交往越频繁，抑郁得分越少，而与父母交往的周期越长，抑郁得分显示越高。无论男性还是女性（见表 6 - 14），抑郁得分与父母交往频率间，相关性均不显著。而在不同教育水平的人群中（见表 6 - 15），高教育水平的人，与父母交往越频繁的人抑郁得分越低，而交往少的人，抑郁分值越高（B = 1.309，p < 0.05）。

表 6 - 13　　　年龄分组下，比较与父母不同交往频率对抑郁得分的回归分析

	18—49 岁		≥50 岁	
	B	Beta	B	Beta
Constant	16.107 *** (2.467)		9.028 + (5.190)	
男性	-0.516 (1.317)	-0.023	-0.818 (2.571)	-0.043
教育水平	-0.426 (0.608)	-0.041	2.354 + (1.199)	0.268
与父母的交往频率	0.998 + (0.535)	0.109	-1.066 (1.005)	-0.145

续表

	18—49 岁		≥50 岁	
	B	Beta	B	Beta
N	296		53	
R^2	0.015		0.102	
Adjust R^2	0.005		0.047	

注：*** $p<0.001$；** $p<0.01$；* $p<0.05$；+ $p<0.1$（两端检验）。
括号内为标准误。

表 6 – 14　　性别分组后，比较与父母不同交往频率对抑郁得分的回归分析

	女性		男性	
	B	Beta	B	Beta
Constant	16.426 *** (3.242)		14.464 *** (3.224)	
50 岁及以上年龄组人口[a]	-5.316 * (2.272)	-0.165	-5.682 * (2.468)	-0.200
教育水平	-0.052 (0.764)	-0.005	0.021 (0.829)	0.002
与父母的交往频率	0.423 (0.674)	0.046	0.850 (0.713)	0.103
N	206		143	
R^2	0.027		0.040	
Adjust R^2	0.012		0.019	

注：*** $p<0.001$；** $p<0.01$；* $p<0.05$；+ $p<0.1$（两端检验）。
a：参照组为"18—49 岁年龄组"。
括号内为标准误。

表 6 – 15　　教育水平分组后，比较与父母不同交往频率对
抑郁得分的回归分析

	教育水平低		教育水平高	
	B	Beta	B	Beta
Constant	18.347 *** (2.547)		14.242 *** (1.734)	
50 岁及以上年龄组人口[a]	-7.233 * (2.783)	-0.262	-4.607 * (2.059)	-0.145

续表

	教育水平低		教育水平高	
	B	Beta	B	Beta
男性	-0.269 (2.214)	-0.012	-1.062 (1.404)	-0.048
与父母的交往频率	-0.326 (0.759)	-0.043	1.309 * (0.625)	0.136
N	103		246	
R^2	0.076		0.033	
Adjust R^2	0.048		0.021	

注:*** $p < 0.001$;** $p < 0.01$;* $p < 0.05$;+ $p < 0.1$(两端检验)。
a:参照组为"18—49岁年龄组"。
括号内为标准误。

三 兄弟姐妹

1. 兄弟姐妹数量与精神健康

兄弟姐妹数量与精神健康的相关分析。兄弟姐妹数量与抑郁得分。数据分析显示(见表6-16中模型2),兄弟姐妹的数量对人们的抑郁得分相关性不显著。

表6-16　　　　　　兄弟姐妹数量对抑郁得分的回归分析

	模型1		模型2	
	B	Beta	B	Beta
Constant	18.663 *** (0.964)		18.228 *** (1.089)	
50岁及以上 年龄组人口 a	-4.950 *** (0.712)	-0.229	-5.001 *** (0.715)	-0.231
性别(男性)	-1.007 (0.687)	-0.047	-1.006 (0.687)	-0.047
教育水平	-0.368 (0.274)	-0.045	-0.353 (0.274)	-0.043

续表

	模型 1		模型 2	
	B	Beta	B	Beta
兄弟姐妹数量			0.153 (0.178)	0.027
N	945		945	
R^2	0.053 ***		0.053 ***	
Adjust R^2	0.050		0.049	

注：*** $p < 0.001$；** $p < 0.01$；* $p < 0.05$；+ $p < 0.1$（两端检验）。
a：参照组为"18—49 岁年龄组"。
括号内为标准误。

2. 兄弟姐妹居住关系与精神健康

与兄弟姐妹居住情况与抑郁得分。人们与兄弟姐妹的居住距离，与其抑郁得分的相关关系（见表 6 – 17 中模型 1）呈现负相关（B = -0.452，$p < 0.01$）。但在控制了社会人口变项后，抑郁得分与兄弟姐妹的居住距离的相关显著性消失（模型 3）。而正如上文所分析的，年龄与兄弟姐妹居住距离呈正相关，而年龄同时与抑郁得分呈现负相关，因此在变化关系上，抑郁得分与兄弟姐妹居住距离也呈负相关变化，即年龄大的人，与兄弟姐妹居住距离比年龄小的人更远，而他们的抑郁分值也比年龄小的人更低。可见，年龄是抑郁得分、与兄弟姐妹居住距离之间关系的前置变项。而抑郁得分与兄弟姐妹居住关系之间的相关性可能非常微弱。

表 6 – 17　　　　比较不同兄弟姐妹居住距离对抑郁得分的回归分析

	模型 1		模型 2		模型 3	
	B	Beta	B	Beta	B	Beta
Constant	16.970 *** (0.830)		17.331 *** (1.068)		17.735 *** (1.226)	
50 岁及以上 年龄组人口[a]			-4.688 *** (0.782)	-0.217	-4.467 *** (0.848)	-0.206

续表

	模型 1		模型 2		模型 3	
	B	Beta	B	Beta	B	Beta
性别（男性）			-0.571 (0.762)	-0.027	-0.597 (0.764)	-0.028
教育水平			-0.092 (0.310)	-0.011	-0.075 (0.311)	-0.009
与兄弟姐妹 的居住距离	-0.452 ** (0.159)	-0.101			-0.114 (0.170)	-0.026
N	777		774		774	
R²	0.010 **		0.047 ***		0.048 ***	
Adjust R²	0.009		0.043		0.043	

注：*** p＜0.001；** p＜0.01；* p＜0.05；+ p＜0.1（两端检验）。
a：参照组为"18—49 岁年龄组"。
括号内为标准误。

　　与兄弟姐妹居住情况、社会人口因素对抑郁得分的互动效果分析。资料结果表明，无论年龄差异（见表 6 - 18）、性别差异（见表 6 - 19），与兄弟姐妹的居住情况对抑郁得分的影响均不显著。

表 6 - 18　　　　　　　年龄分组后，比较不同兄弟姐妹居住
距离对抑郁得分的回归分析

	≤49 岁		≥50 岁	
	B	Beta	B	Beta
Constant	18.862 *** (1.910)		12.887 *** (1.590)	
性别	-0.390 (1.053)	-0.018	-0.929 (1.110)	-0.049
教育水平	-0.598 (0.511)	-0.055	0.301 (0.374)	0.047
与兄弟姐妹 居住距离	-0.017 (0.262)	-0.003	-0.184 (0.217)	-0.048
N	457		317	

续表

	≤49 岁		≥50 岁	
	B	Beta	B	Beta
R^2	0.004		0.006	
Adjust R^2	0.003		0.004	

注：*** $p<0.001$；** $p<0.01$；* $p<0.05$；+ $p<0.1$（两端检验）。
括号内为标准误。

表6-19　性别分组后，比较不同兄弟姐妹居住距离对抑郁得分的回归分析

	女性		男性	
	B	Beta	B	Beta
Constant	19.413 *** (1.821)		15.518 *** (1.673)	
年龄a	-4.764 *** (1.167)	-0.217	-4.383 ** (1.256)	-0.206
教育水平	-0.580 (0.443)	-0.067	0.456 (0.445)	0.054
与兄弟姐妹居住距离	-0.163 (0.245)	-0.034	-0.122 (0.242)	-0.030
N	414		360	
R^2	0.047 ***		0.054 ***	
Adjust R^2	0.040		0.046	

注：*** $p<0.001$；** $p<0.01$；* $p<0.05$；+ $p<0.1$（两端检验）。
a：参照组为"<50岁年龄组"。
括号内为标准误。

3. 与最亲近兄弟姐妹的交往频率与精神健康

兄弟姐妹交往频率与精神健康。兄弟姐妹交往频率与抑郁得分呈显著负相关，数据表明（见表6-20中模型2），与最亲近的兄弟姐妹的交往频率，对人们的抑郁得分存在显著影响（$B=0.727$，$p<0.05$），交往越频繁的居民，抑郁得分越低，而交往较少的居民，抑郁得分越高。

表 6 – 20 　　　　　　与最亲近兄弟姐妹交往频率对抑郁得分的回归分析

	模型 1		模型 2	
	B	Beta	B	Beta
Constant	17.837 *** (1.078)		15.683 *** (1.385)	
50 岁及以上 年龄组人口[a]	−4.428 *** (0.793)	−0.205	−5.327 *** (0.870)	−0.247
性别（男性）	−0.772 (0.781)	−0.036	−0.801 (0.779)	−0.037
教育水平	−0.236 (0.315)	−0.028	−0.189 (0.315)	−0.022
与兄弟姐妹 的交往频率			0.727 * (0.295)	0.098
N	349		349	
R^2	0.029 *		0.034 *	
Adjust R^2	0.020		0.022	

注：*** $p < 0.001$；** $p < 0.01$；* $p < 0.05$；+ $p < 0.1$（两端检验）。
a：参照组为"18—49 岁年龄组"。
括号内为标准误。

　　与兄弟姐妹交往频率、社会人口变项对抑郁得分的互动效果分析。分析结果表明，处于不同的年龄、性别、教育水平中的居民，他们与兄弟姐妹的交往情况对其抑郁得分具有不同的影响。见表 6 – 21 显示，50岁以下的人们，他们与兄弟姐妹的交往显著影响其抑郁得分（B = 1.377，$p < 0.01$），交往越多的人，抑郁得分则越低；而对 50 岁及以上的人们而言，这种影响并不显著。表 6 – 22 显示，女性与兄弟姐妹的交往，相对于男性更重要，她们与兄弟姐妹交往越频繁（B = 0.832，$p < 0.05$），其抑郁得分则越低；这种影响显著性在男性居民中并不存在。教育水平不同的人们，对与兄弟姐妹的交往也有不同的影响，表 6 – 23显示，教育水平高的居民（B = 1.150，$p < 0.01$），他们与兄弟姐妹交

往得越多，抑郁得分越低，而交往越少，抑郁得分越高；对于教育水平低的居民，与兄弟姐妹的交往频率并没有显著影响他们的抑郁得分。由此可见，对于 50 岁以下、女性、教育水平高的居民来说，与兄弟姐妹的交往频率能显著地影响他们的精神健康，而对于 50 岁及以上的老年群体、男性、教育水平低的人来说，这种影响相对微弱。

表 6－21　　年龄分组下，兄弟姐妹交往频率对抑郁得分的回归分析

	18—49 岁		≥50 岁	
	B	Beta	B	Beta
Constant	15. 367 *** (2. 043)		9. 028 + (5. 190)	
男性	－ 0. 055 (1. 054)	－ 0. 003	－ 0. 818 (2. 571)	－ 0. 043
教育水平	－ 0. 793 (0. 505)	－ 0. 075	2. 354 + (1. 199)	0. 268
与兄弟姐妹的交往频率	1. 377 ** (0. 423)	0. 156	－ 1. 066 (1. 005)	－ 0. 145
N	432		314	
R^2	0. 030 **		0. 005	
Adjust R^2	0. 023		－ 0. 004	

注：*** $p < 0.001$；** $p < 0.01$；* $p < 0.05$；+ $p < 0.1$（两端检验）。
括号内为标准误。

表 6-22　性别分组后，与兄弟姐妹交往频率对抑郁得分的回归分析

| | 女性 | | 男性 | |
	B	Beta	B	Beta
Constant	15. 745 *** (2. 072)		16. 872 *** (3. 069)	
50 岁及以上年龄组人口[a]	−5. 093 *** (1. 170)	−0. 233	−5. 632 (1. 331)	−0. 267
教育水平	−0. 383 (0. 455)	−0. 044	0. 098 (0. 447)	0. 012
与兄弟姐妹的交往频率	0. 832 * (0. 415)	0. 106	0. 597 (0. 434)	0. 086
N	409		337	
R^2	0. 046 ***		0. 055 ***	
Adjust R^2	0. 039		0. 047	

注：*** $p<0.001$；** $p<0.01$；* $p<0.05$；+ $p<0.1$（两端检验）。
a：参照组为"18—49 岁年龄组"。
括号内为标准误。

表 6-23　教育水平分组后，与兄弟姐妹交往频率对抑郁得分的回归分析

| | 教育水平低 | | 教育水平高 | |
	B	Beta	B	Beta
Constant	17. 518 *** (1. 721)		13. 608 *** (1. 268)	
50 岁及以上年龄组人口[a]	−5. 522 *** (1. 362)	−0. 249	−5. 172 *** (1. 128)	−0. 236
男性	−1. 238 (1. 270)	−0. 054	−0. 835 (0. 977)	−0. 040
与兄弟姐妹的交往频率	0. 221 (0. 454)	0. 030	1. 150 ** (0. 393)	0. 151
N	308		438	
R^2	0. 059 ***		0. 051 ***	
Adjust R^2	0. 050		0. 044	

注：*** $p<0.001$；** $p<0.01$；* $p<0.05$；+ $p<0.1$（两端检验）。
a：参照组为"18—49 岁年龄组"。
括号内为标准误。

四　成年子女

1. 成年子女人数与精神健康

成年子女数量与抑郁得分。表 6 - 24 中模型 1 显示了成年子女数目与抑郁得分相关关系，可以看出，女儿数目具有显著相关性，即数目越多，则抑郁得分越低。在控制社会人口变项后，分析结果表明，儿女数量对精神健康的影响不显著。

表 6 - 24　　　　　　　成年子女数目对抑郁得分的相关分析

	模型 1		模型 2		模型 3	
	B	Beta	B	Beta	B	Beta
Constant	16. 124 *** (0. 531)		18. 235 *** (1. 040)		18. 408 *** (1. 141)	
50 岁及以上年龄组人口[a]			- 4. 782 *** (0. 774)	- 0. 223	- 4. 396 *** (1. 065)	- 0. 205
性别（男性）			- 0. 502 0. 774	- 0. 023	- 0. 486 0. 774	- 0. 023
教育水平			- 0. 361 0. 305	- 0. 043	- 0. 402 0. 325	- 0. 048
成年儿子数量	- 0. 610 (0. 412)	- 0. 054			0. 267 0. 498	0. 024
成年女儿数量	- 1. 643 *** (0. 433)	- 0. 139			- 0. 690 0. 517	- 0. 058
N	769		768		768	
R^2	0. 025 ***		0. 049 ***		0. 052 ***	
Adjust R^2	0. 023		0. 045		0. 046	

注：*** $p < 0.001$；** $p < 0.01$；* $p < 0.05$；+ $p < 0.1$（两端检验）。
a：参照组为"18—49 岁年龄组"。
括号内为标准误。

　　但在对比模型 2 到模型 3，前后 R^2 的变化（0.049 到 0.052），尽管变项很微弱，但可以看出儿女数量在加入模型后，对整个模型的解释力依然有增加的部分。同时，年龄变项对抑郁得分的影响有所减少，相关系数由 -4.782 减少至 -4.396。可见，年龄因素是儿女数量和抑郁得分之间、部分关系的前置变项，正如在前文对年龄与儿女数量的相关分析所表明的，年龄与儿女数量成正比，年龄同时与抑郁得分成反比，因此儿女数量与抑郁得分亦呈现反比的变化关系。

　　2. 与成年子女的居住关系与精神健康

　　（1）是否共同居住

　　与最亲近之成年子女是否同住与抑郁得分。数据结果表明（见表 6 - 25 中模型 2），与成年子女共同居住的居民，与那些不共同居住的居民之间，抑郁得分没有显著差异。在对年龄（见表 6 - 26）性别（见表 6 - 27）分组见后，与成年子女是否同住，对抑郁得分的影响亦不显著。

表 6 - 25　　与最亲近之成年子女是否同住，对抑郁得分的回归分析

	模型 1		模型 2	
	B	Beta	B	Beta
Constant	19.848 *** (1.257)		19.058 *** (1.691)	
50 岁及以上年龄组人口[a]	-6.142 *** (1.069)	-0.251	-6.377 *** (1.121)	-0.260
性别（男性）	-1.094 (0.934)	-0.052	-1.089 (0.934)	-0.052
教育水平	-0.437 (0.336)	-0.057	-0.427 (0.336)	-0.056
与子女共同居住			-0.715 (1.024)	-0.032
N	499		499	
R^2	0.072 ***		0.072 ***	
Adjust R^2	0.066		0.065	

注：*** $p < 0.001$；** $p < 0.01$；* $p < 0.05$；+ $p < 0.1$（两端检验）。
a：参照组为 " < 50 岁年龄组"。
括号内为标准误。

表 6 - 26　　　　年龄分组后，与最亲近之成年子女是否
同住对抑郁得分的回归分析

	≤49 岁		≥50 岁	
	B	Beta	B	Beta
Constant	17. 973 *** (5. 707)		12. 872 *** (1. 757)	
性别	0. 605 (2. 209)	0. 025	- 1. 624 (1. 021)	- 0. 084
教育水平	- 0. 756 (1. 222)	- 0. 057	- 0. 352 (0. 340)	- 0. 055
与子女共同居住	- 1. 945 (4. 247)	- 0. 042	- 0. 634 (1. 016)	- 0. 032
N	120		379	
R^2	0. 006		0. 013	
Adjust R^2	- 0. 020		0. 005	

注：*** $p < 0.001$；** $p < 0.01$；* $p < 0.05$；+ $p < 0.1$（两端检验）。
括号内为标准误。

表 6 - 27　　　　性别分组后，与最亲近之成年子女是否同住对
抑郁得分的回归分析

	女性		男性	
	B	Beta	B	Beta
Constant	18. 752 *** (2. 379)		18. 538 *** (2. 406)	
年龄[a]	- 5. 969 *** (1. 517)	- 0. 247	- 7. 535 *** (1. 687)	- 0. 300
教育水平	- 0. 835 + (0. 491)	- 0. 102	0. 092 (0. 459)	0. 013
与子女共同居住	- 1. 408 (1. 461)	- 0. 060	0. 070 (1. 415)	0. 003
N	274		225	
R^2	0. 059 **		0. 090 ***	
Adjust R^2	0. 048		0. 078	

注：*** $p < 0.001$；** $p < 0.01$；* $p < 0.05$；+ $p < 0.1$（两端检验）。
a：参照组为“ <50 岁年龄组”。
括号内为标准误。

（2）居住距离

最亲近之成年子女居住距离与抑郁得分。数据结果表明（见表6—28中模型2），子女的居住距离对人们的抑郁得分影响不显著。年龄分组后，50岁以下的有效样本数仅为7个，因此本书仅分析50岁及以上年龄组人口的情况。结果表明，对于50岁及以上人口，子女居住距离对其抑郁得分没有显著影响（见表6-29），男性和女性居民组中，也都没有发现显著相关（见表6-30）。

表6-28　　　与最亲近之成年子女的居住距离对抑郁得分的回归分析

	模型1		模型2	
	B	Beta	B	Beta
Constant	35.800 ** (10.761)		37.066 ** (10.893)	
50岁及以上 年龄组人口[a]	-7.163 + (3.620)	-0.157	-7.499 * (3.649)	-0.165
性别（男性）	-2.389 (1.632)	-0.119	-2.190 (1.654)	-0.109
教育水平	-0.301 (0.529)	-0.046	-0.184 (0.550)	-0.028
子女的居住距离			-0.340 (0.432)	-0.066
N	157		157	
R^2	0.047 +		0.050 +	
Adjust R^2	0.028		0.025	

注：*** $p < 0.001$；** $p < 0.01$；* $p < 0.05$；+ $p < 0.1$（两端检验）。
a：参照组为"<50岁年龄组"。
括号内为标准误。

表 6 – 29　　　　　　　　年龄分组后，与最亲近之成年子女居
住距离对抑郁得分的回归分析

	≥50 岁	
	B	Beta
Constant	12. 872 *** (1. 757)	
性别	- 1. 624 (1. 021)	- 0. 084
教育水平	- 0. 352 (0. 340)	- 0. 055
与子女居住距离	- 0. 634 (1. 016)	- 0. 032
N	149	
R^2	0. 030	
Adjust R^2	0. 010	

注：*** $p < 0.001$；** $p < 0.01$；* $p < 0.05$；+ $p < 0.1$（两端检验）。
括号内为标准误。

表 6 – 30　　　　　　　性别分组后，与最亲近之成年子女
居住距离对抑郁得分的回归分析

	女性		男性	
	B	Beta	B	Beta
Constant	23. 866 *** (4. 853)		20. 402 ** (7. 144)	
50 岁及以上 年龄组人口[a]	- 7. 398 + (4. 406)	- 0. 187	- 10. 229 (6. 951)	- 0. 174
教育水平	- 0. 803 (0. 755)	- 0. 117	0. 530 (0. 814)	0. 084
与子女居住距离	- 0. 759 (0. 717)	- 0. 118	- 0. 243 (0. 550)	- 0. 057
N	84		73	
R^2	0. 054		0. 035	
Adjust R^2	0. 018		- 0. 007	

注：*** $p < 0.001$；** $p < 0.01$；* $p < 0.05$；+ $p < 0.1$（两端检验）。
a：参照组为"<50 岁年龄组"。
括号内为标准误。

3. 与成年子女的交往频率与精神健康

人们与成年子女的交往频率与抑郁得分之间，相关性不显著（见表6-31中模型2）。在对年龄（见表6-32）、性别（见表6-33）分组后，这种相关性依然不显著。

表6-31　　和最亲近成年子女的交往频率对抑郁得分的回归分析

	模型1		模型2	
	B	Beta	B	Beta
Constant	21.398 *** (3.682)		20.171 *** (3.970)	
50岁及以上年龄组人口[a]	-7.118 * (3.566)	-0.158	-6.864 + (3.582)	-0.152
性别（男性）	-2.901 + (1.613)	-0.146	-3.077 + (1.629)	-0.155
教育水平	-0.219 (0.522)	-0.034	-0.263 (0.526)	-0.041
与成年子女的交往频率			0.552 (0.663)	0.067
N	156		156	
R²	0.054 *		0.058 +	
Adjust R²	0.035		0.033	

注：*** $p<0.001$；** $p<0.01$；* $p<0.05$；+ $p<0.1$（两端检验）。
a：参照组为"18—49岁年龄组"。
括号内为标准误。

表6-32　　年龄分组后，成年子女交往频率对抑郁得分的回归分析

	≥50岁	
	B	Beta
Constant	13.893 *** (1.921)	
男性	-3.089 + (1.653)	-0.158
教育水平	-0.398 (0.529)	-0.063
与成年子女的交往频率	0.424 (0.671)	0.052

续表

	≥50 岁	
	B	Beta
N	148	
R^2	0.033	
Adjust R^2	0.013	

注: *** $p < 0.001$; ** $p < 0.01$; * $p < 0.05$; + $p < 0.1$ （两端检验）。
括号内为标准误。

表 6 - 33　　　性别分组后，与成年子女交往频率对抑郁得分的回归分析

	女性		男性	
	B	Beta	B	Beta
Constant	18.704 ** (5.160)		20.706 ** (7.116)	
50 岁及以上 年龄组人口[a]	-5.789 (4.324)	-0.145	-10.837 (6.666)	-0.193
教育水平	18.704 ** (5.160)	3.543	0.763 (0.748)	0.125
与成年子女 的交往频率	-5.789 (4.324)	-0.145	-0.538 (0.871)	-0.076
N	85		72	
R^2	0.065		0.050	
Adjust R^2	0.030		0.008	

注: *** $p < 0.001$; ** $p < 0.01$; * $p < 0.05$; + $p < 0.1$ （两端检验）。
a: 参照组为"18—49 岁年龄组"。
括号内为标准误。

　　但对于那些没有处于正常婚姻状态下的人们，他们与成年子女的交往频率与抑郁得分显示了一定的相关性。数据表明（见表 6 - 34），处于从未结婚、分居离婚、丧偶情况下的人群，他们与成年子女交往频率越少，则抑郁得分越高；而对于与子女交往频繁的人们，他们的抑郁分值相对较低（B = 4.228, $p < 0.05$）。

表 6 – 34　不同婚姻状态下，与成年子女交往频率对抑郁得分的回归分析

	正常婚姻状态		其他[a]	
	B	Beta	B	Beta
Constant	27.325 *** (6.766)		– 8.087 (21.795)	
年龄	– 0.196 + (0.100)	– 0.168	0.255 (0.285)	0.192
男性	– 3.095 + (1.725)	– 0.159	– 9.663 (5.900)	– 0.338
教育程度	– 0.071 (0.547)	– 0.012	– 2.486 (1.918)	– 0.260
与成年子女 的交往频率	– 0.033 (0.711)	– 0.004	4.228 * (1.794)	0.497
N	134		21	
R^2	0.347		0.062 +	
Adjust R^2	0.194		0.033	

注：*** $p < 0.001$；** $p < 0.01$；* $p < 0.05$；+ $p < 0.1$（两端检验）。
a：包括从未结婚、离婚、分居、丧偶等情况。
括号内为标准误。

五　其他近亲属网络、远亲属网络与精神健康

近亲属网络规模，是指所有上述近亲属人数的总和，包括配偶、父母、兄弟姐妹和成年子女。统计表明，在控制社会人口因素后，近亲人数总量与抑郁得分的相关性不显著（见表 6 – 35 中模型 2）。

表6-35　　　　　　　　近亲属网络规模对抑郁得分回归分析

	模型1		模型2	
	B	Beta	B	Beta
Constant	18.677 *** (0.965)		18.336 *** (1.333)	
50岁及以上年龄组人口[a]	-4.944 *** (0.712)	-0.229	-5.018 *** (0.740)	-0.232
性别（男性）	-1.017 (0.687)	-0.048	-1.016 (0.688)	-0.048
教育水平	-0.374 (0.274)	-0.045	-0.358 (0.277)	-0.044
近亲属人数			0.058 (0.157)	0.013
N	944		944	
R^2	0.053 ***		0.053 ***	
Adjust R^2	0.050		0.049	

注：*** $p<0.001$；** $p<0.01$；* $p<0.05$；+ $p<0.1$（两端检验）。
a：参照组为"18—49岁年龄组"。
括号内为标准误。

　　数据分析表明，居民们与所有远亲的交往情况与人们的抑郁得分没有显著相关（表6-36至表6-41）。

表6-36　　　　50岁以下居民与外祖父母是否联系，对抑郁得分的回归分析

	B	Beta
Constant	19.612 *** (1.488)	
性别（男性）	-0.817 + (0.452)	-0.079
教育水平	-0.547 (0.926)	-0.025
与祖辈有联系	2.441 (1.493)	0.071
N	546	
R^2	0.010	
Adjust R^2	0.005	

注：*** $p<0.001$；** $p<0.01$；* $p<0.05$；+ $p<0.1$（两端检验）。
括号内为标准误。

表 6 - 37   50 岁及以上居民与孙辈是否联系，对抑郁得分的回归分析

	B	Beta
Constant	14. 660 *** (1. 274)	
性别（男性）	- 0. 274 (0. 347)	- 0. 042
教育水平	- 1. 337 (1. 027)	- 0. 068
与孙辈有联系	- 1. 592 (1. 049)	- 0. 078
N	390	
R²	0. 012	
Adjust R²	0. 005	

注：*** p < 0.001；** p < 0.01；* p < 0.05；+ p < 0.1（两端检验）。
括号内为标准误。

表 6 - 38   居民与叔伯姨姑舅是否联系，对抑郁得分的回归分析

	B	Beta
Constant	18. 519 *** (0. 978)	
年龄ᵃ	- 4. 710 *** (0. 739)	- 0. 219
性别	- 0. 957 (0. 687)	- 0. 045
教育水平	- 0. 440 (0. 276)	- 0. 054
与叔伯姨姑舅有联系	1. 159 (0. 853)	0. 046
N	938	
R²	0. 055 ***	
Adjust R²	0. 051	

注：*** p < 0.001；** p < 0.01；* p < 0.05；+ p < 0.1（两端检验）。
a：参照组为"18—49 岁年龄组"。
括号内为标准误。

表6-39　　　居民与堂（表）兄弟姐妹是否联系，对抑郁得分的回归分析

	B	Beta
Constant	18.828 *** (0.981)	
年龄[a]	-5.034 *** (0.723)	-0.234
性别	-0.964 (0.687)	-0.045
教育水平	-0.369 (0.276)	-0.045
与堂（表）兄弟姐妹有联系	-0.335 (0.758)	-0.015
N	938	
R^2	0.053 ***	
Adjust R^2	0.049	

注：*** $p < 0.001$；** $p < 0.01$；* $p < 0.05$；+ $p < 0.1$（两端检验）。
a：参照组为"18—49岁年龄组"。
括号内为标准误。

表6-40　　　居民与配偶的兄弟姐妹是否联系，对抑郁得分的回归分析

	B	Beta
Constant	19.104 *** (1.030)	
年龄[a]	-5.090 *** (0.719)	-0.236
性别	-0.901 (0.689)	-0.042
教育水平	-0.393 (0.274)	-0.048
与配偶的兄弟姐妹有联系	-0.602 (0.688)	-0.028
N	937	
R^2	0.055 ***	
Adjust R^2	0.050	

注：*** $p < 0.001$；** $p < 0.01$；* $p < 0.05$；+ $p < 0.1$（两端检验）。
a：参照组为"18—49岁年龄组"。
括号内为标准误。

表 6 - 41   居民与配偶父母是否联系，对抑郁得分的回归分析

	B	Beta
Constant	18.843 *** (1.022)	
年龄ᵃ	- 5.072 *** (0.761)	- 0.236
性别	- 0.932 (0.688)	- 0.044
教育水平	- 0.368 (0.274)	- 0.045
与配偶的父母有联系	- 0.334 (0.750)	- 0.015
N	937	
R^2	0.053 ***	
Adjust R^2	0.049	

注：*** $p < 0.001$；** $p < 0.01$；* $p < 0.05$；+ $p < 0.1$（两端检验）。
a：参照组为"18—49 岁年龄组"。
括号内为标准误。

第二节　解释与讨论

一　婚姻关系：配偶

从上文的数据结果可以看出，对于北京市居民而言，婚姻状况对他们的精神健康的影响不明显。这其中原因是复杂的，总体来说有以下几个方面。

第一，就本项研究而言，由于本次调查是针对北京市全体居民的抽样调查，数据表明（见表 6 - 42），从未结婚人口共 98 人，其中有 83 人属于 18—29 岁年龄组，而这一年龄的人刚刚进入成年阶段，因而尚未结婚属于正常社会现象，对他们来说，还没有进入婚姻不应该成为影响他们精神健康的主要因素。而 30 岁及以上从未结婚的有效样本数量仅为 15 人，因此可能由于样本量过小，而无法研究他们的精神状况是

否与其他处于婚姻状态下的人们有显著差异。

表 6 - 42　　　　　　　　　年龄与婚姻状况的条件关系表

年龄分组	婚姻状况		
	从未结婚 N（%）	正常婚姻 N（%）	非正常婚姻 N（%）
18—29 岁	83 (84.7)	22 (2.6)	0 (0)
30—39 岁	7 (7.1)	174 (20.8)	2 (2.9)
40—49 岁	5 (5.1)	268 (32.1)	17 (24.6)
50—59 岁	2 (2.0)	148 (17.7)	7 (10.1)
60—69 岁	1 (1.0)	148 (17.7)	23 (33.3)
70 岁及以上	0 (0)	75 (9.0)	20 (29.0)
N	98	835	69

　　第二，婚姻历史对精神健康具有重要的影响。离婚等不利因素对心理健康的影响会随时间减少：婚姻瓦解时间的流逝以及再婚都能够减轻婚姻瓦解带来的压力以及负面影响。再婚可以扭转伴随婚姻瓦解的社会疏离增加的问题[1]，也可以改变经济困境[2]。罗斯[3]还发现，丧偶带来的抑郁症状也会随着时间的流逝而减少。因此，婚姻状况对人们精神健康

---

① Kalmijn, M. and M. B. van Groenou. "Differential Effects of Divorce on Social Integration." *Journal of Social and Personal Relationships* 22, No. 4 (2005): 455 - 476.

② Shapiro, A. D. "Explaining Psychological Distress in a Sample of Remarried and Divorced Persons the Influence of Economic Distress." *Journal of Family Issues* 17, No. 2 (1996): 186 - 203.

③ Ross, C. E. "Reconceptualizing Marital Status as a Continuum of Social Attachment." *Journal of Marriage and the Family* 57, No. 1 (1995): 129 - 140.

的影响可能要更多地看他们离婚有多久以及是否再婚。而在本次研究中，表 6-43 和表 6-44 显示，在过去一年中有离异或丧偶情况的居民只有 17 人（其中离婚/分居 10 人，配偶过世 7 人），因此可能会由于这一部分人的样本过少而使结果不具有显著性。另外，目前处于婚姻状态下的，并不排除曾经有离婚史，而曾经离婚目前处于结婚中的人并不一定比没有结婚的人们有更好的精神健康。尽管再婚会带来一些有利之处，但也有调查显示，多次婚姻会恶化人们的精神健康状况①。

表 6-43　　　　　　过去一年内，有无分居/离婚/失恋频次表

	Frequency	Percent	Valid Percent	Cumulative Percent
无	979	97.5	99.0	99.0
有	10	1.0	1.0	100.0
N	989	98.5	100.0	

表 6-44　　　　　　过去一年内，有无配偶去世频次表

	Frequency	Percent	Valid Percent	Cumulative Percent
无	971	96.7	99.3	99.3
有	7	0.7	0.7	100.0
N	978	97.4	100.0	

　　第三，文化观念的传承和变迁。对于中国老年人而言，他们较多地遵循和延续传统观念，主张家庭完整才能兴旺，因此不排除有些人即使婚姻质量不高依然维持婚姻的状况，这在中国中年及以上人口中最为常见。从本次调查的结果看（见表 6-45），离婚率也是非常低的，1004 个人中，只有 15 个人是处于离异或分居状态。

---

① Barrett, A. E. "Marital Trajectories and Mental Health." *Journal of Health and Social Behavior* 41, (2000): 451-464.

表6 – 45　　　　　　　　样本中不同婚姻状况人群的百分表

	Frequency	Percent	Valid Percent	Cumulative Percent
从未结婚	98	9.8	9.8	9.8
正常婚姻状态	837	83.4	83.4	93.1
离婚或分居	15	1.5	1.5	94.6
丧偶	54	5.4	5.4	100.0
N	1004	100.0	100.0	

对于年轻人和一部分中年人来说，出生、成长或创业在中国现代化过程中，开始更多地追求自由、独立，以及个人幸福，在经济上也更加充裕，因此对于他们来说，离异或保持独身并不一定会恶化他们的精神健康。这一点与20世纪80年代的美国可能有些相似。一份从1972—1986年对1500位成年美国人婚姻与幸福感的调查发现①，对于传统家庭社会学家们所持的"处于婚姻中的人们表现更多的快乐"这一观点受到了挑战，处于婚姻中的人们快乐感明显下降，特别表现在，从未结婚的男性的快乐感上升，和结婚中的女性快乐感降低。其中的一个可能的原因在于，婚姻和非婚之间的差异在逐渐消失，例如，非婚性行为不再受歧视，而离婚也更加容易。婚姻不再像以前那样给人们提供安全感、经济保障等②。另外人们也更加"个人主义"和较少地依赖于各类社会群体，人们越来越追求个人独立和快乐主义。一份最近的调查③对人们主观社会幸福度（social well – being）和婚姻的关系进行了研究，结果表明，结婚的人和非婚者之间并没有显著关系，这在一定程度上说明，单身者（离婚的人，丧偶者以及从未结婚的人）并不认为他们本身的社会网络比结婚的人少，因此在"婚姻能够可以带来更大的社会网

① Glenn, N. D. and C. N. Weaver. "The Changing Relationship of Marital Status to Reported Happiness." *Journal of Marriage and the Family* 50, No. 2 (1988): 317 – 324.

② Lenore. Weitzman. *The Divorce Revolution: The Unexpected Economic Consequences for Women and Children in America.* New York: Free Press, 1985.

③ Shapiro, A. and C. L. M. Keyes. "Marital Status and Social Well – Being: Are the Married Always Better Off?" *Social Indicators Research* 88, No. 2 (2008): 329 – 346.

络"这一点可能在现在的社会并不成立。

第四，社会保障制度的支持弱化了婚姻的重要性。一项调查表明，对于现代化的国家，社会化福利体系为那些不在婚姻内的人们提供了制度保证，从而使婚姻对人们的生活满意程度不再那么重要[1]。对于中国城市居民，包括城市医疗保险、失业保险、养老保险以及最低生活保障等在内的公共社会保障体系为人们提供了最为重要的支持。例如一项对中国12个省市的调查表明，在城市中73%的老年人领取退休金，有83%的老年人获得政府经济帮助（包括低收入保障等），而老年人获得子女经济支持的比例为60%。这些经济上和医疗方面的国家保障，为人们在年老时提供了经济安全[2]。因此随着社会保障机制的完善，婚姻对人们支持的重要性开始下降，这同时也将弱化婚姻状态对人们生活满意度和精神健康的重要性。

在以往对婚姻的研究中，婚姻对人们精神健康的有利之处，是拥有更多的社会网络、获得社会支持的可能性更大、强化社会归属感和自我价值感，这些都说明，婚姻体现了一定的社会整合程度，而无论是客观的还是主观社会整合程度都将影响人们的精神健康。但现在婚姻体现社会整合程度的力度可能有所下降，中国城市中，大多数夫妻都有各自的工作，他们很少有人完全依赖家庭而生存，他们大多拥有自己的社交圈和朋友网络，这些不会因为婚姻状态的改变而有所变化。社会保障的体制化，使人们有能力在经济上不以配偶为依赖，即使独身或离婚，可能对他们的控制感和自信心的伤害也比过去社会中的人们要小。目前的社会对离婚或独身抱有了更大的理解和宽容，过去对这类行为的"污名化"在今天大大减弱，由此带来的社会疏离感也随之减少。因此，今天的人们也不再以婚姻为中介融入社会，人们对婚姻的依赖相对减小，而婚姻对人们包括精神健康在内的影响也随之减少。

二　亲缘关系：父母、兄弟姐妹、成年子女

1. 分析结果概述

从数据分析结果来看，亲缘关系对人们的精神健康的影响主要包括：

---

[1] Ryan, J. M. Hughes and J. Hawdon. "Marital Status, General – Life Satisfaction and the Welfare State." *International Journal of Comparative Sociology* 39, No. 3 (1998): 224 – 236.

[2] Pei and Pillai, "Old Age Support in China: The Role of the State and the Family."

父母：较高教育水平的人们，与父母居住距离与抑郁得分呈现正相关：教育水平高的人群，与父母距离越近，抑郁得分越低，而相距越远，越不利于精神健康。而在不同教育水平的人群中，高教育水平的人，与父母交往越频繁的人抑郁得分越低，而交往少的人，抑郁分值越高。

兄弟姐妹：与最亲近的兄弟姐妹的交往频率，对人们的抑郁得分存在显著影响：交往越频繁的居民，抑郁得分越低，而交往较少的居民，抑郁得分越高。对于 18—49 岁人群、女性、教育水平高的居民来说，与兄弟姐妹的交往频率能显著地影响他们的精神健康，而对于 50 岁及以上的老年群体、男性、教育水平低的人来说，这种影响相对微弱。

成年子女：对于那些没有处于正常婚姻状态下的人们，人们与成年子女的交往频率与抑郁得分显示了一定的相关性。处于从未结婚、或分居离婚、或丧偶情况下的人群，他们与成年子女交往频率越少，则抑郁得分越高；而对于与子女交往频繁的人们，他们的抑郁分值相对较低。

由此，亲属结构对人们精神健康的影响主要表现了以下几点特征：

在亲属网络结构中，交往频率对抑郁得分显示了较多的相关性，而数量、居住关系的影响不明显或只对一部分人有影响，例如与父母居住距离对教育水平高的居民有影响。这些影响均表现为：交往频率越高，人们的抑郁得分越低。

交往频率对抑郁得分的影响，除了"兄弟姐妹"外，其他亲属类别的交往频率只对一部分人产生显著影响："与父母的交往频率"只对 18—49 岁的居民、教育水平高的居民有显著影响；"与兄弟姐妹的交往频率"尽管在整体上对所有居民的抑郁得分有显著影响，但对 18—49 岁人群、女性、教育水平高的居民的作用更明显；"与成年子女的交往频率"只在那些没有配偶相伴的人影响显著。

教育水平高的居民，显示了更多地受亲属网络结构的影响。无论是与父母的居住关系、交往频率，还是与兄弟姐妹的交往频率，对教育水平高的人群的抑郁得分都具有显著影响。

2. 解释与分析

交往频率相对于网络人数、居住关系更多地与人们的精神健康相关，其原因可能是，交往频率反映了相互联系的状况；并且当今社会现代交往的方式呈现多样化特征，且不受地域的限制，即使居住相距遥远，依然可能联系频繁。而联系是提供或得到支持的前提条件，即：联系才有可能得到支持。正如社会网络的"支持论观点"所言①，由于人们自身的资源是有限的不充足的，可能不足以满足所有的个人需求，因此网络能够使人们从周围的人那里得益，并获得他们想要的资源，这一情况特别发现在特定时刻，例如亲人过世、孩子照顾、失业等。另外，人类是社会性的，因此社会交往本身也给人们提供了心理支持，例如父母与远在外地的成年子女联系，可能每周仅电话联系互诉近况，就能给老年父母一定的精神安慰。

交往频率只对特定居民产生显著影响的原因可能是复杂的，以往的研究表明，网络结构对人们的影响是经常通过其他因素产生或受其他因素干扰，例如通过网络提供的支持产生有益影响，如果网络交往频繁则也有可能给人们带来负担，同时如果人们对自己的网络交往满意度较低，这些都可能不利于人们的精神健康。例如不同年龄阶段的人与父母的交往，如果年轻人与父母交往时，并不需要承担太多的赡养和日常照顾的责任，因此负担相对较小，并且还可能从父母那里得到帮助；而老年人与父母交往则必然要承担更多的责任，负担较大，因此对于这两类群体，与父母交往对他们精神健康的影响就会有所差异。

亲属结构对于"教育水平较高的居民"影响较明显的原因可能在于，他们面对更多的生活和工作压力，工作的繁忙使他们在生活上更需要亲人的帮助和支持，例如与父母相距较近或交往频繁时，他们能够获得父母在日常生活上的帮助，例如日常家务，对于目前中国城市有第三代的家庭，父母更是重要的照顾孙代的帮手。这将大大减轻人们的压力，从而有利于精神健康。而与兄弟姐妹的交往频繁同样可能使他们得到一定的支持和帮助。

---

① Lin and Peek, "Social Network and Mental Health."

第七章　亲属支持与精神健康

含混的研究对象可能产生含混的研究结论，因此在本章起笔之始，笔者想对研究对象先进行比较清晰的阐明。

正如前文所述，本书研究的社会支持是人们在某种压力下、会选择的首要支持源。此类问题的设计是依据以"社会交换理论"为背景的"互换法"①，即关系中的交换或互动之所以是支持性的，不仅仅是因为可能会有更多的回报，而且因为互惠性交换的时间延续性使得人们相信对方在自己需要的时候会提供帮助②（区别于其他社会关系间的交换，亲属间的这种互惠性，可能是终其一生，并且可能是无法量化计算的，例如父母子女间的代际交换）。因此人们在日常压力情况下，首先选择谁来帮助，体现的是根据以往经验，人们预期这一关系人能够并愿意为自己提供帮助。

据此，本书研究的是人们根据客观生活经验、主观预期的支持网。此支持网：一方面往往真实地反映了在现实生活中，谁能够提供何种支持；另一方面反映了人们主观感受的支持，即主观感觉处于某种社会关系的某类支持中。总体来说，本书研究的是主观支持。

压力理论指出，社会支持对精神健康的影响有两种作用机制：一种是压力存在下，社会支持缓冲压力，从而有利于健康的缓冲机制；另一种是压力不存在，社会支持对健康直接有利的主效机制。正如文献综述中所提及的，"互换法"调查中，由于被访者被询问的是某种压力下预期的支持源，这一压力目前可能并没有发生，因此本研究检验的是"主效机制"——人们主观感觉处于某种社会关系的某类支持中，这种被支持感是否能促进人们的精神健康。

本研究讨论的支持种类，首先，细化为六类：家务支持、生活照

---

① Van der Poel, "Delineating Personal Support Networks."

② Wills, "Supportive Functions of Interpersonal Relationships."

顾、经济支持、感情帮助、意见帮助、外出陪伴。其次，将六类支持归纳为两类支持，前三项为工具性支持，后三项为情感性支持。本书将分别讨论对于细化的六类支持以及归纳后的两类支持，人们预期的支持网。

　　本章试图回答四个问题：一是北京市居民支持网中，各类亲属关系的比例分布情况，这里的支持网是人们主观预期的支持网；二是人们自我感觉处于某种社会关系的某类支持中，这种主观预期的被支持感与人们的精神健康是否相关；三是不同亲属关系提供不同的支持，对人们的精神健康影响不同：六类支持由谁提供更有利于人们的精神健康，各类亲属提供工具性或情感性支持与人们的抑郁得分相关与否；四是归纳北京城市居民亲属网的支持功能，及其对精神健康的影响。

第一节　支持源之选择与精神健康的相关分析

一　预期支持源与精神健康

　　从资料结果来看，只有配偶对人们的感情支持与抑郁得分显著相关：那些将配偶作为第一感情求助对象的居民，抑郁得分显著低于选择其他支持源的居民（$B = -2.654$，$p < 0.001$）。

　　从相关系数来看，表 7 - 1 显示，在家务压力下，抑郁得分最低的人群，第一是那些将子女用为第一支持资源的居民（$B = -1.326$），第二是选择近亲属以外的支持者的人群，第三是将配偶作为支持资源的人群（$B = 0.398$）。在生病需要照顾时，抑郁得分最低的人群首先是将父母作为第一支持资源的居民（$B = -0.933$），其次是选择配偶的人群（$B = -0.219$）。在经济压力下，选择近亲属以外的人作为第一支持者的人群，抑郁得分最低，在选择近亲属的居民中，选择子女为支持对象的居民，抑郁得分相对较低（$B = 0.370$），随后为选择父母的人群（$B = 0.696$）。表 7 - 2 显示，在心情沮丧时，除获得配偶支持的人抑郁得分显著较低外，获得子女感情帮助的居民，抑郁得分也相对较低（$B = -1.730$）。在需要意见帮助时，抑郁得分最低的人群是求助于子女的人（$B = -1.501$），其次为求助于配偶的居民（$B = -1.078$）。在需要外出陪伴时，抑郁得分最低的人群是与配偶结伴外出的居民（$B = -0.253$），随之是选择近亲属以外的陪伴者的人群。

表7－1　　　三类工具性支持中，选择不同支持源对抑郁得分的回归分析

日常压力情况	家务压力		生病照顾		经济压力	
	B	Beta	B	Beta	B	Beta
Constant	17.630*** (1.151)		17.800*** (1.347)		17.318*** (1.131)	
50岁及以上年龄组人口[a]	-4.217*** (0.810)	-0.195	-5.027*** (0.769)	-0.232	-4.880*** (0.833)	-0.225
性别（男性）	0.878 (0.715)	0.041	0.874 (0.693)	0.041	0.665 (0.711)	0.031
教育水平	-0.450 (0.279)	-0.055	-0.364 (0.280)	-0.044	-0.365 (0.283)	-0.044
支持源：						
配偶[b]	0.398 (0.856)	0.017	-0.219 (0.980)	-0.010	2.915 (1.980)	0.049
父母[b]	0.533 (1.753)	0.010	-0.933 (1.512)	-0.024	0.696 (1.068)	0.024
子女[b]	-1.326 (1.027)	-0.049	0.223 (1.195)	0.008	0.370 (1.067)	0.013
兄弟姐妹[b]	3.038+ (1.571)	0.064	3.659 (2.227)	0.056	1.220 (.969)	0.044
N	943		943		915	
R^2	0.059***		0.056***		0.057***	
Adjust R^2	0.052		0.049		0.050	

注：*** $p < 0.001$；** $p < 0.01$；* $p < 0.05$；+ $p < 0.1$（两端检验）。
a：参照组为"18—49岁年龄组"。
b：参照组为"近亲属关系以外的人群"。
括号内为标准误。

表 7 - 2　　　三类情感性支持中，选择不同支持源对抑郁得分的回归分析

日常压力情况	感情倾诉		意见征求		外出陪伴	
	B	Beta	B	Beta	B	Beta
Constant	18.508 *** (1.107)		17.955 *** (1.242)		17.696 *** (1.117)	
50 岁及以上 年龄组人口[a]	-4.637 *** (0.719)	-0.215	-4.517 *** (0.778)	-0.209	-4.850 *** (0.716)	-0.224
性别（男性）	0.988 (0.694)	0.046	1.216 + (0.693)	0.057	0.949 (0.702)	0.044
教育水平	-0.390 (0.275)	-0.048	-0.393 (0.281)	-0.048	-0.381 (0.276)	-0.046
支持源：						
配偶[b]	-2.654 *** (0.749)	-0.118	-1.078 (0.893)	-0.051	-0.253 (0.731)	-0.012
父母[b]	0.013 (2.133)	0.000	0.290 (1.254)	0.009	6.213 + (3.513)	0.057
子女[b]	-1.730 (1.573)	-0.037	-1.501 (1.353)	-0.044	0.026 (1.251)	0.001
兄弟姐妹[b]	0.923 (1.445)	0.021	2.251 (1.527)	0.052	0.644 (2.391)	0.009
N	938		939		941	
R^2	0.069 ***		0.060 ***		0.055 ***	
Adjust R^2	0.062		0.053		0.048	

注：*** $p < 0.001$；** $p < 0.01$；* $p < 0.05$；+ $p < 0.1$（两端检验）。
a：参照组为"18—49 岁年龄组"。
b：参照组为"近亲属关系以外的人群"。
括号内为标准误。

二　工具性支持与精神健康

1. 近亲属关系提供支持与抑郁得分

在所有的近亲属关系类别中，只有兄弟姐妹作为工具性支持的提供者（见表 7 - 6），显示了与抑郁得分显著正相关（B = 1.781，p < 0.05），即那些会向兄弟姐妹求助的居民，抑郁得分明显高于向其他人求助的居民。其他关系类别，尽管与抑郁得分没有显著相关，但是从资料中相关系数来看，无论居民们是向配偶求助（B = -0.055）（见表 7 - 3），还是向父母（B = -0.371）（见表 7 - 4）或子女（B = -0.769）（见表 7 - 5）求助，与抑郁得分之间都是负相关，即向配偶、父母、子女求助的居民，抑郁得分低于向兄弟姐妹求助的居民。

表7－3　　是否向配偶求助工具性支持对抑郁得分的回归分析

	模型1		模型2	
	B	Beta	B	Beta
Constant	17.738 *** (1.102)		17.773 *** (1.194)	
50岁及以上 年龄组人口ᵃ	－5.008 *** (0.728)	－0.230	－5.019 *** (0.741)	－0.231
性别（男性）	0.833 (0.702)	0.039	0.833 (0.703)	0.039
教育水平	－0.349 (0.279)	－0.042	－0.349 (0.279)	－0.042
向配偶求助 工具性支持			－0.055 (0.716)	－0.003
N	912		912	
R²	0.053 ***		0.053 ***	
Adjust R²	0.049		0.048	

注：*** p＜0.001；** p＜0.01；* p＜0.05；⁺ p＜0.1（两端检验）。
a：参照组为"18—49岁年龄组"。
括号内为标准误。

表7－4　　是否向父母求助工具性支持对抑郁得分的回归分析

	模型1		模型2	
	B	Beta	B	Beta
Constant	17.738 *** (1.102)		17.794 *** (1.112)	
50岁及以上 年龄组人口ᵃ	－5.008 *** (0.728)	－0.230	－5.106 *** (0.771)	－0.235
性别（男性）	0.833 (0.702)	0.039	0.845 (0.704)	0.039
教育水平	－0.349 (0.279)	－0.042	－0.332 (0.283)	－0.040
向父母求助 工具性支持			－0.371 (0.954)	－0.014
N	912		912	
R²	0.053 ***		0.053 ***	
Adjust R²	0.049		0.048	

注：*** p＜0.001；** p＜0.01；* p＜0.05；⁺ p＜0.1（两端检验）。
a：参照组为"18—49岁年龄组"。
括号内为标准误。

表7-5　　　是否向子女求助工具性支持对抑郁得分的回归分析

	模型1		模型2	
	B	Beta	B	Beta
Constant	17. 753 *** （1. 213）		18. 029 *** （1. 256）	
50 岁及以上 年龄组人口[a]	-4. 843 *** （0. 790）	-0. 225	-4. 497 *** （0. 891）	-0. 209
性别（男性）	0. 359 （0. 791）	0. 017	0. 375 （0. 792）	0. 017
教育水平	-0. 323 （0. 311）	-0. 039	-0. 373 （0. 317）	-0. 045
向子女求助 工具性支持			-0. 769 （0. 915）	-0. 035
N	741		741	
R^2	0. 050 ***		0. 051 ***	
Adjust R^2	0. 046		0. 045	

注：*** $p < 0.001$；** $p < 0.01$；* $p < 0.05$；+ $p < 0.1$ （两端检验）。
a：参照组为"36—49 岁年龄组"。
括号内为标准误。

表7-6　　　是否向兄弟姐妹求助工具性支持对抑郁得分的回归分析

	模型1		模型2	
	B	Beta	B	Beta
Constant	17. 738 *** （1. 102）		17. 354 *** （1. 115）	
50 岁及以上 年龄组人口[a]	-5. 008 *** （0. 728）	-0. 230	-4. 784 *** （0. 735）	-0. 220
性别（男性）	0. 833 （0. 702）	0. 039	0. 712 （0. 704）	0. 033
教育水平	-0. 349 （0. 279）	-0. 042	-0. 360 （0. 279）	-0. 044
向兄弟姐妹求 助工具性支持			1. 781 * （0. 850）	0. 069
N	931		931	
R^2	0. 052 ***		0. 055 ***	
Adjust R^2	0. 049		0. 051	

注：*** $p < 0.001$；** $p < 0.01$；* $p < 0.05$；+ $p < 0.1$ （两端检验）。
a：参照组为"18—49 岁年龄组"。
括号内为标准误。

表7-7　不同年龄组人群，是否向配偶求助工具性支持对抑郁得分的回归分析

	较低年龄组		较高年龄组	
	B	Beta	B	Beta
Constant	20.081 *** (1.772)		11.168 *** (1.305)	
性别（男性）	0.753 (0.942)	0.035	1.406 (1.058)	0.071
教育水平	-0.771 + (0.452)	-0.074	-0.147 (0.351)	-0.023
向配偶求助 工具性支持	-1.481 (0.997)	-0.065	1.643 (1.037)	0.083
N	538		374	
R^2	0.010 ***		0.011 ***	
Adjust R^2	0.004		0.003	

注：*** $p < 0.001$；** $p < 0.01$；* $p < 0.05$；+ $p < 0.1$（两端检验）。
括号内为标准误。

表7-8　　　不同年龄组人群，是否向父母求助工具性
支持对抑郁得分的回归分析

	较低年龄组		较高年龄组	
	B	Beta	B	Beta
Constant	18.931 *** (1.602)		11.865 *** (1.229)	
性别（男性）	-0.655 (0.463)	-0.063	-0.102 (0.349)	-0.016
教育水平	0.655 (0.942)	0.030	1.198 (1.055)	0.061
向父母求助 工具性支持	-0.462 (1.033)	-0.020	3.899 (3.772)	0.054
N	538		374	
R^2	0.006		0.007	
Adjust R^2	0.001		-0.001	

注：*** $p < 0.001$；** $p < 0.01$；* $p < 0.05$；+ $p < 0.1$（两端检验）。
括号内为标准误。

表7-9 不同年龄组人群，是否向子女求助工具性支持对抑郁得分的回归分析

	较低年龄组		较高年龄组	
	B	Beta	B	Beta
Constant	19. 173 *** (2. 117)		13. 595 *** (1. 536)	
性别（男性）	− 0. 536 (1. 186)	− 0. 024	− 0. 223 (0. 356)	− 0. 034
教育水平	− 0. 720 (0. 622)	− 0. 062	1. 179 (1. 052)	0. 060
向子女求助 工具性支持	1. 312 (1. 545)	0. 045	− 2. 047 + (1. 100)	− 0. 098
N	367		374	
R²	0. 007		0. 014	
Adjust R²	− 0. 001		0. 006	

注：*** p < 0.001；** p < 0.01；* p < 0.05；+ p < 0.1（两端检验）。
括号内为标准误。

2. 年龄分组下，近亲属提供工具性支持与抑郁得分的相关分析

年龄分组下，对于高年龄组居民，向子女（表7-9）求助工具性支持的人，抑郁得分明显低于不向子女求助的人（B = −2.047，p < 0.1）；而向兄弟姐妹（表7-10）求助的人，抑郁得分明显高于向其他关系求助的居民（B = 2.803，p < 0.1）。不过，两者关系的显著度都较低。

表7-10 不同年龄组人群，是否向兄弟姐妹求助工具性支持对抑郁得分的回归分析

	较低年龄组		较高年龄组	
	B	Beta	B	Beta
Constant	18. 510 *** (1. 642)		11. 850 *** (1. 225)	
性别（男性）	0. 554 (0. 942)	0. 025	0. 998 (1. 058)	0. 051
教育水平	− 0. 657 (0. 452)	− 0. 063	− 0. 183 (0. 352)	− 0. 028
向兄弟姐妹求 助工具性支持	1. 246 (1. 055)	0. 051	2. 803 + (1. 492)	0. 098
N	538		374	
R²	0. 008		0. 014	
Adjust R²	0. 003		0. 006	

注：*** p < 0.001；** p < 0.01；* p < 0.05；+ p < 0.1（两端检验）。
括号内为标准误。

相关系数也表达了一定的含义，较低年龄组的人们，如果向配偶（B = -1.481）（见表7-7）或父母（B = -0.462）（见表7-8）求助工具性支持，则抑郁得分低于向其他人求助的居民，但如果向成年子女求助工具性支持却抑郁得分相对较高；而较高年龄组的人们，如果向配偶（B = 1.643）（见表6-20）、父母（B = 3.899）（见表6-21）求助工具性支持，则抑郁得分相对高于向其他人求助的居民，但如果向成年子女求助则抑郁得分较低。可见，年龄较低的人们，如果求助于父母、配偶有较好的精神健康，而年龄较高的人们，求助于成年子女有较好的精神健康。其中的原因可能在于，对于年龄低于50岁的人们来说，如果他们求助于成年子女，可能会认为自己过早地成为子女的负担，从而心存压力，但求助于父母，特别是配偶则被认为是很正常的行为；对于50岁及以上的老年人，则在传统中将成年子女作为最重要的依赖和求助对象，因此求助于子女被视为理所当然，特别是对于家务、生病照顾、经济这样的工具性支持，在中国孝文化中都是以成年子女为主要的支持来源，但如果老年人还需要求助于年龄相仿的配偶甚至更加高龄的父母，则可能不利于他们的精神健康。

3. 不同婚姻状态下，成年子女作为工具性支持来源与抑郁得分

本小节只对拥有成年子女的居民，是否将子女作为支持来源进行分析，数据表明，在本次调查中，只有36岁以上的居民才拥有成年子女，因此在选择了36岁以上居民的样本后，再对是否处于正常婚姻状态进行分组讨论。结果表明（见表7-11），对于那些离婚、分居或丧偶的人们来说，他们是否向成年子女求助，与他们的抑郁得分显著相关（B = -8.084，p < 0.05）。因此，对于没有配偶相伴的人们来说，向成年子女求助的居民的抑郁得分显著低于不向成年子女求助的人。而对于有配偶相伴的人们来说，这种相关性并不显著，但相关系数为负（B = -0.224），也表明，向成年子女求助的人抑郁得分相对较低。可见，非正常婚姻状态下，成年子女的支持对人们的精神健康更为重要。

表 7 – 11　36 岁以上处于不同婚姻状况人群，是否向成年子女求助
工具性支持对抑郁得分的回归分析

	未处于正常婚姻状态		处于正常婚姻状态	
	B	Beta	B	Beta
Constant	24. 442 *** (4. 643)		17. 518 *** (1. 307)	
50 岁及以上 年龄组人口ᵃ	– 4. 922 (3. 240)	– 0. 199	– 4. 616 *** (0. 927)	– 0. 216
性别（男性）	3. 487 (3. 195)	0. 138	0. 326 (0. 823)	0. 015
教育水平	– 1. 772 (1. 091)	– 0. 210	– 0. 248 (0. 333)	– 0. 029
向成年子女求助 工具性支持	– 8. 084 * (3. 436)	– 0. 328	– 0. 224 (0. 958)	– 0. 010
N	69		672	
D. F	3		3	
R²	0. 146 *		0. 049 ***	
Adjust R²	0. 093		0. 043	

注：*** $p < 0.001$；** $p < 0.01$；* $p < 0.05$；+ $p < 0.1$（两端检验）。
a：参照组为"36—49 岁年龄组"。
括号内为标准误。

三　情感性支持与精神健康

情感性支持与抑郁得分：向子女（见表 7 – 14）求助情感性支持的
居民，抑郁得分明显低于没有向子女求助的居民（B = – 1. 595，p <
0. 1）。向兄弟姐妹（见表 7 – 15）求助情感性支持的居民，抑郁得分明
显高于向其他人求助的居民（B = 1. 761，p < 0. 1）。两组关系的显著度
也较低。

是否将配偶（见表 7 – 12）视为情感性支持者，尽管与抑郁得分没
有显著相关，但从相关系数为负来看（B = – 0. 757），配偶能够成为情
感性支持者的居民，抑郁得分相对较低。对于那些将父母（见表 7 –
13）作为情感性支持源的居民来说，抑郁得分却相对较高（B =
0. 935）。

表 7 - 12　　　是否向配偶求助情感性支持对抑郁得分的回归分析

	模型 1		模型 2	
	B	Beta	B	Beta
Constant	17. 622 *** (1. 084)		18. 053 *** (1. 160)	
50 岁及以上 年龄组人口ᵃ	- 4. 856 *** (0. 715)	- 0. 225	- 4. 815 *** (0. 716)	- 0. 223
性别（男性）	1. 190 + (0. 691)	0. 056	1. 170 + (0. 691)	0. 055
教育水平	- 0. 408 (0. 275)	- 0. 050	- 0. 384 (0. 276)	- 0. 047
向配偶求助 情感性支持			- 0. 757 (0. 725)	- 0. 034
N	931		931	
R²	0. 052 ***		0. 053 ***	
Adjust R²	0. 049		0. 049	

注：*** p < 0. 001；** p < 0. 01；* p < 0. 05；+ p < 0. 1（两端检验）。
a：参照组为 "18—49 岁年龄组"。
括号内为标准误。

表 7 - 13　　　是否向父母求助情感性支持对抑郁得分的回归分析

	模型 1		模型 2	
	B	Beta	B	Beta
Constant	17. 622 *** (1. 084)		17. 497 *** (1. 093)	
50 岁及以上 年龄组人口ᵃ	- 4. 856 *** (0. 715)	- 0. 225	- 4. 685 *** (0. 740)	- 0. 217
性别（男性）	1. 190 + (0. 691)	0. 056	1. 192 + (0. 691)	0. 056
教育水平	- 0. 408 (0. 275)	- 0. 050	- 0. 436 (0. 277)	- 0. 053
向父母求助 情感性支持			0. 935 (1. 031)	0. 030
N	931		931	
R²	0. 052 ***		0. 053 ***	
Adjust R²	0. 049		0. 049	

注：*** p < 0. 001；** p < 0. 01；* p < 0. 05；+ p < 0. 1（两端检验）。
a：参照组为 "18—49 岁年龄组"。
括号内为标准误。

表7-14　　是否向子女求助情感性支持对抑郁得分的回归分析

	模型1		模型2	
	B	Beta	B	Beta
Constant	17. 735 *** (1. 193)		18. 066 *** (1. 207)	
50 岁及以上 年龄组人口ª	-4. 699 *** (0. 778)	-0. 219	-4. 427 *** (0. 792)	-0. 206
性别（男性）	0. 663 (0. 779)	0. 031	0. 891 (0. 789)	0. 041
教育水平	-0. 407 (0. 306)	-0. 049	-0. 474 (0. 308)	-0. 057
向子女求助 情感性支持			-1. 595 + (0. 913)	-0. 065
N	756		756	
R^2	0. 048 ***		0. 052 ***	
Adjust R^2	0. 045		0. 047	

注：*** $p < 0.001$；** $p < 0.01$；* $p < 0.05$；+ $p < 0.1$（两端检验）。
a：参照组为"36—49 岁年龄组"。
括号内为标准误。

表7-15　　是否向兄弟姐妹求助情感性支持对抑郁得分的回归分析

	模型1		模型2	
	B	Beta	B	Beta
Constant	17. 622 *** (1. 084)		17. 398 *** (1. 091)	
50 岁及以上 年龄组人口ª	-4. 856 *** (0. 715)	-0. 225	-4. 811 *** (0. 715)	-0. 223
性别（男性）	1. 190 + (0. 691)	0. 056	1. 121 (0. 691)	0. 053
教育水平	-0. 408 (0. 275)	-0. 050	-0. 399 (0. 275)	-0. 049
向兄弟姐妹求 助情感性支持			1. 761 + (1. 039)	0. 054
N	931		931	
R^2	0. 052 ***		0. 055 ***	
Adjust R^2	0. 049		0. 051	

注：*** $p < 0.001$；** $p < 0.01$；* $p < 0.05$；+ $p < 0.1$（两端检验）。
a：参照组为"18—49 岁年龄组"。
括号内为标准误。

3. 社会人口因素分组下，情感性支持与抑郁得分

年龄分组下，对于高年龄组居民，向子女（见表7-18）求助情感性支持的人，抑郁得分明显低于不向子女求助的人（B = -2.510，p < 0.05）。

相关系数也表达了一定的含义，任何年龄组下的人们，如果向配偶（见表7-16）（相关系数均为负）求助情感性支持，抑郁得分均相对较低，但如果向父母（见表7-17）或兄弟姐妹（见表7-19）（相关系数均为正）求助情感性支持却均显示抑郁得分相对较高。因此，人们在情感上的困境，如果得到配偶的支持更加有利于精神健康，对于老年人来说，成年子女的情感性支持特别重要。而父母与兄弟姐妹的情感性帮助，可能是人们无法得到子女或配偶的支持时才去求助的，因此，这可能不利于精神健康。

表7-16　　　不同年龄组人群，是否向配偶求助情感性
支持对抑郁得分的回归分析

	较低年龄组		较高年龄组	
	B	Beta	B	Beta
Constant	19.218 *** (1.735)		12.644 *** (1.380)	
性别（男性）	-0.734 (0.448)	-0.071	-0.132 (0.351)	-0.020
教育水平	1.116 (0.929)	0.052	1.331 (1.047)	0.067
向配偶求助情感性支持	-0.830 (0.972)	-0.037	-0.912 (1.133)	-0.043
N	545		386	
R²	0.009		0.009	
Adjust R²	0.003		0.001	

注：*** p < 0.001；** p < 0.01；* p < 0.05；+ p < 0.1（两端检验）。
括号内为标准误。

表 7 – 17   不同年龄组人群，是否向父母求助情感性
支持对抑郁得分的回归分析

	较低年龄组		较高年龄组	
	B	Beta	B	Beta
Constant	18. 580 *** (1. 586)		12. 158 *** (1. 207)	
性别（男性）	− 0. 749 + (0. 452)	− 0. 072	− 0. 240 (0. 344)	− 0. 037
教育水平	1. 080 (0. 928)	0. 050	1. 381 (1. 035)	0. 070
向父母求助情感性支持	0. 723 (1. 117)	0. 028	4. 663 (3. 537)	0. 067
N	545		386	
R²	0. 008		0. 012	
Adjust R²	0. 003		0. 004	

注：*** p < 0. 001；** p < 0. 01；* p < 0. 05；+ p < 0. 1（两端检验）。
括号内为标准误。

表 7 – 18   不同年龄组人群，是否向子女求助情感性
支持对抑郁得分的回归分析

	较低年龄组		较高年龄组	
	B	Beta	B	Beta
Constant	19. 407 *** (2. 045)		13. 177 *** (1. 286)	
性别（男性）	− 0. 108 (1. 195)	− 0. 005	1. 781 + (1. 039)	0. 090
教育水平	− 0. 839 (0. 612)	− 0. 072	− 0. 344 (0. 346)	− 0. 053
向成年子女求助情感性支持	0. 101 (1. 592)	0. 003	− 2. 510 * (1. 082)	− 0. 121
N	370		386	
R²	0. 005		0. 021 *	
Adjust R²	− 0. 003		0. 013	

注：*** p < 0. 01；** p < 0. 01；* p < 0. 05；+ p < 0. 1（两端检验）。
括号内为标准误。

表 7 - 19　　　　　　不同年龄组人群，是否向兄弟姐妹求助
情感性支持对抑郁得分的回归分析

	较低年龄组		较高年龄组	
	B	Beta	B	Beta
Constant	18.374 *** (1.591)		11.927 *** (1.226)	
性别（男性）	-0.687 (0.447)	-0.066	-0.186 (0.342)	-0.029
教育水平	0.913 (0.932)	0.042	1.474 (1.036)	0.075
向兄弟姐妹求助情感性支持	2.022 (1.366)	0.064	1.366 (1.612)	0.043
N	545		386	
R^2	0.012		0.009	
Adjust R^2	0.006		0.001	

注：*** $p < 0.001$；** $p < 0.01$；* $p < 0.05$；+ $p < 0.1$（两端检验）。
括号内为标准误。

4. 不同婚姻状态下，成年子女作为情感性支持来源与抑郁得分

对于那些处于非正常婚姻状态的人们来说，将成年子女（见表 7 - 20）作为情感支持要求对象的居民，抑郁得分明显较低（B = -5.843，$p < 0.1$）；而对于处于正常婚姻状态下的人们，是选择成年子女还是其他人作为支持对象，对人们的抑郁得分影响不显著，但相关系数为负（B = -1.203），也在一定程度上表明，如果成年子女能够成为依赖对象，人们的抑郁得分也会相对较低。

表 7 - 20　　　36 岁以上处于不同婚姻状况人群，是否向成年子女求助
情感性支持对抑郁得分的回归分析

	未处于正常婚姻状态		处于正常婚姻状态	
	B	Beta	B	Beta
（Constant）	22.821 *** (4.513)		17.603 *** (1.254)	
50 岁及以上年龄组人口[a]	-5.483 + (3.265)	-0.221	-4.405 *** (0.818)	-0.207
性别（男性）	2.911 (3.203)	0.114	0.773 (0.816)	0.036

续表

	未处于正常婚姻状态		处于正常婚姻状态	
	B	Beta	B	Beta
教育水平	− 1. 579 （1. 072）	− 0. 188	− 0. 345 （0. 323）	− 0. 041
向成年子女求助 情感性支持	− 5. 843 + （3. 085）	− 0. 249	− 1. 203 （0. 977）	− 0. 048
N	70		686	
D. F	3		3	
R²	0. 122 +		0. 050 ***	
Adjust R²	0. 068		0. 044	

注：*** p < 0. 001；** p < 0. 01；* p < 0. 05；+ p < 0. 1（两端检验）。
a：参照组为"36—49 岁年龄组"。
括号内为标准误。

四 其他近亲属/扩展亲属支持与精神健康

结果表明，人们向其他近亲属（见表 7 – 21）求助情感性支持的次数越多，抑郁得分越低；对于远亲属，无论是工具性支持还是情感性支持，人们是否向远亲属（见表 7 – 22）求助的情况与抑郁得分之间的关系均不显著。

表 7 – 21   人们求助近亲属的次数对抑郁得分的回归分析

	B	Beta
Constant	18. 045 *** （1. 359）	
50 岁及以上年龄组人口ᵃ	− 4. 833 *** （0. 730）	− 0. 223
性别（男性）	0. 915 （0. 720）	0. 043
教育水平	− 0. 320 （0. 281）	− 0. 039
向近亲属求助工具性支持的次数	0. 474 （0. 403）	0. 041
向近亲属求助情感性支持的次数	− 0. 819 * （0. 360）	− 0. 077
N	901	
R²	0. 057 ***	
Adjust R²	0. 051	

注：*** p < 0. 001；** p < 0. 01；* p < 0. 05；+ p < 0. 1（两端检验）。
a：参照组为"18—49 岁年龄组"。
括号内为标准误。

表 7 - 22 人们求助远亲属的次数对抑郁得分的回归分析

	B	Beta
Constant	17.724 *** (1.126)	
50 岁及以上年龄组人口[a]	− 4.805 *** (0.733)	− 0.221
性别（男性）	1.055 (0.708)	0.049
教育水平	− 0.401 (0.281)	− 0.049
向远亲属求助工具性支持的次数	0.163 (0.827)	0.006
向远亲属求助情感性支持的次数	− 2.205 (1.669)	− 0.044
N	901	
R^2	0.053 ***	
Adjust R^2	0.047	

注: *** $p < 0.001$；** $p < 0.01$；* $p < 0.05$；+ $p < 0.1$（两端检验）。
a: 参照组为"18—49 岁年龄组"。
括号内为标准误。

第二节 解释与讨论

一 分析结果概述

不同预期支持源对人们日常压力下精神健康的影响

人们选择不同亲属作为预期支持源，其相应的抑郁得分由低到相对较高的排序为：（1）家务压力下：子女（为支持源的人群，下同），近亲属以外的支持者，配偶。（2）生病照顾：父母、配偶。（3）经济帮助：近亲属以外的支持者，子女、父母。（4）感情帮助：配偶（显著相关，$p < 0.001$）、子女。（5）意见帮助：子女，配偶。（6）外出陪伴：近亲属以外的支持者，配偶。

区分工具性支持、情感性支持与精神健康

工具性支持：对于老年人（$p < 0.1$）、非正常婚姻人群（$p <$

0.05)，将成年子女作为支持源的居民，展现了较好的精神健康水平，两者显著相关，但对于老年人来说，这一显著度较低。将兄弟姐妹作为支持源的居民，精神健康水平较差，两者相关较为显著（$p < 0.1$）。尽管影响不显著，但数据结果中相关系数为负说明相对于其他人，将父母、配偶、成年子女作为预期支持源的人们，具有较好的精神健康。其中低年龄居民求助于父母、配偶比求助其他人的居民有较低的抑郁得分，高年龄组居民求助子女有较低的抑郁得分。是否选择近亲属或远亲属作为预期工具性支持源，对人们的抑郁得分的影响均不显著。

情感性支持：将成年子女作为支持源的居民，精神健康水平优于其他人，两者显著相关，显著度较低（$p < 0.1$）；对于老年人这一相关性特别显著（$p < 0.05$）、非正常婚姻人群中两者也显著相关，显著度较低（$p < 0.1$）。将兄弟姐妹作为支持源的居民，精神健康状况显著差于其他人（$p < 0.1$）。尽管与抑郁得分没有显著相关，相关系数为负说明，将配偶作为情感支持者的居民，有较好的精神健康水平。另外，相关系数为正说明，父母作为情感支持者的居民，精神健康水平相对较差。将近亲属作为支持源的人群，精神健康水平优于其他人，两者显著相关。远亲属作为支持源，对人们的精神健康无显著影响。

从以上数据结果可以看出，北京城市居民的支持网与精神健康的关系大致可以概括如下：

人们的主观被支持感与精神健康的关系。两者有显著相关的是：在感情沮丧时，感觉能够获得配偶帮助的被支持感，显著有利于人们的精神健康；在工具性支持中，对于老年人及没有配偶相伴的人们，感觉能够获得子女帮助的被支持感，显著有利于人们的精神健康；在情感性支持（感情沮丧、意见帮助、外出陪伴）中，感觉能够获得子女帮助的被支持感，明显有利于人们的精神健康；无论是工具性支持还是情感性支持，感觉兄弟姐妹为首要支持源的被支持感，都较为显著地不利于人们的精神健康。

情感方面的被支持感对精神健康更为重要。与精神健康显著相关的亲属支持中，配偶在感情沮丧时的帮助特别有益，子女在人们感情沮丧、意见帮助或外出陪伴时给予帮助，也能有利于人们的精神健康。对于老年人来说，尽管子女在工具性支持和情感性支持上的帮助都能使人们抑郁得分较低，但工具性支持的相关显著度只有 0.1，而情感性支持上的显著度达到 0.05。可见，相对于工具性支持方面，人们在情感方面被支持，更有利于精神健康。

北京城市居民亲属关系的支持功能，及对精神健康的影响：

夫妻：配偶是人们除经济压力之外的所有需要支持时最重要的支持者。同时，相对于选择其他人作为支持源的居民来说，那些将配偶作为支持源的人们（除经济支持外），抑郁得分能够保持最低或相对较低。特别对于感情沮丧时，配偶的感情帮助对人们的精神健康更是显著有益。

父母：父母对子女的帮助在两个方面特别有利于子女的精神健康，一个是作为生病照顾的支持者，一个是作为经济帮助的支持者。可见，父母作为孩子们的工具性支持源，有利于孩子们的精神健康，对于低年龄组居民来说更是如此。但作为孩子们的情感性支持源，却反映了孩子们较差的精神健康水平。

子女：成年子女是除配偶外，另一重要的支持者，同时，那些选择成年子女作为家务和意见帮助支持源的人们，抑郁得分最低；在经济帮助中，成年子女支持在近亲属中最有利于人们的精神健康。对于情感性支持，子女支持显著有利于人们的精神健康；特别是对于老年群体和没有配偶相伴人群的精神健康，子女的工具性支持和情感性支持都显著有益。

兄弟姐妹：经济支持的重要支持源之一。但对于其他支持，兄弟姐妹都较少地被视为预期支持源，并且一旦作为预期支持源，这部分人群都表现出较差的精神健康状况。

近亲属：情感性支持对人们的精神健康显著有益。

扩展亲属：在日常压力的求助上，扩展亲属较少被提及；无论是工具性支持还是情感性支持，扩展亲属的支持对人们的精神健康没有显著影响。

近亲属以外的支持者：在经济帮助中特别重要，在家务压力和外出陪伴中，也显示了对人们精神健康有利的一面；其中好友成为感情支持和外出陪伴支持者的可能性较大。

二　解释与讨论

1. 支持的主效机制

本书研究的是社会支持的"主效机制"，这一机制认为其他人的帮助或本身处于社会组织之中，能够普遍增强人们的自信心、稳定感、对环境的控制感。这些心理学定位能够通过对神经内分泌或免疫体系的功能而影响人们的感病性；这种定位也能通过促进人们健康的行为，以及与网络成员之间的信息回馈，避免可能造成心理疾病的压力事件。社会角色论的解释强调角色的定位能够给人们自信心和可控制感[①]，一定的社会规范下，特定的亲属关系被默认应该提供特定的支持，如果人们能够对这些支持保持可获得感，那么也表明了他们人际网络中、社会角色保持了正常的定位，例如，作为父母得到子女的支持，作为妻子得到丈夫的支持，这些支持的可获得感能够使人们感觉社会角色的胜任，增加自信心和控制感。

但可能并不是所有支持的可获得感都能产生明显的"主效机制"，在本研究中，只有子女和配偶的情感方面的支持具有"主效机制"，对人们的精神健康显著有益。支持能否带来有益性，可能还有许多因素要考虑，例如支持的满意性。有研究表明，支持的满意感与人们的健康水平相关，并非所有的支持都能令人满意，令人不满意的支持比缺乏支持更可能产生消极的影响[②]。也有研究发现，无论是子代的网络属性（子女是否共同居住）还是功能性支持属性（情感支持，经济支持），对老人精神状态评分的有利影响，都完全是通过老人对子女的满意程度来实现的。[③]

2. 亲属支持的可获得感与精神健康

情感方面的被支持感对精神健康更为显著，其原因可能在于：情感性支持的情感性内容对精神健康更有针对性和直接性。从主效机制的作用原理来看，社会支持也是通过心理学途径发生作用的。主观情感支持与较好的精神健康的直接相关性，在许多研究中都得到了验证[④]。在缓冲机制中，社会支持，特别是主观精神支持是能够缓冲压力事件所产生的抑郁和抑郁症状的风险[⑤]。

3. 家庭核心关系

配偶和子女在所有支持类别中的重要性，说明了中国人的家庭主义是以夫妻关系和代际关系为核心。中国一直崇尚家庭主义，但中国人最

---

① Parlin, "Stress and Mental Health: A Conceptual Overview."; Van der Poel, "Delineating Personal Support Networks."; Weiss and Lonnquist, *The Sociology of Health*, *Healing*, *and Illness*.

② Rook, "The Negative Side of Social Interaction: Impact on Psychological Well - Being."

③ Chen and Silverstein, "Intergenerational Social Support and the Psychological Well - Being of Older Parents in China."

④ House, Landis and Umberson, "Social Relationships and Health."; Lin and Peek, "Social Network and Mental Health."

⑤ Lin, Dean and Ensel, *Social Support*, *Life Events and Depression*.

看重也是最亲密的"家庭"也多为核心家庭。过去，许多学者通常将中国人的家庭形容为以扩展式家庭体系为特征。但事实上，如果扩展家庭是指那种结婚后的兄弟和其父母一起居住的家庭模式，那这种模式只有那些富裕人家才可能实现。目前可以查阅的文献都表明，即使在过去，中国人的家庭倾向于以核心或主干家庭为主[1]。当孩子们结婚后，他们通常搬出去自立门户。通常只有一个孩子，即最年长的那一个，会留在父母身边，形成主干家庭。不过，即使没有生活在同一屋檐下，家庭成员之间依然可以视为"扩展家庭"，因为家庭功能，父母和结婚子女，以及与其他亲密亲属之间依然保持着紧密的关系和交流[2]。在今天的中国，家庭模式的总体趋势也是：核心家庭主导地位确定，联合家庭继续下降，主干家庭比例相对稳定。家庭结构的核心化、小型化已成趋势。伴随着家长制的削弱与瓦解，联合家庭已失去了存在的现实基础而逐渐趋于消失[3]。由此，中国人的家庭是以夫妻关系和代际关系为主体的联合体，从而决定了人们最亲密的关系为配偶与子女。

4. 孝文化的传承与渐变

子女是除配偶外，几乎承担所有支持的亲属关系，可见孝文化在中国人中依然得到传承和体现。孝文化在中国，不仅有传统道德标准的维护，还有合法性保障，对于中国人而言，更是长期社会化过程中形塑价值观和人生观的一项道德标准。因此，成年子女，特别是对于老年人而言，是极为重要的支持关系。

另一方面，孝的内容在传承的过程中也在经历着渐变，传统中，老有所养是指在生活上有人照料，经济上有所依靠，养儿防老也正是此意，可见，工具性支持应当是养老过程中比精神支持更为重要的内容。但本研究的资料结果表明，相对于工具性支持，子女的精神支持与精神健康的相关更为显著。这在一定程度上说明，在今天的中国城市，年老父母对子女工具性支持的要求降低，在精神上的要求希望增加。其原因可能在于：（1）在本书作者对2000年中国城市养老的一项定性研究中发现，老年人对工具性支持的需求降低源于三点：社会养老保障制度使得老人可以在自己能力范围内尽量减轻孩子的负担；父母对子女工作繁忙生活压力大给予了理解；子女也因为父母的理解，以及父母可

① Chai, W. H. "Change of Chinese Family System." *Thought and Word* 2, No. 1 (1964): 207-215.
② Hsu, "Family Therapy for the Chinese: Problems and Strategies."
③ 邓伟志、徐新：《当代中国家庭的变动轨迹》，《社会科学》2000年第10期。

以得到除他们以外的生活保障而自然而然地在生活照护方面减轻了自己对父母的责任。（2）老年人基本生活有所保障，以及社会文化的变迁、对子女工具性支持要求的减少，都使得人们开始更多地追求感情的交流和支持。可见，情感性支持正在成为中国"孝"文化中最为重要的内容。

5. 父母的支持

对于年龄较低的人来说，"父母"和"配偶"一起成为工具性支持的重要来源，其中原因在于，激烈的社会竞争中，人们的工作压力大，工作繁忙，另外考虑到经济成本和情感因素，父母都成为了工具性支持合适的支持源。但同时父母显然不是人们情感性支持的来源，这一现象可能主要源于中国传统的代际文化：中国传统的代际关系体现了儒家文化"尊卑有序，长幼有别"等一系列理念，人类学家一般将中国人家庭描述为家长制和父系制（Hsu，1949）[1]，"孝"也主张"顺"，子女顺从父母才是"孝"而非平等相待，另外中国的传统文化也不鼓励开放的情感表达，因此代际间可能存在更多的是威严与遵守，并且可能较少形成平等民主交流的代际文化，这也阻止了子女向父母之间寻求情感帮助。这一点与费孝通在《乡土中国》中对"家庭"的描述是一致的，即，中国的家庭是一个事业社群，纪律必须维持，纪律排斥了私情，无论父子之间、婆媳之间都排斥了普通的感情；有说有笑、有情有义的是在同年龄的群体中，不同年龄组之间保持着很大的距离。当然，对于所有人类社会的代际关系来说，低年龄人群都更倾向于向同龄人征求情感支持，例如配偶、朋友，因为他们之间更易于沟通和理解，更易于拥有相同的价值观和人生观。正如威尔曼[2]的研究发现，父母和成年子女是明显的支持关系，但经常不喜欢彼此陪伴。

6. 兄弟姐妹关系

工具性支持求助兄弟姐妹的人们，精神健康都显著较差，其原因可能在于：正如上文所提到的，中国的家庭是以夫妻关系和代际关系为主体的关系，人们通常将配偶、父母、子女作为正常的支持来源，他们之间存在着长期的交换和互惠关系，而这三者关系也应该是人们最亲密关系，因此，求助于他们可以加强人们的安全感，巩固人们与最亲密关系之间的互惠关系和亲情依恋，有利于精神健康；但对于兄弟姐妹，通常

---

① Hsu，"Suppression Versus Repression."

② Wellman，"The Place of Kinfolk in Personal Community Networks."

是类似于朋友之间的关系，当人们选择兄弟姐妹作为求助对象时，可能是与配偶、父母、成年子女这些更为亲近的关系之间没有满意的交往经验，因此转而求助于兄弟姐妹。所以，求助于兄弟姐妹的居民，一定程度上可能说明了不太满意自己的家庭关系，这必然不利于人们的精神健康。

第八章　亲属关系与精神健康：
社会网络的支持论验证

　　社会网络对健康影响的分析法，更能够体现的是人们的社会整合程度，即人们如何广泛地和他人联系，因此更偏向于宏观层面的分析。而社会支持对健康影响的分析法，更多地是评估个人支持状况所产生的影响，因此更倾向于微观层面的分析。而社会网络分析法的一个预设命题是：人们在越整合的网络中，以及资源更加丰富的网络中，则更可能得到较强的、较为实际的支持，而支持能够有效抵御压力，从而保护精神健康。也正是基于这一预设，许多关于人们健康或精神健康受益于网络的研究，最后的解释都大多归因于两点，一是"社会整合论"——网络为人们提供安全感，并且能够强化成员间的自我认同和价值感；二是"支持论"——网络能够提供支持，从而有益于健康①。那么网络的"支持论"在本书研究中是否发挥作用，或者说亲属网对精神健康的影响，是否以亲属支持为中介而产生的，这正是本章希望回答的问题。如果按照一些研究的分类，将社会支持分为两个部分：（1）结构性特征部分（structural property），这一部分是指社会关系的存在或可获得的潜在的资源，如婚姻、小区、社会网络，或存在的人际关系，而网络的规模、密度等也可以纳入其研究范围中；（2）功能性特征部分（functional property），如工具性支持和情感性支持②。那么本章的目的是探索支持的"结构性特征"是否通过"功能性特征"为途径，对精神健康产生影响的，亦可视为"网络背景"下的社会支持研究。

---

① Lin and Peek，"Social Network and Mental Health."

② Cohen et al.，"Measuring the Functional Components of Social Support."

一　亲属关系的网络特征与亲属支持的相关分析

父母网络特征与父母支持间的相关分析。数据结果表明（见表 8-1），在控制了社会人口变项后，"与父母的网络结构性特征"与"父母支持"之间显著相关：与父母居住距离越近的居民，则越可能将父母作为工具性支持（净相关系数 $r = -0.154$，$p < 0.005$）和情感性支持（$r = -0.127$，$p < 0.1$）的支持源；与父母交往越频繁的居民，同样也越可能将父母作为工具性支持（净相关系数 $r = -0.126$，$p < 0.1$）和情感性支持（$r = -0.164$，$p < 0.005$）的支持源。由此可以看出，与父母交往的紧密程度，的确在一定程度上也代表父母支持的状况。

表 8-1　　"父母支持"状况与"父母网络特征"的净相关分析

（控制变项：年龄/性别/教育程度）

	与父母的居住距离	与父母的交往频率
是否向父母求助工具性支持	-0.154 ** （341）	-0.126 * （341）
是否向父母求助情感性支持	-0.127 * （341）	-0.164 ** （341）

注：*** $p < 0.001$；** $p < 0.005$；* $p < 0.1$（两端检验）。
括号中为 N。

兄弟姐妹网络特征与父母支持间的相关分析。数据结果表明（见表 8-2），在控制了社会人口变项后，"兄弟姐妹的网络结构性特征"与"兄弟姐妹是否作为支持源"之间显著相关：兄弟姐妹数量越多的居民，越可能将最亲近之兄弟姐妹作为工具性支持的来源（$r = 0.134$，$p < 0.001$）；与最亲近之兄弟姐妹居住距离越近的居民，则越可能将其作为工具性支持（净相关系数 $r = -0.145$，$p < 0.001$）和情感性支持（$r = -0.073$，$p < 0.05$）的支持源；与最亲近之兄弟姐妹交往越频繁的居民，同样也越可能将其作为工具性支持（$r = -0.121$，$p < 0.01$）的支持源。值得注意的是，"兄弟姐妹的情感性支持"状况仅与"最亲近兄弟姐妹之居住距离"之间显著相关，而"工具性支持"状况却与三种结构性特征均呈现显著相关。由此可以看出，相较于情感支持，与兄弟姐妹之间关系的网络特征，更多地说明了"工具性支持"状况。

表 8 - 2 "兄弟姐妹支持"状况与"兄弟姐妹网络结构特征"的净相关分析
(控制变项:年龄/性别/教育程度)

	兄弟姐妹数量	最亲近兄弟姐妹之居住距离	最亲近兄弟姐妹之交往频率
是否向兄弟姐妹求助工具性支持	0.134 *** (724)	− 0.145 *** (724)	− 0.121 ** (724)
是否向兄弟姐妹求助情感性支持	0.02 (724)	− 0.073 * (724)	− 0.019 (724)

注: *** p < 0.001; ** p < 0.01; * p < 0.05; + p < 0.1(两端检验)。
括号中为 N。

成年子女网络特征与父母支持间的相关分析。数据结果表明(见表 8 - 3),在控制了社会人口变项后,"成年子女的网络结构性特征"与"成年子女是否作为支持源"之间的显著相关主要体现在"工具性支持"方面:成年子女数量越多的居民,越可能将最亲近之成年子女作为工具性支持的来源(r = 0.293,p < 0.001);与最亲近之成年子女居住距离越近(r = − 0.279,p < 0.001),及交往越频繁(r = − 0.228,p < 0.01)的居民,则越可能将其作为工具性支持源。但是,与最亲近之成年子女关系的网络结构性特征,却与是否将子女视为情感支持源之间相关不显著。因此,子女的网络特征,更多地说明了对父母提供"工具性支持"状况。

表 8 - 3 "成年子女支持"状况与"成年子女网络结构"的净相关分析
(控制变项:年龄/性别/教育程度)

	成年子女数量	与最亲近成年子女之居住距离	与最亲近成年子女之交往频率
是否向成年子女求助工具性支持	0.293 *** (153)	− 0.279 *** (153)	− 0.228 ** (153)
是否向成年子女求助情感性支持	0.145 + (153)	− 0.015 (153)	0.031 (153)

注: *** p < 0.001; ** p < 0.01; * p < 0.05; + p < 0.1(两端检验)。
括号中为 N。

二　亲属网络与精神健康：亲属支持的中介作用分析

（一）父母

第六章的资料分析表明，"与父母的居住距离"只与教育水平较高的居民精神健康状况显著相关：与父母距离越近，抑郁得分越低，而相距越远，越不利于精神健康；"与父母的交往频率"只与18—49岁的居民、教育水平高的居民精神健康状况显著相关，均表现为与父母交往越多，抑郁得分越低。因此本节将以这几类居民为研究对象，探索其父母网络特征、父母是否提供工具性以及情感性支持对其抑郁得分的影响。

1. "与父母居住距离—父母支持—抑郁得分"的回归分析

这一分析只针对教育水平较高人群。表8－4中模型1显示了父母居住距离与抑郁得分的相关分析，模型2引入"父母是否提供工具性支持"这一变项。结果表明，在引入"父母提供工具性支持"后，父母居住距离与抑郁得分的相关系数几乎没有减少（从0.637至0.633），相关系数的显著度没有变化（$p < 0.1$），依然为显著相关。可见"与父母居住距离"状况对教育水平较高人群抑郁得分的影响，基本没有通过"父母提供工具性支持"状况产生。

表8－4　　抑郁得分的回归分析（控制变项：社会人口特征）：
父母网络特征（居住距离）、父母工具性支持

	教育水平较高组	
	模型1	模型2
Constant	15.828 ***	15.876 ***
50岁及以上年龄组人口[a]	−4.326（−0.134）**	−4.349（−0.135）*
性别	−0.446（−0.020）	−0.453（−0.020）
与父母居住距离	0.637（0.119）+	0.633（0.118）+
父母提供工具性支持		−0.119（−0.005）
N	242	242
R^2	0.027	0.027

注：*** $p < 0.001$；** $p < 0.01$；* $p < 0.05$；+ $p < 0.1$（两端检验）。
a：参照组为"18—49岁年龄组"。
系数为非标准系数，括号内为标准系数。

表8－5中模型2引入的是"父母是否提供情感性支持"这一变项，

但结果与"工具性支持"状况有所不同，在引入"父母提供情感性支持"后，父母居住距离与抑郁得分的相关回归系数未减反增（从 0.623 增至 0.673），且显著度也达到 $p < 0.05$，因此"父母是否提供情感性支持"的状况并没有在"与父母居住距离"状况与抑郁得分之间产生中介作用，但可能是压抑变项（suppressor variable），即父母作为情感支持源与未将父母作为情感支持源的居民，他们"与父母的距离"与"抑郁得分"的相关性可能存在差异。其结果可能是，将父母作为情感性支持源的人们与父母住得越近，其抑郁得分越低；而未将父母作为情感性支持源的人们与父母住得近与否可能对其抑郁得分没有影响，或者甚至会更高。

表 8 – 5　　抑郁得分的回归分析（控制变项：社会人口特征）：
父母网络特征（居住距离）、父母情感性支持

	教育水平较高组	
	模型 1	模型 2
Constant	15.858 ***	15.214 ***
50 岁及以上年龄组人口[a]	− 4.207（− 0.134）*	− 4.120（− 0.131）*
性别	− 1.000（− 0.045）	− 0.852（− 0.039）
与父母居住距离	0.623（0.119）+	0.673（0.128）*
父母提供情感性支持		2.777（0.094）
N	244	244
R^2	0.029	0.038

注：*** $p < 0.001$；** $p < 0.01$；* $p < 0.05$；+ $p < 0.1$（两端检验）。
a：参照组为"18—49 岁年龄组"。
系数为非标准系数，括号内为标准系数。

2. "与父母交往频率—父母支持—抑郁得分"的回归分析

如上文所述，此分析只针对 18—49 岁的居民、教育水平高的居民。

"父母提供工具性支持"的中介作用分析。表 8 – 6 中模型 1 显示了"与父母交往频率"与抑郁得分的相关分析，模型 2 引入"父母是否提供工具性支持"这一变项。结果表明，在引入"父母提供工具性支持"后，"与父母交往频率"状况与抑郁得分之间的相关性：对于年龄较低人群，回归系数从 0.931 减少至 0.919；对于教育水平较高人群，回归系数从 1.250 减少至 1.229；但相关系数的显著性没有变化，均在 $p <$

0.1 水平。可见对于这两类人群，"父母交往频率"对"抑郁得分"既有直接影响又存在间接影响，其中间接影响的中介变项是"父母工具性支持"。

表 8 - 6   抑郁得分的回归分析（控制变项：社会人口特征）：
父母网络特征（交往频率）、父母工具性支持

	18—49 岁年龄组		教育水平较高组	
	B	Beta	B	Beta
Constant	16. 563 ***	16. 613 ***	14. 359 ***	14. 551 ***
50 岁及以上年龄组人口[a]			− 4. 457 (− 0. 139) *	− 4. 537 (− 0. 141) *
性别	− 0. 493 (− 0. 048)	− 0. 475 (− 0. 046)	− 0. 965 (− 0. 043)	− 0. 988 (− 0. 044)
教育水平	− 0. 538 (− 0. 024)	− 0. 564 (− 0. 025)		
与父母交往频率	0. 931 (0. 101) +	0. 919 (0. 099) +	1. 250 (0. 128) +	1. 229 (0. 126) +
父母提供工具性支持		− 0. 255 (− 0. 010)		− 0. 422 (− 0. 017)
N	288	288	240	240
R^2	0. 014	0. 014	0. 028	0. 029

注：*** $p < 0.001$；** $p < 0.01$；* $p < 0.05$；+ $p < 0.1$（两端检验）。
a：参照组为"18—49 岁年龄组"。
系数为非标准系数，括号内为标准系数。

"父母提供情感性支持"的中介作用分析。表 8 - 7 中模型 2 引入"父母是否提供情感性支持"这一变项。结果表明，无论这三类人群的任何一类，在引入"父母提供工具性支持"后，"与父母交往频率"状况对抑郁得分的相关系数均没有下降，可见"与父母的交往频率"状况对人们精神健康产生影响的过程中，"父母情感性支持"并非其中的中介变项。

表8-7　　　　抑郁得分的回归分析（控制变项：社会人口特征）：
父母网络特征（交往频率）、父母情感性支持

	18—49 岁年龄组		教育水平较高组	
	B	Beta	B	Beta
Constant	16.383 ***	15.995 ***	14.195 ***	13.037 ***
50 岁及以上 年龄组人口a			-4.341 (-0.139) *	-4.317 (-0.138) *
性别	-0.457 (-0.045)	-0.499 (-0.049)	-1.513 (-0.069)	-1.379 (-0.063)
教育水平	-1.015 (-0.045)	-0.921 (-0.041)		
与父母交往频率	0.954 (0.105) +	1.042 (0.114) +	1.307 * (0.137)	1.525 * (0.160)
父母提供 情感性支持		1.777 (0.058)		3.379 (1.901) +
N	289	289	240	240
R²	0.017	0.020	0.028	0.029

注：*** $p < 0.001$；** $p < 0.01$；* $p < 0.05$；+ $p < 0.1$（两端检验）。
a：参照组为"18—49 岁年龄组"。
系数为非标准系数，括号内为标准系数。

（二）兄弟姐妹

第五章的资料结果表明，与兄弟姐妹的交往频率与三类人群的精神健康水平显著相关：18—49 岁以下、女性、教育水平高的居民。对于他们而言，与兄弟姐妹交往频率越高，则抑郁得分越低。因此本节将分析，对于这三类居民而言，其兄弟姐妹的交往情况对抑郁症状的影响，是否是通过兄弟姐妹的支持为中介变项而产生的。

表8-8 与表8-9 中，模型 1 为"与兄弟姐妹交往频率"与抑郁得分的相关分析；模型 2 为引入"兄弟姐妹是否提供支持"（表8-8 为工具性支持，表8-9 为情感性支持）后，兄弟姐妹网络和支持与抑郁得分的相关分析。结果均表明，仅就表8-9 中"教育程度较高的人群"来说，模型 2 与模型 1 的相关系数有微弱的增加，但可视为没有变化（从 1.140 至 1.137）。而其余各组分析中，无论是对于哪类居民，兄弟

姐妹提供的何种支持种类，与兄弟姐妹的交往情况与抑郁得分的相关系数从模型 1 到模型 2，均没有下降。因此可以说，人们与兄弟姐妹的交往对人们抑郁得分的影响，或者说两者的相关，并非以"兄弟姐妹的支持"为中介变项产生的。

表 8 - 8　　抑郁得分的回归分析（控制变项：社会人口特征）：
兄弟姐妹网络特征（交往频率）、兄弟姐妹工具性支持

	18—49 岁年龄组		女性		教育水平较高	
	模型 1	模型 2	模型 1	模型 2	模型 1	模型 2
Constant	13.971 ***	13.127 **	14.585 ***	13.651 ***	13.682 ***	12.986 ***
年龄[a]			−5.075 (−0.232) ***	−4.903 (−0.224) ***	−5.147 (−0.234) ***	−5.113 (−0.233) ***
性别	−0.044 (−0.002)	0.118 (0.005)			−0.720 (−0.035)	−0.554 (−0.027)
教育水平	−1.095 (−0.047)	−1.031 (−0.044)	−0.329 (−0.015)	−0.412 (−0.019)		
与兄弟姐妹交往频率	1.312 (0.148) **	1.382 (0.156) **	0.928 (0.118) *	1.038 (0.132) *	1.131 (0.148) **	1.203 (0.157) **
兄弟姐妹提供工具性支持		1.708 (0.073)		1.900 (0.080)		1.400 (0.060)
N	421	421	397	397	121	121
R^2	0.025 *	0.030 *	0.048 ***	0.054 ***	0.050 ***	0.054 ***

注：*** $p < 0.001$；** $p < 0.01$；* $p < 0.05$；+ $p < 0.1$（两端检验）。
a：参照组为"18—49 岁年龄组"。
系数为非标准系数，括号内为标准系数。

表 8 - 9　　　　抑郁得分的回归分析（控制变项：社会人口特征）：
兄弟姐妹网络特征（交往频率）、兄弟姐妹情感性支持

	18—49 岁年龄组		女性		教育水平较高	
	模型 1	模型 2	模型 1	模型 2	模型 1	模型 2
Constant	14.087 ***	13.592 ***	15.089 ***	14.621 ***	13.605 ***	13.354 ***
年龄ª			-4.944 (-0.226) ***	-4.895 (-0.224) ***	-5.127 (-0.234) ***	-5.100 (-0.233) ***
性别	-0.285 (-0.013)	-0.056 (-0.003)			-0.846 (-0.041)	-0.719 (-0.035)
教育水平	-1.260 (-0.054)	-1.260 (-0.054)	-0.691 (-0.032)	-0.720 (-0.033)		
与兄弟姐妹 交往频率	1.331 (0.150) **	1.340 (0.151) **	0.853 (0.109) *	0.908 (0.116) *	1.140 (0.150) **	1.137 (0.150) **
兄弟姐妹提供 情感性支持		2.707 (0.085) +		1.904 (0.063)		1.491 (0.048)
N	427	427	403	403	436	436
R²	0.027 **	0.034 **	0.028 ***	0.044 **	0.050 ***	0.052 ***

注：*** p < 0.001；** p < 0.01；* p < 0.05；+ p < 0.1（两端检验）。
a：参照组为"18—49 岁年龄组"。
系数为非标准系数，括号内为标准系数。

　　"兄弟姐妹交往越多的人，精神健康状态越好"，其原因并非源于兄弟姐妹提供了支持，因此没有验证社会网的"支持论"。

　　（三）成年子女

　　在第六章的分析中，成年子女网络对处于非正常婚姻中的人们抑郁得分显著相关，即处于从未结婚、或分居离婚、或丧偶情况下的人群，他们与成年子女交往频率越低，则抑郁得分越高；而对于与子女交往频繁的人们，他们的抑郁分值相对较低。因此本节将针对这部分人群，探讨其子女提供的支持是否在"子女网络"与"抑郁得分"过程中作为中介因素产生影响。

　　1. 成年子女工具性支持的中介作用分析

　　表 8 - 10 中，模型 1 为"与子女交往频率"与抑郁得分的相关分析；模型 2 为引入"子女是否提供工具性支持"后，子女网络特征和支

持与抑郁得分的相关分析。结果表明，模型 2 对居民抑郁得分状况的解释力为 49.1% （ $R^2 = 0.491$，$p < 0.05$ ），比模型 1 （ $R^2 = 0.318$ ）解释力增长了约 54.4% [（0.491 － 0.318 ） ／ 0.318 = 54.4]。并且"与子女交往频率"对抑郁得分的直接影响在模型 1 为 3.791，而模型 2 中下降为 2.638，并且影响显著度也从模型 1 的 $p < 0.05$ 到模型 2 中不再显著。

表 8 - 10　　抑郁得分的回归分析（控制变项：社会人口特征）：
成年子女网络特征（交往频率）、子女工具性支持

	非正常婚姻人群	
	模型 1	模型 2
Constant	9.130	20.282 +
50 岁及以上年龄组人口[a]	1.596 （0.042）	3.839 （0.100）
性别	－ 8.576 （－ 0.300）	－ 8.855 （－ 0.310）
教育水平	－ 2.752 （－ 0.288）	－ 3.624 （－ 0.379） +
与子女交往频率	3.791 （0.446）*	2.639 （0.310）
子女提供工具性支持		－ 11.905 （－ 0.453）*
N	22	22
D. F	4	5
R^2	0.318	0.491 *

注：*** $p < 0.001$；** $p < 0.01$；* $p < 0.05$；+ $p < 0.1$ （两端检验）。
a：参照组为"18—49 岁年龄组"。
系数为非标准系数，括号内为标准系数。

同时模型 2 数据还表明"子女工具性支持"对抑郁得分的影响显著（B = － 11.905，$p < 0.05$ ），可见，即使控制了社会人口因素、子女交往的网络因素，子女支持与处于非正常婚姻状态居民的精神健康状况具有显著影响：子女提供工具性支持的居民，抑郁得分低于没有获得子女工具性支持的居民。

由此结果可以说明：（1）验证了"支持论"。"与子女交往频率"对抑郁得分的影响，是通过"子女提供工具性支持"这一变项产生的，即与子女交往频繁的居民，抑郁得分较低，其原因之一是子女在与父母的交往中还提供了工具性支持，这些支持可以有效地帮助父母，从而有利于父母的精神健康，这一发现有效地验证了"支持论"。因此，对于处于非正常婚姻中的居民，子女网络特征对抑郁得分有间接影响，其中

是由子女提供工具性支持为中介因素。（2）模型2"子女工具性支持"与抑郁得分的显著相关，而"与子女交往频率"与抑郁得分的相关性不再显著，说明"与子女交往"对抑郁得分的影响是主要通过"子女支持"变项来传递，对抑郁得分的直接影响比较微弱。

2. 子女情感性支持的中介作用分析

表8－11中，模型2为引入的变项是"子女是否提供情感性支持"。变项增加后，数据结果表明，"与子女交往频率"与抑郁得分的相关系数在模型1为3.791，而模型2中下降为3.369，并且相关显著度也从模型1的 $p < 0.05$ 到模型2的 $p < 0.1$，但还具有一定显著度说明"与子女交往"对抑郁得分的直接影响依然存在，没有完全消失。另外模型2对居民抑郁得分状况的解释力为43.3%（$R^2 = 0.433$，$p < 0.1$），比模型1解释力（$R^2 = 0.318$）增长了36.2%［（0.433 － 0.318）／0.318 = 0.362］。

表8－11　　抑郁得分的回归分析（控制变项：社会人口特征）：
成年子女网络特征（交往频率）、子女情感性支持

	非正常婚姻人群	
	模型1	模型2
Constant	9.130	8.885
50岁及以上年龄组人口[a]	1.596（0.042）	8.007（0.209）
性别	－ 8.576（－ 0.300）	－ 10.275（－ 0.360）[+]
教育水平	－ 2.752（－ 0.288）	－ 1.996（－ 0.209）
与子女交往频率	3.791（0.446）[*]	3.369（0.396）[+]
子女提供情感性支持		－ 9.091（－ 0.397）[+]
N	22	22
D. F	4	5
R^2	0.318	0.433[+]

注：[***] $p < 0.001$；[**] $p < 0.01$；[*] $p < 0.05$；[+] $p < 0.1$（两端检验）。
a：参照组为"18—49岁年龄组"。
系数为非标准系数，括号内为标准系数。

同时模型2的数据结果还表明"子女情感性支持"与抑郁得分有一定相关（$B = － 9.091$，$p < 0.1$），可见，即使控制了社会人口因素、与子女交往的网络因素后，子女提供情感性支持的居民，抑郁得分低于没

有获得子女工具性支持的居民。

此结果说明：（1）部分验证了"支持论"。"与子女交往频率"对抑郁得分的影响，部分是通过"子女提供情感性支持"这一变项产生的，即与子女交往频繁的居民，抑郁得分较低，其原因之一是子女在与父母的交往中还提供了情感性支持，这些支持可以有效地帮助父母，从而有利于父母的精神健康。因此，对于处于非正常婚姻中的居民，子女网络特征对抑郁得分有间接影响，其中是由子女提供情感性支持为中介因素。（2）与模型1相比较，模型2"与子女交往频率"对抑郁得分的影响显著度虽有所下降但依然有一定相关性，说明"与子女交往"对抑郁得分的影响一部分通过"子女支持"变项来传递，同时对抑郁得分的直接影响依然存在。（3）模型2"子女情感性支持"与抑郁得分具有一定相关性，却不及"子女工具性支持"对抑郁得分的显著度明显，可见对于处于非正常婚姻状态下的人们而言，成年子女的工具性支持比情感性支持对其精神健康影响更为显著。

三　解释与讨论

（一）结果分析概述

根据以上的数据结果，可以总结如下：

1. 亲属网络结构与亲属支持之间的相关分析结果

父母网络特征（父母的居住距离、与父母的交往频率）与父母是否提供工具性支持、情感性支持均显著相关，与父母居住距离越近、交往越频繁，则越可能将父母作为工具性支持与情感性支持的提供者，即越可能获得父母的支持。

兄弟姐妹网络特征（与兄弟姐妹的居住距离、与兄弟姐妹的交往频率）与兄弟姐妹是否提供工具性支持显著相关，与兄弟姐妹居住越近、交往越频繁，则越可能将兄弟姐妹作为工具性支持的提供者；而只有那些与兄弟姐妹居住距离近的人，更可能将兄弟姐妹作为情感性支持的提供者；交往频率与是否将兄弟姐妹情感性支持提供者没有显著相关性。

成年子女网络特征（与子女的居住距离、与子女的交往频率）与子女是否提供工具性支持显著相关，与子女居住越近、交往越频繁，则越可能将其作为工具性支持的提供者；而成年子女的网络特征与人们是否将成年子女作为情感性支持者没有显著相关性。

2. 亲属网络结构、亲属支持与人们抑郁得分的阐明分析结果

与父母居住距离对人们（教育水平较高人群）抑郁得分：（1）有

直接影响，呈现正相关，即居住距离越远，人们抑郁得分越高；（2）没有间接影响，"父母支持"并非中介变项，无论是工具性支持还是情感性支持都没有在"与父母居住"情况和"抑郁得分"两者关系之间作为中介因素而产生作用。

与父母交往频率对人们（18—49岁年龄组、教育水平较高人群）抑郁得分：（1）有直接影响，呈现正相关，即交往频率越紧密，人们抑郁得分越低；（2）有间接影响，中介因素为工具性支持，即与父母的交往频率对人们抑郁得分的影响有部分是通过工具性支持产生的，与父母交往较多则可能从父母那里获得工具性支持，从而有益于精神健康；（3）父母的情感性支持并不是中介因素。

与兄弟姐妹交往频率对人们（18—49岁年龄组、女性、教育水平较高人群）抑郁得分：（1）有直接影响，呈现正相关，即交往频率越紧密，人们抑郁得分越低；（2）"兄弟姐妹支持"没有中介作用，无论是工具性支持还是情感性支持都没有在"兄弟姐妹交往频率"与人们"抑郁得分"产生中介作用。

与成年子女交往频率对人们（处于非正常婚姻状态下人群）抑郁得分：（1）有直接影响，在引入中介变项（工具性支持和情感性支持）后，直接相关依然具有一定的显著性，因此具有一定的直接影响，即与成年子女交往频率越低，人们抑郁得分越高；（2）有间接影响，中介因素为工具性支持和情感性支持，即与成年子女的交往频率对人们抑郁得分的影响有部分是通过子女的工具性和情感性支持产生的，与成年子女交往越多越可能从他们那里获得工具性和情感性支持，从而有益于精神健康；（3）从相关显著度比较而言，对于处于非正常婚姻状态下的人们，成年子女的工具性支持比情感性支持对其精神健康影响更为显著。

（二）解释与讨论

以上结果可以表明，北京市居民的亲属网络对其抑郁得分的影响，其中，在特定人群中，父母网络特征与成年子女网络特征对人们精神健康的影响，都有部分是通过父母支持或子女支持的作用而产生的。这一结果在一定程度上验证了社会网的"支持论"，即网络能够提供支持，从而有益于健康[1]。

另外，有几点发现值得关注：

---

① Lin, and Peek, "Social Network and Mental Htealth."

1. 对于"支持论"的验证，证明了在第五章所推测的"交往频率"比其他网络特征（如网络人数、居住关系等）更多地与人们的精神健康相关的原因，即交往频率能够更多地反映相互联系的状况，只有相互联系才可能提供支持，而"支持"是网络能够有利于人们精神健康的重要中介因素。

2. 对于教育水平较高人群的研究发现，同样也验证了第五章结论中的推测。第五章研究发现，亲属结构对于"教育水平较高居民"的影响较大，推测其原因可能在于他们的生活和工作压力使他们更需要亲人的帮助和支持，例如与父母相距较近的人抑郁得分越低，其可能在于他们能够得到父母在家务的帮助，特别是照顾第三代的重要支持者。这一推测在本章的研究中得到了检验，证明了对于教育水平较高人群，之所以与父母交往越频繁则抑郁得分越低，正是因为他们能够从老人那里得到工具性支持，从而缓解他们的生活压力，有利于精神健康。

3. 并非所有的亲属网络都通过两种"支持"类别（工具性支持和情感性支持）对人们的精神健康产生影响：例如父母网络仅通过父母提供的工具性支持对子女精神健康产生影响，兄弟姐妹网络对人们精神健康产生影响没有以任何支持类型为中介因素，而成年子女网络通过向父母提供工具性和情感性两种支持对父母精神健康产生影响。这三点也与第六章中对支持网的讨论相吻合：

不同的亲属关系以提供不同支持的形式，有利于人们的精神健康。父母和子女是重要的提供工具性支持的亲属关系；父母是为子女提供生活性帮助的重要支持者，但父母通常较少成为人们情感上的帮助者，而对于那些将父母作为首要情感支持者的人而言，他们的抑郁得分显示更高；对于父母而言，成年子女既是重要的工具性支持的提供者，又是情感性支持的提供者，与子女的交往通过这些支持有利于人们的精神健康。

兄弟姐妹关系比父母与子女关系显示了较为特殊的特征：与兄弟姐妹交往越多的人，精神健康状态越好；但将兄弟姐妹视为首要支持源（无论是工具性还是情感性）的人群，其抑郁得分却越高。这两点看似矛盾，其原因可能性之一是：兄弟姐妹关系通常被视为朋友关系，与兄弟姐妹的交往使人们更多地获得较高的社会整合感，即"社会整合论"——网络为人们提供安全感，并且能够强化成员间的自我认同和价值感，从而有益于健康①，而非源于"支持论"。另外一个可能的原因是，精神健康较好的人群更可能选择和兄弟姐妹保持较好的关系和频繁的交往，这就是"社会选择理论"，即，那些有精神疾病或精神状况不好的人们在教育获得、工作地位，甚至是否实现正常的婚姻状态的实现方面有更多的困难，因此更易于进入社会经济地位的低层，或较少可能结婚②。同样，这一原理也可能推及与其他人的交往中，特别是兄弟姐妹往往是更类似于朋友的关系，而非亲属关系的交往，那些精神健康较好的人更可能拥有更多的朋友关系、保持较为频繁的交往，而他们也可能与兄弟姐妹保持了较多的交往，但却并没有将兄弟姐妹作为支持的有效提供者。正如第六章所推测的，相对于兄弟姐妹，配偶、父母、成年子女是更为重要的支持者，而只有这些核心亲属关系之间没有满意的交往经验时，人们才会转而求助于兄弟姐妹，所以求助于兄弟姐妹本身可能说明了不太满意的家庭关系，这将不利于人们的精神健康。

---

① Lin and Peek, "Social Network and Mental Health."

② Avision, William . R. "Family Structure and Processes." In *A Handbook for the Study of Mental Health : Social Contexts , Theories , and Systems*, edited by A. V. Horwitz and T. L. Scheid. 228 - 240; Cambridge University Press, 1999; Eaton and Muntaner, "Socioeconomic Stratification and Mental Disorder."; Kessler and Essex, "Marital Status and Depression : The Importance of Coping Resources."

第九章　结语、反思及讨论

一　资料分析下的基本研究结果

本书将关注点聚焦于北京城市居民的精神健康状况，切入点为亲属关系（特别是近亲属关系）对精神健康是否具有影响，亲属关系主要分为近亲属网络特征和近亲属支持状况，这是本书最基本的研究对象。数据分析呈现三个直接的结果：

（一）北京市居民的近亲属网络结构特征：与配偶、父母、成年子女关系紧密，与兄弟姐妹关系相对松散。

配偶：83.4%的居民均处于正常婚姻之下，即与配偶共同居住，有正常的婚姻。父母：在至少有父母一方在世的居民中，与父母共同居住的比例为16.4%，与父母居住距离大多在15分钟以内，达到70%以上；有超过70%的人每周都与父母有交往。成年子女：在有成年子女的居民中，与最亲近子女共同居住的占68.5%，其余有1/3为相距15分钟以内；近一半为每天都有交往，86.4%为每周都有交往。兄弟姐妹：与最亲近兄弟姐妹平均居住距离多在1—2小时之内，交往频率显示52%至少每周都有一次交往，77%每月有至少一次交往。

（二）北京市居民支持网的分布特征：近亲属在人们支持网居首要地位。

配偶：无论是工具性支持还是情感性支持，配偶都是人们首选的支持者。子女：无论是工具性支持还是情感性支持，子女都是人们仅次于配偶的求助对象，其中对于年龄较高、女性及没有配偶相伴的人群来说，他们更可能向子女求助。父母：低年龄群体和教育程度较高的人群更可能将父母作为预期支持资源之一，既包括工具性的也涉及情感性求助。兄弟姐妹：只在经济压力时求助兄弟姐妹的比例较高，而对于其他压力，都较少地被视为求助对象。近亲属网是人们的首要预期支持网，除感情沮丧压力时为接近50%的人口比例外，其他压力情况下的求助均有超过50%的人口会将近亲属作为首要支持源，其中生病照顾和意见征求压力下，求助近亲属均在80%左右；扩展亲属作为预期支持源的比例在任何情况下都相当低。

（三）无论是亲属网络特征、还是亲属的支持，其研究结果均表明："特定人群中，特定的近亲属关系的某些网络特征或某些支持对其精神健康具有影响"，所有这些结果都控制了社会人口因素的影响。具体如下：

配偶关系。（1）配偶存在与否（婚姻状况）与配偶是否提供工具性支持、情感性支持均显著相关，有配偶者，越可能将配偶作为重要的支持提供者。（2）结婚状况与人们的抑郁得分无显著相关。（3）配偶是否作为情感沮丧（情感性支持的一种）时的首要支持者与人们的抑郁得分显著相关，将配偶作为支持源的居民，抑郁得分显著较低。

父母关系。（1）父母网络特征（父母的居住距离、与父母的交往频率）与父母是否提供工具性支持、情感性支持均显著相关，即人们与父母相距越近、交往越多，越可能将父母作为支持来源。（2）与父母"交往频率"（对较高教育水平人群、18—49岁人群）对其抑郁得分有直接影响，即与父母交往越频繁的人群，抑郁得分越低；同时也有间接影响，父母的工具性支持是其中介因素，即人们与父母居住距离越近、交往频率越高，越可能从父母那里获得工具性支持，从而有益于精神健康。（3）无论是工具性支持还情感性支持对人们的抑郁得分均无显著有益的影响。（4）工具性支持对于部分人群可作为网络特征与抑郁得分相关的中介因素（如第二点所述），情感性支持则没有呈现中介作用。

兄弟姐妹关系。（1）兄弟姐妹网络特征（与兄弟姐妹的居住距离、与兄弟姐妹的交往频率）与兄弟姐妹是否提供工具性支持显著相关；与兄弟姐妹居住距离与兄弟姐妹是否作为情感性支持的提供者显著相关；交往频率与情感性支持没有显著相关性。（2）与兄弟姐妹的"交往频率"（对18—49岁人群、女性及教育水平较高人群）与其抑郁得分显著相关，即与最亲近之兄弟姐妹交往越多的人，抑郁得分显示越低。（3）将兄弟姐妹作为工具性支持源或情感性支持源的居民，抑郁得分均显著较高。（4）兄弟姐妹的支持（无论工具性支持或情感性支持）均未成为兄弟姐妹关系网络特征与人们抑郁得分之间的中介因素。

成年子女关系。（1）成年子女网络特征（与子女的居住距离、与子女的交往频率）与子女是否提供工具性支持显著相关；而成年子女的网络特征与人们是否将成年子女作为情感性支持者没有显著相关性。
（2）父母与成年子女的"交往频率"（对处于从未结婚、分居离婚、丧偶人群，即非正常婚姻状态人群）对其抑郁得分有直接影响，即与成年子女交往越频繁的父母，抑郁得分越低；同时也有间接影响，成年子女的交往频率对父母抑郁得分的影响有部分是通过子女的工具性和情感性支持产生的，与成年子女交往越多越可能从他们那里获得工具性和情感性支持，从而有益于精神健康。（3）成年子女作为工具性支持的居民（老年人群体、非正常婚姻状态下的人群），抑郁得分明显较低；所有人群中，成年子女作为情感性支持源的居民，抑郁得分显著较低，对于老年人来说这一相关性更为显著。（4）成年子女的工具性支持和情感性支持对于部分人群均可作为网络特征与抑郁得分相关的中介因素（如第二点所述）；从相关显著度比较而言，成年子女的工具性支持比情感性支持对其精神健康影响更为显著。

二　理论的验证与思考

迪尔凯姆建构关于自杀的社会起源模式，同时也开启了对其他行为社会起源的分析，例如社会失衡带来的暴力、犯罪，甚至于各类疾病[1]。本书的理论之源亦可追溯于此，即，表面看似仅仅关乎个人的精神健康状况，是否也有其社会根源。本书寻找的，正是这些个人的特征，背后是否具有共同的社会原因，正如《自杀论》在"序"中所言："支配个人的，是超越个人的道德的现实，即集体的现实。"

对于本书，最根本也是直接指向的理论，便是"社会关系对精神健康具有影响"，而"亲属网络结构、亲属支持是否影响精神健康"以及"影响路径"是本书验证并探索的基本理论框架。亲属关系正是本书所探究的可能对精神健康产生影响的社会起源和社会结构。

（一）社会支持"主效模式"的讨论。

在对社会支持影响精神健康的研究中，"压力理论"是最重要的理论解释，而"压力理论"有两个模式，即主效模式和缓冲模式。乔治[2]认为，社会支持的主效模式主要是以通过孕育自信心或自控力而对抑郁症状产生作用，而缓冲模式则是社会支持在高压力下产生缓冲作用，从而减少抑郁症状。本研究分析的是"社会支持的主效模式"（main or

---

① Berkman et al. , "From Social Integration to Health: Durkheim in the New Millennium. "

② George, "Stress, Social Support, and Depression over the Life – Course. "

additive effects model），即人们在未遭遇压力时，社会支持也能促进人们的精神健康。在讨论本书所验证的"主效模式"前，这里必须首先对"何为社会支持"加以说明。在过去的一些研究中，社会支持的定义多种多样，也使得在验证社会支持作用机制的研究中，社会支持所指范围各不相同。在凯斯勒和麦克劳德①对社会支持与精神健康关系的回顾性研究中，"关系网成员身份"可被视为社会支持的一类测量指标，包括被访者网络的数量、参与组织的数量、与网络或组织成员交往的频率等；"情感支持"以及"支持的主观可获得性"亦被视为社会支持的测量指标。米勒②关于主效模式的文献综述中也发现有大量研究证明，归属于某一网络组织与人们的精神健康相关，包括朋友的数量、和朋友外出的频率、教堂活动的参与、俱乐部身份的数量等。而林南③将"社会支持"界定为：主观的或实际的、功能性和（或）情感性支持，它由小区、社会网络和信任伴侣组成。这一定义也并没有明确地将网络结构与功能性支持加以区分，而是都涵盖进"社会支持"的定义之中。由此可见，本书所区分的"社会网络结构"以及"主观社会支持"在以往的研究中，均可被视为社会支持，它们也都可产生"主效机制"或"缓冲机制"。因此，本书根据不同界定范畴对"主效机制"进行分析。

亲属网络结构的主效机制。第六章的研究结果表明，亲属网络存在一定的主效机制。特别是与所有近亲属交往均能够在特定人群中产生主效机制，例如在非正常婚姻人群与成年子女的交往、年龄较低及教育水平较高人群与父母的交往、年龄较低人群、女性、教育水平较高人群与兄弟姐妹的交往，均表明为交往越多精神状况越好。

亲属支持的主效机制。第七章的研究结果表明，亲属支持的主效机制在一定程度上存在，特别是来自配偶的情感交流时的支持、成年子女的情感性支持、老年人及处于非正常婚姻下人群其子女的工具性支持。由于本书对"社会支持"的操作化定义（见第三章），即仅包括工具性支持和情感性支持，故本书将亲属的工具性支持和工具性支持对精神健康的影响，视为最为关键的对"主效模式"论证。

以上结果说明三点：（1）证明了主效机制存在，即当人们不处于

---

① Kessler and McLeod, "Social Support and Mental Health in Community Samples. "

② Mueller, "Social Networks: A Promising Direction for Research on the Relationship of the Social Environment to Psychiatric Disorder. "

③ Lin, "Concepualizing Social Support. "

压力之下时，某些社会支持（包括网络结构性特征和功能性特征）获得越多人们的精神健康呈现越好。（2）主效模式并不存在于所有亲属支持，即并非所有亲属的所有类别的支持都存在主效机制，例如来自配偶的情感倾诉支持对所有人群、来自子女的工具性支持对处非正常婚姻状态人群产生了有利的影响。（3）某些亲属支持出现比较复杂的状况，例如与兄弟姐妹的交往越多，精神健康状况越好；但获得兄弟姐妹工具性支持和情感性支持的人，抑郁得分却相对较高。

本书关于支持的主效机制的研究表明，在没有生活压力或紧张事件的情况下，亲属支持的主效模式存在，但需要区分特定的人群、亲属关系，以及支持特征（包括结构性的和功能性的），并且一些亲属关系的支持可能并不能带来有益的影响。

（二）"社会网络结构—社会支持—精神健康"三者关系的因果脉络探索及对于社会网络"支持论"的验证。

社会网络对精神健康的影响，"支持论"（support argument）是重要的理论解释之一①。而对于社会支持对精神健康的影响，许多研究又将其置于社会结构性背景的深刻影响之中来加以分析。无论是验证"支持论"是否成立的社会网络研究，还是置于"网络结构背景"下的社会支持研究，所建构的理论模型都是一致的，即"社会网络"是否以"社会支持"为中介因素，对"精神健康"产生影响。而验证这一理论模型是否成立的过程，也是本书最为基本的理论关注。

研究结果表明，大多数社会网络结构特征与社会支持状况均显著相关，即与某类关系的居住状况及交往频率，可能影响此类关系是否为人们提供支持、或提供支持的数量。同时，在特定人群中，父母网络特征与成年子女网络特征对人们精神健康的影响，都有部分是通过父母支持或子女支持的作用而产生的。这一结果在一定程度上验证了社会网的"支持论"，即网络能够提供支持，从而有益于健康。特别关注的一点是，在第六章中发现"交往频率"比其他网络特征（如网络人数、居住关系等）更多地与人们的精神健康相关，而第八章发现"支持"是"交往频率"与人们精神健康相关的中介因素之一。由此可以说明，交往频率之所以更多地与精神健康相关，在于这一变项能够更多地反映相互联系的状况，只有相互联系才可能提供支持，而"支持"正是交往频率对精神健康产生影响的重要因素之一。

① Lin and Peek, "Social Network and Mental Health."

值得关注的是，与兄弟姐妹交往多的居民抑郁得分低，但获得兄弟姐妹支持的人，抑郁得分高，这说明与兄弟姐妹的交往与抑郁得分相关，并不是通过"支持"这一因素产生，因此兄弟姐妹关系没有验证"支持论"。其原因之一可能在于"不同关系提供不同支持"。

（三）不同关系提供不同的支持。

无论是"主效模式"局部而非全部得到验证，还是只有某些亲属网络通过某"支持"类别对人们的精神健康产生影响，这些现象之所以产生，其原因之一可能在于"不同的网络提供不同的支持"，并且对人们的精神健康有不同的作用，即并非所有的亲属关系所提供的所有支持均能够对精神健康产生有益的影响。

亲属在支持性功能的分工在一定程度上是由特定的社会规范所决定（既包括传统既定的，又可能是社会变迁新近产生的），并且与人们生活经验相吻合、在人们预期之中的，如果现实与预期以及正常的社会规范相一致，可能更有益于人们的身心健康。例如传统上认为子女是父母最重要的支持者，因此能够获得子女支持的父母比没有获得子女支持的，精神健康状态更好，故子女支持能够成为子女网络特征与人们精神健康的中介变项；而人们往往较少求助于父母情感上的帮助但需要工具性的帮助，故父母网络能通过父母提供的工具性支持对子女精神健康产生影响；兄弟姐妹是类似于朋友的关系、支持性功能相对较弱，而获得兄弟姐妹支持可能并不是人们真正预期的，因此获得兄弟姐妹支持的人群精神健康反而较差，而且兄弟姐妹网络对人们精神健康产生影响没有以任何支持类型为中介因素。

通常来说，人们对"支持"都抱以正面的评价，获得支持"理所当然"应该对人们产生有益的影响或帮助。但一些研究已经发现支持也并非都能有利于健康，例如令人不满意的支持比缺乏支持更可能产生消极的影响[1]，或者过分的支持也可能使人们感觉控制力下降、自我恢复能力弱化而产生预料外的消极结果[2]。而本书的研究表明，并非所有的关系提供所有类型的支持都具有有益的作用。即使是对于亲属这类被视为人们最重要的关系，也只有特定的关系提供特定的支持，才能有利于

[1] Rook, "The Negative Side of Social Interaction: Impact on Psychological Well - Being."

[2] Krause, "Understanding the Stress Process: Linking Social Support with Locus of Control Beliefs."; P. L. Lee, Rance "Social Stress and Coping Behavior in Hong Kong." In *Chinese Culture and Mental Health*, edited by Wen - shing Tseng and David Y. H. Wu 193 - 214. Academic Press, Inc., 1985.

人们的精神健康。因此，社会网络及其支持是否能够有利人们的精神健康，可能取决于多种因素，包括支持的满意度、支持的负荷程度，还包括支持关系是否提供了相应的支持种类，这些成为了社会支持网影响精神健康的重要中介因素。对于哪些亲属关系提供哪类支持的具体分析，本书将在后面具体阐明。

三 基于现实的思考

（一）中国亲属关系的网络结构性特征和支持网分布

对于北京市居民而言，配偶、父母、子女与他们之间均保持了亲密的联系，这种联系在居住距离和交往频率方面均有体现，这三类关系也是人们支持网的首要构成部分；相对而言，兄弟姐妹关系松散，在提供支持上也占据较少的比例，但却可以提供经济帮助。总体而言，近亲属为北京市居民支持网中最重要且比例高于其他关系的部分：在6种慢性压力下（家务困难、生病照顾、经济帮助、情感倾诉、意见征求，以及外出陪伴）求助近亲属的比例分别为58.3%，84%，54.2%，47.1%，78.6%，51.9%。远亲关系较少提及，另外朋友在人们的支持网中的重要性次于近亲属，但高于远亲属，也具有比较重要的地位。

这一结果与西方研究者[①]的发现相近，即最强的亲密关系通常是至亲：成年子女、父母和兄弟姐妹，而这类关系比其他人更多地进入到可以提供人际支持和陪伴积极关系和亲密关系之中；扩展亲属通常为积极关系而非亲密关系，或是弱关系；而在亲密关系中，亲属和朋友比例相等。

尽管总体而言，近亲属关系在人们的支持网中比例明显，但在近亲属内部，不同关系提供的支持也不尽相同。

（二）不同亲属提供不同的支持

配偶：相对于选择其他人作为支持源的居民来说，那些将配偶作为支持源的人们（除经济支持外），抑郁得分能够保持最低或相对较低。特别对于感情沮丧时，配偶的感情帮助对人们的精神健康更是显著有益。

父母：将父母作为工具性支持源的人群，抑郁得分相对较低；特别

---

① Wellman, "The Community Question: The Intimate Networks of East Yorkers."; Wellman, "The Place of Kinfolk in Personal Community Networks."

对于年龄较低（18—49 岁）及教育水平较高人群，无论是仅仅与父母的交往或在交往中获得父母的工具性支持的人，均显示精神健康状况明显较好。但父母在作为孩子们的情感性支持源方面，却显示并不利于孩子们的精神健康水平或没有明显的作用。

子女：成年子女是除配偶外，另一重要的支持者，同时，那些选择成年子女作为家务和意见帮助支持源的人们，抑郁得分最低；在经济帮助中，成年子女支持在近亲属中最有利于人们的精神健康。对于情感性支持，子女支持显著有利于人们的精神健康。特别是对于老年群体和没有配偶相伴人群的精神健康，子女的工具性支持和情感性支持都显著有益。尤其在没有配偶相伴的人群中，无论是仅仅与子女交往的居民还是在交往中获得子女支持的居民，都明显呈现出较好的精神健康状况。

兄弟姐妹：经济支持的重要支持源之一；但对于其他支持，兄弟姐妹都较少地被视为预期支持源，并且一旦作为预期支持源，这部分人群都表现出较差的精神健康状况。但对于一些人群（对 18—49 岁人群、女性及教育水平较高人群），与最亲近之兄弟姐妹交往越多的人，抑郁得分显示越低。可见尽管与兄弟姐妹的交往的人，显示精神健康状况较好，但兄弟姐妹的支持并不有利于人们的精神健康。

以上是四类至亲所提供的支持及对人们精神健康影响的情况，结果表明，只有特定的亲属提供特定的支持，才能有利于人们的精神健康。总体而言，配偶和子女是为人们提供所有支持的重要来源，但两类关系的情感类支持显然比工具类支持更有利于人们的精神健康：配偶在情感倾诉时的支持，对精神健康的有益性更为明显，而子女在所有情感性支持方面（情感倾诉、意见征求、外出陪伴）均显示对精神健康有益性明显；对于没有配偶的人而言，与成年子女的交往中，工具性支持和情感性支持都是影响精神健康的重要因素。父母显然是工具性支持的重要来源，但却可能并非理想的情感性支持的提供者。兄弟姐妹似乎是交往的好对象，但并不是人们所期望的支持的提供者。

（三）中国城市家庭关系的特征

从北京市居民家庭关系的研究，我们可以获得中国家庭关系的一些初步特征。

1. 中国家庭核心关系

配偶和子女在所有支持类别中的重要性，说明了中国人的家庭主义是以夫妻关系和代际关系为核心。这既与中国传统相吻合①，又与西方家庭模式相一致②，即中国人的家庭是以夫妻关系和代际关系为主体的联合体，从而决定了人们最亲密的关系为配偶与子女。可见无论是东方还是西方，家庭中最重要的支持性亲密性关系，都是配偶和子女。这一点，在时刻处于变迁之中的中国城市，亦未改变。

2. 孝文化的传承与渐变

子女是除配偶外，几乎承担所有支持的亲属关系，可见孝文化在中国人中依然得到传承和体现。在传统中，老有所养首先强调的就是"养亲"，即是指的生活上有人照料，经济上有所依靠，保障父母的物质生活需要，使其安度晚年，"养儿防老"也正是此意。可见，在传统孝文化中，工具性支持被置于最重要和最基本的位置，是养老过程中比精神支持更为重要的内容。但本书研究表明，对父母精神健康有影响的支持类别仅为情感性支持，说明在当前的中国城市，子女的情感性支持已上升至比工具性支持更为重要的地位。这一点在笔者对 2000 年中国城市养老的一项定性研究中已有发现。这一现象可能源于两个原因：

（1）精神支持本身会更多地与精神健康相关。无论东方还是西方的研究通常都发现，情感支持有益于老年人的精神健康③。而工具性支持对精神健康的影响则比较矛盾，有研究发现实质性帮助能够减轻抑郁症状④，而一些研究则发现这一影响并不显著⑤。工具性支持的作用不

① Chai, "Change of Chinese Family System."
② Wellman, "The Community Question: The Intimate Networks of East Yorkers."; Wellman, "The Place of Kinfolk in Personal Community Networks."
③ House, *Work Stress and Social Support*; Krause and Liang, "Stress, Social Support, and Psychological Distress among the Chinese Elderly."; Pinquart and S. S. rensen, "Influences of Socioeconomic Status, Social Network, and Competence on Subjective Well-Being in Later Life: A Meta-Analysis."; Sun, "Worry About Medical Care, Family Support, and Depression of the Elders in Urban China."; Wellman, "The Community Question: The Intimate Networks of East Yorkers."; Wellman, "The Place of Kinfolk in Personal Community Networks."
④ Chou and Chi, "Stressful Life Events and Depressive Symptoms: Social Support and Sense of Control as Mediators or Moderators?"
⑤ Chen and Silverstein, "Intergenerational Social Support and the Psychological Well-Being of Older Parents in China."; Krause and Liang, "Stress, Social Support, and Psychological Distress among the Chinese Elderly."; Sun, "Worry About Medical Care, Family Support, and Depression of the Elders in Urban China."

明显的原因较多[1]：一种是"支持动员"机制（support mobilization mechanism），认为工具性支持是作为对健康状况的反应，从而在这一过程中工具性支持的作用变得模糊不清；另一种可能是接受帮助可能使一个人感觉自我的控制能力下降，从而增加了抑郁心理；还有可能则是[2]，在特定压力的情况下，老年人在获得一些支持的同时又会失去一些支持，例如在经济压力下，老年人在获得别人经济帮助的时候，在精神帮助上的获得就会减少，这一点在中国、美国及日本的研究中都得到了验证。

（2）我国的孝文化内容随着时代的变迁具有了一些新的特点，即在现实条件下，人们开始更多地注重精神层面的需求。现实条件涉及两个层面：

一是人们可获得的资源的增长使得人们对子女工具性需求得以转移。许多研究表明，在西方社会政府对于保证老年人的经济安全有重要的作用[3]。对于中国城市老年人，中国政府同样是一个重要的支持来源，例如公共退休基金，它涵盖了在城市中所有现代化工业体系、国家公职人员以及国家所属的文化和教育单位下的退休从业人员（50岁或60岁以上，退休年龄取决了职业类别和年龄的不同）。一项对中国12个省市的调查表明，在城市中73%的老年人领取退休金，有83%的老年人获得政府经济帮助（例如低收入保障等），而老年人获得子女经济支持的比例为60%。这些经济上和医疗方面的国家保障，为人们在年老时提供了经济安全[4]。由此，城市父母在经济上对子女的依赖，似乎也使得他们在家务帮忙、生病照顾上，可以更多地转向其他社会化资源，例如在本书作者对中国城市临终老人的调查中就发现，这些住院老人的日常照顾均是由"护工"这一市场化资源来完成，而没有一例是由子女来完成的。

二是子女通常由于自身工作、生活压力较大，并且父母可以得到除他们以外的生活保障，自然而然地在生活照护等工具性支持方面减轻了自己对父母的责任。父母通常给予了子女较大的宽容和理解，但更多地

---

① Sun, "Worry About Medical Care, Family Support, and Depression of the Elders in Urban China."

② Krause and Liang, "Stress, Social Support, and Psychological Distress among the Chinese Elderly."

③ Schulz, *The Economics of Aging.*

④ Pei and Pillai, "Old Age Support in China: The Role of the State and the Family."

寄希望于子女能够给予精神上的关怀，这既体现了物质生活的基本满足使人们能够并愿意更多地追求精神上的关怀，也体现了孝文化在当今中国城市中，有了新的要求和表现。

在这里我们需要强调的一点是，本书在这里谨慎地采用了孝文化"渐变"而非"变弱"这一词，正如威尔曼①在反驳"城市失落论"时认为，这一时代的小区已"由个人为中心的个人社会网络代替了地域意义上的小区，从而对人们产生更大的影响和作用力"；本书主张，这一时代在中国城市的孝文化，已由"传统地侧重实用性和工具性的支持，转向了或者说更加突出了精神层面的要求"。这种转向可能仅仅说明的是孝文化出现了变化，但不能证明孝文化的弱化。事实上，在工具性支持中，依然有较大比例由子女来提供，说明了孝文化依然在传承之中。

3. 父母是重要的工具性支持源

尽管关于中国家庭文化的研究大多承认家庭是解决各类问题的基本支持来源，从而影响精神健康②。但对于父母与成年子女之间的关系，大多侧重于成年子女对父母的赡养行为，而较少地关注父母如何帮助成年子女，除了在财产上和经济上的交接与传递。西方在这方面的研究相对较多。例如父母—子女也互为彼此非正式经济支持的重要来源，如买房、旅游或生活照顾③，有研究发现④，成年子女和他们父母经常居住得比较近，并且相互之间有规律地探望，彼此帮助，例如照顾孩子、家务、维修、或相互赠送礼物，在非裔美国人中，祖父母经常担负起照顾和教育孙辈的责任⑤，第三代的到来使母女间的矛盾很好地转向的家务的合作上⑥。威尔曼⑦的研究也发现，父母和成年子女是明显的支持关系，但经常不喜欢彼此陪伴。本书的研究发现与以上研究发现一致：

一方面父母是成年子女工具性支持的重要来源。这一点对于教育水平较高和年龄较低（18—49岁）的人群尤其明显。他们与父母的交往

---

① Wellman, "The Community Question: The Intimate Networks of East Yorkers."

② Tseng, Wen-Sing, Lin, Tsung-Yi, and Yeh, Eng-Kung. "Culture as the Primary Focus for Examining Mental Health."

③ Wellman and Wortley, "Brother's Keepers: Situating Kinship Relations in Broader Networks of Social Support."

④ Wellman, "The Place of Kinfolk in Personal Community Networks."

⑤ Flaherty, Facteau and Garver, "Grandmother Functions in Multigenerational Families."

⑥ Willmott, *Friendship Networks and Social Support*; Wood, Traupmann and Hay, "Motherhood in the Middle Years: Women and Their Adult Children."

⑦ Wellman, "The Place of Kinfolk in Personal Community Networks."

越多，抑郁得分越低，而父母的工具性支持是其中的中介因素。由此可见，父母对这部分人群在生活日常事实上的实质性帮助，能够缓解他们的生活压力，有利于精神健康。

另一方面，成年子女并不倾向于将父母作为情感性支持的来源。那些获得父母情感性支持的人，抑郁得分显示较高。这说明尽管父母被人们视为日常事务的重要支持者，但人们却不希望将父母作为情感上的帮助者。这在西方有一致的发现，事实上中国代际间的情感交换一直较少被提倡，正如费孝通在《乡土中国》中对"家庭"的描述：中国的家庭是一个事业社群，纪律必须维持，纪律排斥了私情，无论父子之间、婆媳之间都排斥了普通的感情；有说有笑、有情有义的是在同年龄的群体中，不同年龄组之间保持着很大的距离。当然，对于所有人类社会的代际关系来说，低年龄人群都更倾向于向同龄人征求情感支持，例如配偶、朋友，因为他们之间更易于沟通和理解，更易于拥有相同的价值观和人生观。

四 本研究的贡献、局限及未来的方向

本书对精神健康研究的贡献在于，首先，本书获得了北京市居民的精神健康的社会人口分布特征，其次，验证了一个重要的可能影响人们精神健康的社会结构性因素——亲属关系。中国精神健康研究多见于卫生或心理学领域，在社会学领域的开展尚不多见，因此关于精神健康的社会影响因素的研究也处于探索阶段。本书采用西方较为普遍的测量精神健康的量表 CES-D（经本土化后），一方面测定的精神健康状况更加客观，另一方面有利于与西方研究做出比较。"亲属"，在人类社会中普遍视之为至亲，如果说社会关系是人们精神健康的影响因素，那么"亲属"特别是"近亲属"也必然如此。这一设想在本书中得以验证。

本书对于中国亲属关系研究的贡献在于，尝试性地总结了中国亲属关系的特征。通过检验亲属关系对人们精神健康的影响，一方面佐证了亲属在人们关系网络中的重要位置，另一方面分析了在当代中国城市，不同亲属关系提供何种支持有益于人们的精神健康。据此本书获得了中国亲属关系的结构性特征和人们支持网的功能性分工。

本书在分析方法上的贡献在于，将社会网络法引入中国精神健康研究，并且在中国城市人口及其亲属关系的范围内的研究中验证了"网络结构—精神健康"、"社会支持—精神健康"、"网络结构—支持—精神健康"一系列社会关系影响精神健康的理论模式；同时以中国城市人口

的研究，再次检验了西方早已成熟的一系列社会网络影响精神健康的相关理论，例如社会支持的"主效模式"、社会网络的"支持论"、"不同的关系提供不同的支持"等。

作为一项探索性的研究，本书也存在着一些问题和局限。包括：

社会网络、社会支持与精神健康之间的因果关系尚不明确。从目前的文献和本书的研究结果来看，社会网络与支持的确与精神健康之间存在着一定的联系，其相关的方向也是随着社会网络特征或支持越强，精神健康状况越好。但这种联系是否是因果关系，也即，究竟是社会关系具有保护心理健康的作用，抑或是精神健康较差的个体的社会网络和社会支持会较其他人更少？尽管目前许多研究都将原因归于前者，但显然这种因果的论证尚不充分。

社会网络、支持与精神健康因果关系的确立也是"社会成因论"或"社会选择论"的验证，社会成因论认为，已婚人群或经济地位较高人群比其他人群更少地受到压力事件的侵害，而生活压力事件往往是增加精神健康问题的诱因；而社会选择论则认为那些有精神疾病或精神状况不好的人们在教育获得、工作地位、甚至是否实现正常的婚姻状态的实现方面有更多的困难，因此更易于进入社会经济地位的低层、或较少可能结婚[1]。显然，社会成因论，将社会背景地位、社会网络结构等一系列社会因素作为了影响精神健康的原因，而社会选择论反之，将社会网络、社会支持作为了精神健康的结果。

当然也不排除一种可能性，就是社会成因论和社会选择论均成立，但存在于不同关系之中。在本书研究中，关于"兄弟姐妹"关系的发现呈现出矛盾的结果，即与兄弟姐妹交往越多的人，精神健康状态越好；但将兄弟姐妹视为首要支持源（无论是工具性还是情感性）的人群，其抑郁得分却越高。第八章的分析认为，其原因一方面可能归为兄弟姐妹关系通常被视为朋友关系，与兄弟姐妹的交往使人们更多地获得较高的社会整合感，即"社会整合论"——网络为人们提供安全感，并且能够强化成员间的自我认同和价值感，从而有益于健康[2]，而非源于"支持论"。另外一个可能的原因则是，精神健康较好的人群更可能选择和兄弟姐妹保持较好的关系和频繁的交往，这就是"社会选择理

---

① Avision, "Family Structure and Processes."；Eaton and Muntaner, "Socioeconomic Stratification and Mental Disorder."；Kessler and Essex, "Marital Status and Depression: The Importance of Coping Resources."

② Lin and Peek, "Social Network and Mental Health."

论"，但这部分人仅将兄弟姐妹作为交往的对象，并不视为支持的来源。在人们纷繁复杂的社会关系中，是否存在有的关系能够给予人们支持、明显有益于精神健康，而有的关系是人们在精神状况较好的情况下才去维系，而不会将其作为有明显实质性支持的关系？这一点尚需进一步的研究。

因果关系的确立本身是一个重要的，但同时也是一个艰难的过程。特纳①甚至认为，这样的问题是不可能做出肯定回答的，造成因果区分上的困难之一是调查时间的选择。到目前为止，多数研究在方法上均为回顾性的，即被调查者在受调查时已处于目前这一精神状态之下，而具有较差精神健康的人，他们本身既可能获得更多的亲属帮助和关心，但也可能失去一些社会支持。预测性研究也许能发现一些因果关系的线索，布雷泽（Blazers）②在一项研究中报告，3 年前的社会支持情况可以预测 3 年后的健康水平，这样的研究似乎对社会关系与健康水平的因果关系的角色具有较大的意义。因此，在未来开展历时研究（longitudinal study），从而解决截面研究（cross-sectional study）只能分析一个时点现状的困境，将能更加有利于解决这一因果问题。这也应该是此类研究未来发展的方向之一。

另外，本书力求探索的亲属关系对精神健康的影响，但是由统计分析的结果来看，大多数多因线性回归分析后所获得的 R^2 值都相对较小③，这说明在控制了社会人口变项后，亲属关系对人们抑郁得分的解释力不强。其原因可能有多个方面，其中包括：（1）调查过程中可能出现的调查误差，使数据可能也存在一定的误差。（2）本书所采用的依变项是抑郁症状得分，但就资料统计结果来看（见表4—2），其分布存在正偏态，偏度（Skewness）= 0.626，因此可能减弱了回归模型对其的解释力。（3）本书研究的是亲属关系对精神健康的影响，事实上，

---

① Turner, R. J. "Direct, Indirect, and Moderating Effects of Social Support on Psychological Distress and Associated Conditions." *In Psychosocial Stress*, edited by H. I. Kaplan et al. 105 – 155: New York, Academic Press, 1983.

② Blazer, D. G. "Social Support and Mortality in an Elderly Community Population." *American journal of epidemiology* 115, No. 5 (1982): 684 – 694.

③ 只有"成年子女"关系对处于非正常婚姻状态下的父母的抑郁得分影响的解释力较强（见本书193—194 页），例如"与子女交往频率"状况对父母抑郁得分的回归分析（作为模型 1），所得 R^2 = 0.318，模型 2 在引入"子女工具性支持"后，R^2 = 0.491；而模型 2 在引入"子女情感性支持"后，R^2 = 0.433，可见对于没有配偶的父母而言，与成年子女的关系对他们的精神健康状况有相对较好的解释力。

本书开展分析的一个预设是亲属对于人们具有至关重要的作用。这一预设源自于许多研究均表明，亲属是人们最为重要的社会关系。根据这一预设，本书认为亲属关系对于个人具有重要的影响，包括人们的精神健康。但研究结果可能说明的是，亲属关系尽管对人们的精神健康存在一定的影响，但这种影响并没有我们所预想得那样显著；同时这可能说明，在当今纷繁复杂的社会生活中，人们的精神健康被多种因素所影响，其中社会因素不仅包括家庭关系，还可能涉及工作关系、朋友关系、日常压力、生命事件等各个层面。因此在未来关于社会宏观背景如何影响精神健康的研究中，我们还应关注更多的社会因素，才有可能获得能够对人们精神健康状况进行充分解释的模型。

关于中国亲属关系的变迁。本书力求寻找当今中国亲属关系的特征，但这些特征最有意义的地方应该是与中国传统或过去亲属关系的比较。本书尝试性与西方，以及有限的中国文献作了一些对比，但这些对比还是较为初步的。若想进一步说明在当今变迁的中国，亲属关系是否具有变化，以及变化的具体情况，甚至这些变化对人们的精神健康是否产生影响及产生了怎样的影响，这些也有待于历时研究来完成。

关于婚姻与配偶关系，在本书研究中存在一些遗憾。结婚的人有相对较低的精神健康问题，这是流行病学调查中最为一致的发现①。但在本研究对北京市居民的调查发现，婚姻状况对他们精神健康的影响不明显。本书在第六章中提出了几个原因：（1）处于非正常婚姻的样本量较小，而无法获得有效的数据。主要体现在 30 岁以上未结婚的有效样本量仅为 15 人（18—29 岁年龄的人群刚刚进入成年阶段，因而尚未结婚属于正常社会现象，对他们来说，还没有进入婚姻不应该成为影响他们精神健康的主要因素）。（2）婚姻历史对精神健康具有重要的影响，例如离婚或丧偶的时间长短、再婚情况等，但本次调查中没有涉及此类资料，因此无法对这些情况加以分析，从而可能影响研究的结果。（3）婚姻满意度未进入研究之中。对于中国老年人，他们更可能在婚姻质量不高的情况下还维持婚姻，而对于年轻人，他们可能并不因为在婚姻之中更加快乐②。因此婚姻状况影响精神健康的可能不是"是否结婚"本身，而在于婚姻质量。由此，如果想真正对婚姻状况与精神健康做出严

---

① Bachrach, *Marital Status and Mental Disorder: An Analytical Review.*

② Ibid.; Glenn and Weaver, "The Changing Relationship of Marital Status to Reported Happiness."

谨的研究，首先应获得较多的离婚人群的样本数；其次研究还应当将婚姻历史、婚姻满意度等变项纳入研究之中。

本项研究采用了二手资料进行分析。一手资料（primary data）① 是由研究者自己直接通过访谈、问卷、访谈小组、观察、或实验法等方法收集数据。一手资料研究最大的优点在于，可以根据研究者自己的研究假设设计调查方案并实施收集方法；但其成本和操作化难度都较高。

二手资料（secondary data）是指对那些由其他人原先以别的目的收集和分析过的资料所进行的新的分析②。二手资料的优势在于，成本较低，时间花费较少，通常此类数据都保有较高的调查质量，二手资料也可以为研究者提供比较分析之用。二手资料最重要的几个不足在于：

第一，二手数据需"因地制宜"，不可"随心所欲"。由于二手资料并非分析者自行定制，因此无论在问题设计、样本的选取，还是测量指标制定上，分析者无法控制，在分析过程中，只能根据现有数据情况限定研究问题的范畴。第二，分析者没有参与具体调查过程，因此通常不能了解调查出现的偏倚情况，例如回答率或回答偏误等。这有时会给分析者带来困扰和误解。第三，采用二手资料往往会面临时效性较差的问题，因为从二手资料获得需要一定的时间，因此最终分析结果可能会与现实存在一定时间差，因此在时效性有所欠缺。

本书采用了二手资料进行分析，同时也存在上述不足，其中最重要的一个不足就在于，此数据是 2000 年左右调查完成，时至今日，历时较久，此间社会情境与人们生活可能发生了一定的转变，因此本书对相应议题当前情况的把握上可能存在偏差。不过，在文献综述中，本书也已提及，即使到十年后的今天，对于中国亲属关系与精神健康的研究，在学术领域依然不多见，系统研究更是空白。因此，本研究希望以此为发端，并在未来继续开展这一领域的研究，探索现实与走向，以期能在未来研究中弥补本书的不足。

---

① Vartanian, T. P. *Secondary Data Analysis*. Oxford University Press, USA, 2010.
② Stewart, D. W. and M. A. Kamins. *Secondary Research: Information Sources and Met-hods*. Vol. 4. Sage Publications, Incorporated, 1992；[美] 巴比：《社会研究方法》，邱泽奇译，华夏出版社 2000 年版；袁方、王汉生：《社会研究方法教程》，北京大学出版社1997 年版。

参考文献

Acock, A. C. and J. S. Hurlbert. "Social Networks, Marital Status, and Well – Being." *Social Networks* 15, No. 3 (1993).

Almeida, J., S. V. Subramanian, I. Kawachi and B. E. Molnar. "Is Blood Thicker Than Water? Social Support, Depression and the Modifying Role of Ethnicity/Nativity Status." [In English]. *Journal of Epidemiology and Community Health* 65, No. 1 (Jan 2011).

Aneshensel, C. S., R. R. Frerichs and V. A. Clark. "Family Roles and Sex Diffe rences in Depression." *Journal of Health and Social Behavior* 22, No. 4, (1981).

Antonucci, T. C. and H. Akiyama. "An Examination of Sex Differences in Social Support among Older Men and Women." *Sex Roles* 17, No. 11 (1987).

——. "Social Networks in Adult Life and a Preliminary Examination of the Convoy Model." *Journal of Gerontology* 42, No. 5 (1987).

Avision, William . R. "Family Structure and Processes." In *A Handbook for the Study of Mental Health: Social Contexts, Theories, and* Systems, edited by A. V. Horwitz and T. L. Scheid. : Cambridge University Press, 1999.

Bachrach, L. L. *Marital Status and Mental Disorder: An Analytical Review*. Washington: US Department of Health, Education, and Welfare, Public Health Service, Alcohol, Drug Abuse, and Mental Health Administration, 1975.

Barnes, J. A. "Class and Committees in a Norwegian Island Parish." *Human Relations* 7, No. 39 – 58 (1954).

Barrett, A. E. "Marital Trajectories and Mental Health." *Journal of Health and Social Behavior* 41, (2000).

Berkman, L. F. "The Role of Social Relations in Health Promotion." *Psychosomatic Medicine* 57, No. 3 (1995).

Berkman, L. F. , T. Glass, I. Brissette and T. E. Seeman. "From Social Integration to Health: Durkheim in the New Millennium." *Social Science & Medicine* 51, No. 6 (2000).

Bernstein, M. C. and J. B. Bernstein. *Social Security: The System That Works*. New York: Basic Books, 1988.

Blazer, D. G. "Social Support and Mortality in an Elderly Community Population." *American journal of epidemiology* 115, No. 5 (1982).

Boey, KW, and HFK Chiu. "Life Strain and Psychological Distress of Older Women and Older Men in Hong Kong." *Aging & Mental Health* 9, No. 6 (2005).

Bott, Elizabeth. *Family and Soicla Network*. London: Tavistock Press, 1957.

——. "Urban Families: Conjugal Roles and Social Networks." *Human Relations* 8, No. 4 (1955).

Bowlby, J. *Attachment and Loss: Attachement*. London: Basic Books, 1969.

Bowling, A. and P. D. Browne. "Social Networks, Health, and Emotional Well – Being among the Oldest Old in London." *Journal of Gerontology* 46, No. 1 (1991).

Burgess, E. W. *Aging in Western Societies*. Chicago: University of Chicago Press Chicago, 1960.

Burt, R. S. "A Note on Strangers, Friends and Happiness." *Social Networks* 9, No. 4 (1987).

Callahan, D. *Setting Limits: Medical Goals in an Aging Society*. New York: Simon&Schuster Inc. , 1998.

Cassel, John. "The Contribution of the Social Environment to Host Resistance." *American journal of epidemiology* 104, No. 2 (1976).

Chai, W. H. "Change of Chinese Family System." *Thought and Word* 2, No. 1 (1964).

Chan, YK and R. P. L. Lee. "Network Size, Social Support and Happiness in Later Life: A Comparative Study of Beijing and Hong Kong." *Journal of Happiness Studies* 7, No. 1 (2006).

Chen, Feinian and Susan E Short. "Household Context and Subjective Well – Being among the Oldest Old in China." *Journal of Family Issues* 29,

No. 10 (2008).

Chen, X. and M. Silverstein. "Intergenerational Social Support and the Psychological Well – Being of Older Parents in China." *Research on Aging* 22, No. 1 (2000).

Cheng, S. T., C. K. Lee, A. C. Chan, E. M. Leung and J. J. Lee. "Social Network Types and Subjective Well – Being in Chinese Older Adults." [In English]. *Journals of Gerontology Series B – Psychological Sc iences and Social Sciences* 64, No. 6 (Nov 2009).

Cherlin, A. J. "A Sense of History: Recent Research on Aging and the Family." In *Aging in Society: Selected Reviews of Recent Research*, edited by N. W. Riley, B. B. Hess and K. Bond. Hillsdale, NJ: Lawrence Erlbaum Associated, Publishers, 1983.

Chi, Iris, Paul SF Yip, Helen FK Chiu, Kee Lee Chou, Kin Sun Chan, Chi Wai Kwan, Yeates Conwell and Eric Caine. "Prevalence of Depression and Its Correlates in Hong Kong's Chinese Older Adults." *American Journal of Geriatric Psych* 13, No. 5 (2005).

Chou, K. L. and I. Chi. "Stressful Life Events and Depressive Symptoms: Social Support and Sense of Control as Mediators or Moderators?". *International Journal of Aging and Human Development* 52, No. 2 (2001).

Clark, Robin E. "Family Support and Substance Use Outcomes for Persons with Mental Illness and Substance Use Disorders." *Schizophrenia Bulletin* 27, No. 1 (2001).

Cleary, Paul D. and David Mechanic. "Sex Differences in Psychological Distress among Married People." *Journal of Health and Social Behavior* 24, No. 2 (1983).

Cockerham, W. C. *Sociology of Mental Disorder*. Upper Saddle River: New Jersey, 1996.

Cohen, S. "Psychosocial Models of the Role of Social Support in the Etiology of Physical Disease." *Health Psychology* 7, No. 3 (1988).

Cohen, Sheldon, Robin Mermelstein, Tom Kamarck and Harry Hoberman. "Measuring the Functional Components of Social Support." In *Social Support: Theory, Research and Applications*, edited by I. G. Sarason and B. Sarason. The Hague, The Netherlands: Martinus Nijhoff, 1985.

Cohen, Sheldon and S. Leonard Syme. "Issues in the Study and Application of Social Support. " In *Social Support and Health*, edited by Sheldon Cohen and S. Syme. Leonard. Academic Press, 1985.

Crimmins, E. M. and D. G. Ingegneri. "Interaction and Living Arrangements of Older Parents and Their Children Past Trends, Present Determinants, Future Implications. " *Research on Aging* 12, No. 1 (1990).

Crohan, Susan E and Toni C Antonucci. "Friends as a Source of Social Support in Old Age. " In *Older Adult Friendship*: *Structure and Process*, edited by Adams, Rebecca G. , Blieszner, Rosemary. Thousand Oaks, CA, US: Sage Publications, Inc, 1989.

Dooley, David. "Causal Inference in the Study of Social Support. " In *Social Support and Health*, edited by Sheldon Cohen and S. Leonard Syme. Academic Press, 1985.

Dressler, W. W. "Extended Family Relationships, Social Support, and Mental Health in a Southern Black Community. " *Journal of Health and Social Behavior* 26, No. 1 (1985).

Eaton, William W. , and Carles Muntaner. "Socioeconomic Stratification and Mental Disorder. " In *A Handbook for the Study of Mental Health*, edited by Allan V. Horwitz and Tereas L. Scheid. Cambridge University Press, 1999.

Eggebeen, D. J. "Family Structure and Intergenerational Exchanges. " *Research on Aging* 14, No. 4 (1992).

Ensel, Walter M. "Measuring Depression: The CES-D Scale. " In *Social Support, Life Events, and Depression*, edited by Nan Lin, Dean Alfred and Walter Ensel, M. , Orlando: Academic Press, Inc. , 1986.

Ensel, Walter M. and Woelfel. "Measuring the Instrumental and Expressive Functions of Social Support. " In *Social Support, Life Events, and Depression*, edited by Nan Lin, Dean Alfred and Walter Ensel, M. , Orlando: Academic Press, Inc. , 1986.

Essock – Vitale, Susan M and Michael T McGuire. "Women' s Lives Viewed from an Evolutionary Perspective. Ii. Patterns of Helping. " *Ethology and Sociobiology* 6, No. 3 (1985).

Feinson, M. C. "Aging and Mental Health Distinguishing Myth from Reality. " *Research on Aging* 7, No. 2 (1985).

Felling, A. , A. Fiselier and M. Van der Poel. *Primary Relations and*

Social Support. Nijmegen: Institute of Applied Social Sciences, 1991.

Fiori, K. L. and C. A. Denckla. "Social Support and Mental Health in Middle – Aged Men and Women: A Multidimensional Approach." [In English]. *Journal of Aging and Health* 24, No. 3 (Apr 2012).

Flaherty, Mary Jean, Lorna Facteau and Patricia Garver. "Grandmother Functions in Multigenerational Families." In *The Black Family: Essays and Studies*, edited by Robert Staples. Belmot, CA: Wadsworth, 1990.

Freeman, L. C. and D. Ruan. "An International Comparative Study of Interpersonal Behavior and Role Relationships." *L'Année sociologique* (1940/1948 –), (1997).

Frerichs, R. R., C. S. Aneshensel and V. A. Clark. "Prevalence of Depression in Los Angeles County." *American journal of epidemiology* 113, No. 6 (1981).

George, L. K., D. G. Blazer, D. C. Hughes and N. Fowler. "Social Support and the Outcome of Major Depression." *The British Journal of Psychiatry* 154, No. 4 (1989).

George, Linda K. "Stress, Social Support, and Depression over the Life-Course." In *Aging, Stress and Health*, edited by Kyriakos. S Markides and Cooper. Cary. L., New York: John Wiley & Sons, 1990.

Gerstel, Naomi. "Divorce, Gender, and Social Integration." *Gender & Society* 2, No. 3 (1988).

Glenn, N. D. and C. N. Weaver. "The Changing Relationship of Marital Status to Reported Happiness." *Journal of Marriage and the Family* 50, No. 2 (1988).

Gouldner, Alvin W. "The Norm of Reciprocity: A Preliminary Statement." *American Sociological Review* 25, (1960).

Granovetter, M. S. "The Strength of Weak Ties." *American journal of Sociology* 78, No. 6, (1973).

Höllinger, F. and M. Haller. "Kinship and Social Networks in Modern Societies: A Cross – Cultural Comparison among Seven Nations." *European Sociological Review* 6, No. 2 (1990).

Haines, V. A., J. J. Beggs and J. S. Hurlbert. "Exploring the Structural Contexts of the Support Process: Social Networks, Social Statuses, Social Support, and Psychological Distress." *Advances in Medical Sociology* 8

(2002).

Haines, V. A. and J. S. Hurlbert. "Network Range and Health." *Journal of Health and Social Behavior* 33, No. 3 (1992).

Hammer, M, L Gutwirth and S Phillips. "Parenthood and Social Networks: A Preliminary View." *Social Science and Medicine* 16, No. 24, (1982).

Hareven, T. K. "Aging and Generational Relations – A Historical and Life – Course Perspective." [In English]. *Annual Review of Sociology* 20 (1994).

Holahan, Charles J, Rudolf H Moos, Carole K Holahan, and Penny L Brennan. "Social Support, Coping, and Depressive Symptoms in a Late – Middle – Aged Sample of Patients Reporting Cardiac Illness." *Health psychology* 14, No. 2 (1995).

Holmes, J. John. *Bowlby and the Attachment Theory*. London: Routledge. , 1993.

Horwitz, A. V. and T. L. Scheid. *A Handbook for the Study of Mental Health: Social Contexts, Theories, and Systems*. Cambridge University Press, 1999.

Horwitz, A. V. , H. R. White and S. Howell – White. "The Use of Multiple Outcomes in Stress Research: A Case Study of Gender Differences in Responses to Marital Dissolution." *Journal of Health and Social Behavior* 37, No. 3 (1996).

Horwitz, Allan V. and Teresa L. Scheid. "Approaches to Mental Health and Illness: Conflicting Definitions and Emphases." In *A Handbook for the Study of Mental Health*, edited by Allan V. Horwitz and Tereas L. Scheid. Cambridge University Press, 1999.

House, J. S. *Work Stress and Social Support*. Addison – Wesley Publishing Company Reading, MA, 1981.

House, J. S. , K. R. Landis and D. Umberson. "Social Relationships and Health." *Science* 241, No. 4865 (1988).

House, James S. and Kahn Robert. "Measures and Concepts of Social Support." In *Social Support and Health*, edited by Sheldon Cohen and S. Leonard Syme. 83 – 108: Academic Press, 1985.

Hoyt, Danny R. and Nicholas Babchuk. "Adult Kinship Networks: The

Selective Formation of Intimate Ties with Kin. " *Social Forces* 62, No. 1 (1983).

Hsu, F. L. K and Tseng, W. S. . "Family Relations in Classic Chinese Opera. " International Journal of Social Psychiatry 20 (1974).

Hsu, F. L. K. "Suppression Versus Repression. " Psychiatry 12 (1949).

Hsu, Jing. "Family Therapy for the Chinese: Problems and Strategies. " In Chinese Societies and Mental Health, edited by Tseng, wen-Shing, Lin Tsung-Yi, and Yen Eng-Kung. Oxford University Press, 1995.

Israel, B. A. "Social Networks and Health Status: Linking Theory, Research, and Practice. " *Patient counselling and health education* 4, No. 2 (1982).

Kahn, R. and Antonucci. T. "Convoys over the Lifecourse: Attachment, Roles and Social Support. " In *Life Sapan Development and Behavior*, edited by P. B. Baltes and O. Brim. New York: Acamemic Press, 1980.

Kalmijn, M. , and M. B. van Groenou. "Differential Effects of Divorce on Social Integration. " *Journal of Social and Personal Relationships* 22, No. 4 (2005).

Kessler, R. C. and J. D. McLeod. "Social Support and Mental Health in Community Samples. " In *Social Support and Health*, edited by S. Cohen and S. L. Syme. New York: Academic Press, 1985.

Kessler, R. C. and M. Essex. "Marital Status and Depression: The Importance of Coping Resources. " *Social Forces* 61, No. 2 (1982).

Kleinman, A. , JM Anderson, K. Finkler, RJ Frankenberg and A. Young. "Social Origins of Distress and Disease: Depression, Neurasthenia, and Pain in Modern China. " *Current anthropology* 24, No. 5 (1986).

Krause, N. "Understanding the Stress Process: Linking Social Support with Locus of Control Beliefs. " *Journal of Gerontology* 42, No. 6 (1987).

Krause, N. and J. Liang. "Stress, Social Support, and Psychological Distress among the Chinese Elderly. " *Journal of Gerontology* 48, No. 6 (1993).

Krause, N. , J. Liang and S. Gu. "Financial Strain, Received Support, Anticipated Support, and Depressive Symptoms in the People's Republic of China. " *Psychology and Aging* 13, No. 1 (1998).

Lai, Gina and Rance P. L. Lee. "Market Reforms and Mental Health in Urban Beijing. " In *Occasinal Paper Series* No. 40, edited by Tang Wing S-hing. Hong Kong Baptist University: The Center for China Urban and Regional Study, 2003.

Lee, G. R. "Kinship and Social Support of the Elderly: The Case of the United States. " *Ageing and Society* 5, No. 01 (1985).

Lee, Rance P. L. "Sex Roles, Social Status, and Psychiatric Symptoms in Urban Hong Kong. " In *Normal and Abnormal Behavior in Chinese Culture*, edited by Arthur Kleinman, Tsung – yi and Lin D. , Reidel Publishing Company, 1981.

———. "Social Stress and Coping Behavior in Hong Kong. " In *Chinese Culture and Mental Health*, edited by Wen – shing Tseng and David Y. H. Wu. Academic Press, Inc. , 1985.

Lee, Rance P. L. , D. Ruan and G. Lai. "Social Structure and Support Networks in Beijing and Hong Kong. " *Social Networks* 27, No. 3 (2005).

Lee, Thomas R, Jay A Mancini, and Joseph W Maxwell. "Sibling Relationships in Adulthood: Contact Patterns and Motivations. " *Journal of Marriage and the Family* 52, No. 2, (1990).

Li, Y. Y. and K. S. Yang. *The Character of the Chinese*. Taipei: Institute of Ethnology, Academia Sinica, 1972.

Lin, Nan. "Measuring Depressive Symptomatology in China. " *Journal of Nervous and Mental Disease* 177, (1989).

Lin, Nan, A. Dean and W. M. Ensel. *Social Support, Life Events and Depression*. New York: Academic Press, 1986.

Lin, Nan and M. Kristen Peek. "Social Network and Mental Health. " In *A Handbook for the Study of Mental Health*, edited by Allan V. Horwitz and Tereas L. Scheid. Cambridge University Press, 1999.

Lin, Nan, Mary Woelfel and Y. Dumin Mary. "Gender of the Confidant and Depression. " In *Social Support, Life Events and Depression*, edited by Nan Lin, Dean Alfred and Walter Ensel, M. Orlando: Academic Press, Inc. , 1986.

Lin, Nan, X. Ye and W. M. Ensel. "Social Support and Depressed Mood: A Structural Analysis. " *Journal of Health and Social Behavior* 40, No. 4, (1999).

Lin, Nan. "Concepualizing Social Support." In *Social Support, Life E-vents, and Depression*, edited by Nan Lin, Dean Alfred and Walter Ensel, M. Orlando: Academic Press, Inc. , 1986.

Link, B. G. and J. Phelan. "Social Conditions as Fundamental Causes of Disease." *Journal of Health and Social Behavior* 35, (1995).

Liu, X. , J. Liang and S. Gu. "Flows of Social Support and Health Status among Older Persons in China." *Social Science & Medicine* 41, No. 8 (1995).

Lou, V. W. Q. "Life Satisfaction of Older Adults in Hong Kong: The Role of Social Support from Grandchildren." [In English]. *Social Indicators Research* 95, No. 3 (Feb 2010).

Lou, Vivian WQ and Jimmy W Ng. "Chinese Older Adults' Resilience to the Loneliness of Living Alone: A Qualitative Study." *Aging & Mental Health* 16, No. 8 (2012).

Lubben, James E. "Gender Differences in the Relationship of Widowhood and Psychological Well – Being among Low Income Elderly." *Women & Health* 14, No. 3 (1989).

Lui, May HL, Diana TF Lee, and Anne E Mackenzie. "Community Care of Older Chinese People in Hong Kong: A Selective Review." *Australasian Journal on Ageing* 19, No. 4 (2000).

Mair, C. A. "Social Ties and Depression: An Intersectional Examination of Black and White Community – Dwelling Older Adults." [In English]. *Journal of Applied Gerontology* 29, No. 6 (Dec 2010).

Makowsky, Vivian P. "Sources of Stress: Events or Conditons?" In *Lives in Stress: Women and Depression*, edited by D. Belle. , Beverly Hills: Sage, 1982.

Mechanic, David. "Mental Health and Mental Illness: Definitions and Perspectives." In *A Handbook for the Study of Mental Health*, edited by Allan V. Horwitz and Tereas L. Scheid. Cambridge University Press, 1999.

Milardo, Robert M. "Theoretical and Methodological Issues in the Identification of the Social Networks of Spouses." *Journal of Marriage and the Family* 51, No. 1 (1989).

Mirowsky, John. "Age and the Gender Gap in Depression." *Journal of Health and Social Behavior* 37, No. 4 (1996).

Mirowsky, John and C. E. Ross. "Age and Depression." *Journal of Health and Social Behavior* 33, No. 3 (1992).

———. "Age and the Effect of Economic Hardship on Depression." *Journal of Health and Social Behavior* 42, No. 2 (2001).

Mueller, D. P. "Social Networks: A Promising Direction for Research on the Relationship of the Social Environment to Psychiatric Disorder." *Social Science & Medicine. Part A: Medical Psychology & Medical Sociology* 14, No. 2 (1980).

Newmann, J. P. "Aging and Depression." *Psychology and Aging* 4, No. 2 (1989).

———. "Gender, Life Strains, and Depression." *Journal of Health and Social Behavior* 27, No. 2 (1986).

Newmann, Joy Perkins. "Stress and Mental Health: A Conceptual Overview." In *A Handbook for the Study of Mental Health*, edited by Allan V. Horwitz and Tereas L. Scheid. Cambridge University Press, 1999.

Organization, World Health. "Mental Health: A State of Well – Being." http: //www. who. int/features/factfiles/mental_ health/en/index. html.

Oxman, T. , L. Berkman, S. Kasl Jr, D. Freeman, and J. Barrett. "Social Support and Depressive Symptoms in the Elderly." *American Journal of Epidemiology* 135 (1992).

Parlin, Leonard I. "Stress and Mental Health: A Conceptual Overview." In *A Handbook for the Study of Mental Health*, edited by Allan V. Horwitz and Tereas L. Scheid. Cambridge University Press, 1999.

Pearlin, L. I. , E. G. Menaghan, M. A. Lieberman, and J. T. Mullan. "The Stress Process." *Journal of Health and Social Behavior* 22, No. 4 (1981).

Peek, M. K. and N. Lin. "Age Differences in the Effects of Network Composition on Psychological Distress." [In English]. *Social Science & Medicine* 49, No. 5 (Sep 1999).

Pei, X. and V. K. Pillai. "Old Age Support in China: The Role of the State and the Family." *International Journal of Aging and Human Development* 49, No. 3 (1999).

Peng, X. *Demographic Transition in China: Fertility Trends since the 1950*. New York: Oxford University Press, 1991.

Pinquart, M. and S. Sörensen. "Influences of Socioeconomic Status, Social Network, and Competence on Subjective Well – Being in Later Life: A Meta – Analysis." *Psychology and Aging* 15, No. 2 (2000).

Prince, Martin J, Rowan H Harwood, RA Blizard, A Thomas, and Anthony H Mann. "Social Support Deficits, Loneliness and Life Events as Risk Factors for Depression in Old Age. The Gospel Oak Project Vi." *Psychological Medicine* 27, No. 02 (1997).

Pugliesi, K. "Work and Well – Being: Gender Differences in the Psychological Consequences of Employment." *Journal of Health and Social Behavior* 36, No. 1 (1995).

Radloff, Lenore Sawyer. "The CES-D Scale a Self – Report Depression Scale for Research in the General Population." *Applied psychological measurement* 1, No. 3 (1977).

——. "Sex Differences in Depression." *Sex Roles1*, No. 3 (1975).

Radloff, Lenore Sawyer, and Donald S. Rae. "Components of the Sex Difference in Depression." In *Research in Community and Mental Health*, edited by R. G. Simmons. Greenwich, CT: JAI Press, 1891.

Rook, K. S. "The Negative Side of Social Interaction: Impact on Psychological Well – Being." *Journal of personality and social psychology* 46, No. 5 (1984).

Rosenfield, S. "The Costs of Sharing: Wives' Employment and Husbands' Mental Health." *Journal of Health and Social Behavior* 33, No. 3 (1992).

——. "The Effects of Women's Employment: Personal Control and Sex Differences in Mental Health." *Journal of Health and Social Behavior* 30, No. 1 (1989).

——. "Gender and Mental Health: Do Women Have More Psychopathology, Men More, or Both the Same?". In *A Handbook for the Study of Mental Health*, edited by Allan V. Horwitz and Tereas L. . Scheid. Cambridge University Press, 1999.

——. "Sex Differences in Depression: Do Women Always Have Higher Rates?". *Journal of Health and Social Behavior*, No. 21 (1980).

Ross, C. E. "Reconceptualizing Marital Status as a Continuum of Social Attachment." *Journal of Marriage and the Family* 57, No. 1 (1995).

Ross, C. E. , J. Mirowsky and K. Goldsteen. "The Impact of the Family on Health: The Decade in Review. " *Journal of Marriage and the Fa-mily* 52, No. 4 (1990).

Ruan, D. , L. C. Freeman, X. Dai, Y. Pan and W. Zhang. "On the Changing Structure of Social Networks in Urban China. " *Social Networks* 19, No. 1 (1997).

Ryan, J. , M. Hughes and J. Hawdon. "Marital Status, General – Life Satisfaction and the Welfare State. " *International Journal of Comparative Sociology* 39, No. 3 (1998).

Saunders, Jana C. "Families Living with Severe Mental Illness: A Literature Review. " *Issues in Mental Health Nursing* 24, No. 2 (2003).

Schulz, J. H. *The Economics of Aging.* 6th ed. : Westport, CT: Auburn House, 1995.

Seeman, T. E. and L. F. Berkman. "Structural Characteristics of Social Networks and Their Relationship with Social Support in the Elderly: Who Provides Support. " *Social Science & Medicine* 26, No. 7 (1988).

Shapiro, A. and C. L. M. Keyes. "Marital Status and Social Well – Being: Are the Married Always Better Off?". *Social Indicators Research* 88, No. 2 (2008).

Shapiro, A. D. "Explaining Psychological Distress in a Sample of Remarried and Divorced Persons the Influence of Economic Distress. " *Journal of Family Issues* 17, No. 2 (1996).

Sheeber, Lisa, Hyman Hops, Anthony Alpert, Betsy Davis and Judy Andrews. "Family Support and Conflict: Prospective Relations to Adolescent Depression. " *Journal of Abnormal Child Psychology* 25, No. 4 (1997).

Silverstein, M. and E. Litwak. "A Task – Specific Typology of Intergenerational Family Structure in Later Life. " *The Gerontologist* 33, No. 2 (1993).

Silverstein, Merril, Zhen Cong and Shuzhuo Li. "Intergenerational Transfers and Living Arrangements of Older People in Rural China: Consequences for Psychological Well – Being. " *The Journals of Gerontology Series B: Psychological Sciences and Social Sciences* 61, No. 5 (2006).

Soldo, Beth J. , *Douglas A. Wolf and Emily Agree.* "Family, Household and Care Arrangements of Frail Older Women: A Structural Analysis. " Paper presented at the annual meeting of the Gerontological Society of America, Chicago, Illinois, 1986.

Spanier, G. B. and R. A. Lewis. "Marital Quality: A Review of the Seventies. " *Journal of Marriage and the Family* 42, No. 4 (1980).

Stephens, M. A. , J. M. Kinney, V. K. Norris and S. W. Ritchie. "Social Networks as Assets and Liabilities in Recovery from Stroke by Geriatric Patients. " *Psychology and Aging* 2, No. 2 (1987).

Stewart, D. W. and M. A. Kamins. *Secondary Research: Information Sources and Methods*, Vol. 4. Sage Publications, Incorporated, 1992.

Strong, Bryan, and Christine *Devault. The Marriage and Family Experience*. Wadsworth, Thomson Learning, 2001.

Sun, Rongjun. "Worry About Medical Care, Family Support, and Depression of the Elders in Urban China. " *Research on Aging* 26, No. 5 (2004).

Taylor, R. D. , E. Seaton and A. Dominguez. "Kinship Support, Family Relations, and Psychological Adjustment among Low – Income African American Mothers and Adolescents. " [In English]. *Journal of Research on Adolescence* 18, No. 1 (2008).

Thoits, Peggy A. "Conceptual, Methodological, and Theoretical Problems in Studying Social Support as a Buffer against Life Stress. " *Journal of Health and Social Behavior* 23, No. 2 (1982).

——. "Identity Structures and Psychological Well – Being: Gender and Marital Status Comparisons. " *Social Psychology Quarterly* 55, No. 3 (1992).

——. "Sociological Approaches to Mental Illness. " In *A Handbook for the Study of Mental Health*, edited by Allan V. Horwitz and Tereas L. Scheid. Cambridge University Press. , 1999.

Tseng Wen – Shing, and Hsu, J. *Culture and Family: Problems and Therapy*. New York: Haworth Press, 1991.

Turner, H. A. "Gender and Social Support: Taking the Bad with the Good?" *Sex Roles* 30, No. 7 (1994).

Turner, R. J. "Direct, Indirect, and Moderating Effects of Social Support on Psychological Distress and Associated Conditions. " In *Psychosocial Stress*, edited by Kaplan H. I. et al. New York: Academic Press, 1983.

———. "Social Support and Coping." In *A Handbook for the Study of Mental Health*, edited by Allan V. and Scheid Horwitz, Tereas L. Cambridge University Press, 1999.

Turner, R. J. and S. Noh. "Class and Psychological Vulnerability among Women: The Significance of Social Support and Personal Control." *Journal of Health and Social Behavior* 24, No. 1 (1983).

University, Johns Hopkins. "Origins of Mental Health." http: //www. jhsph. edu/departments/mental – health/about/origins. html.

Van der Poel, M. G. M. "Delineating Personal Support Networks." *Social Networks* 15, No. 1 (1993).

Van Tilburg, T. *The Meaning of Social Support in Primary Social Relationships*. Amsterdam: VU – uitgeverij, 1985.

Vartanian, T. P. *Secondary Data Analysis*. Oxford University Press, USA, 2010.

Vaux, A. "An Ecological Approach to Understanding and Facilitating Social Support." *Journal of Social and Personal Relationships* 7, No. 4 (1990).

Veiel, H. O. F. "Detrimental Effects of Kin Support Networks on the Course of Depression." [In English]. *Journal of Abnormal Psychology* 102, No. 3 (Aug 1993).

Wakefield, Jerome C. "The Measurement of Mental Disorder." In *A Handbook for the Study of Mental Health*, edited by Allan V. Horwitz and Tereas L. Scheid. Cambridge University Press, 1999.

Weiss, Gregory L. and Lynne E Lonnquist. *The Sociology of Health, Healing, and Illness*. Upper Saddle River, N. J.: Prentice Hall, 1997.

Weitzman, Lenore. *The Divorce Revolution: The Unexpected Economic Consequences for Women and Children in America*. New York: Free Press, 1985.

Wellman, B. , and S. Wortley. "Brother's Keepers: Situating Kinship Relations in Broader Networks of Social Support." *Sociological Perspectives* 32 (1989).

Wellman, Barry. "Applying Network Analysis to the Study of Support." In *Social Networks and Social Suppor*, edited by B. Gottlieb. Beverly Hills: Sage, 1981.

——. "The Community Question: The Intimate Networks of East Yorkers. " *American Journal of Sociology* 84, No. 5 (1979).

——. "The Community Questions Re - Evaluated. " In *Power, Community and the City*, edited by M. P. Smith. New Brunswick, N. J. Transaction, 1988.

——. "From Social Support to Social Network. " In *Social Support*, edited by I. Sarason and B. Sarason. The Hague: Martinus Nijhoff, 1984.

——. "The Place of Kinfolk in Personal Community Networks. " *Marriage & Family Review* 15, No. 1 - 2 (1990).

——. "Which Types of Ties and Networks Provide What Kinds of Social Support?" *Advances in Group Processes* 9 (1992).

Tseng, Wen - Shing, and J. Hsu. "The Chinese Attitude toward Parental Authority as Expressed in Chinese Children's Stories. " *Archives of General Psychiatry* 26, No. 1 (1972).

Tseng, Wen - Shing, Lin Tsung - Yi, and Yeh Eng - Kung. "Culture as the Primary Focus for Examining Mental Health. " In *Chinese Societies and Mental Health*, edited by Lin, Tsung - yi Wen - shing Tseng and Eng - kung Yeh. Oxford University Press, 1995.

Wilcox, B. L. "Social Support, Life Stress, and Psychological Adjustment: A Test of the Buffering Hypothesis. " *American Journal of Community Psychology* 9, No. 4 (1981).

Wilkinson, R. G. "Inequalities and Health - Income Inequality, Social Cohesion, and Health: Clarifying the Theory - a Reply to Muntaner and Lynch. " *International Journal of health services* 29, No. 3 (1999).

Willmott, Peter. *Friendship Networks and Social Support*. Policy Studies Institute, 1987.

Wills, Thomas Ashby. "Supportive Functions of Interpersonal Relationships. " In *Social Support and Health*, edited by Sheldon Cohen, and Syme, S. Leonard. , Academic Press, 1985.

Wood, Vivian and Joan F Robertson. "Friendship and Kinship Interaction: Differential Effect on the Morale of the Elderly. " *Journal of Marriage and the Family* 40, No 2 (1978).

Wood, Vivian, Jane Traupmann and Julia Hay. "Motherhood in the Middle Years: Women and Their Adult Children. " *Women in Context: Deve-*

lopment and Stresses. (1984).

Yang, H. "The Distributive Norm of Monetary Support to Older Parents: A Look at a Township in China." *Journal of Marriage and the Family* (1996).

Zung, W. W. K., C. B. Richards and M. J. Short. "Self – Rating Depression Scale in an Outpatient Clinic: Further Validation of the SDS." *Archives of General Psychiatry* 13, No. 6 (1965).

[美] 巴比:《社会研究方法》，邱泽奇译，华夏出版社 2000 年版。

邓伟志、徐新:《当代中国家庭的变动轨迹》,《社会科学》2000 年第 10 期。

方向等:《福建省精神障碍流行病学调查》,《中华精神科杂志》2011 年第 44 卷第 2 期。

费孝通:《乡土中国》，上海观察社 1948 年版。

费孝通:《乡土中国:生育制度》，北京大学出版社 1998 年版。

冯立天:《北京婚姻》,《家庭与妇女地位研究》，北京经济学院出版社 1994 年版。

环球网:《英报:至少一亿中国人患精神疾病》(http://www, chinapress, net/observer/2009 – 04/29/content_ 211483)。

健康网:《心理问题危及上亿中国人》(http://www, cma – mh, org/common/article/articlecontent, asp? recordId =58178)。

李沛良:《社会研究的统计应用》，社会科学文献出版社 2001 年版。

李沛良、赖蕴宽:《城市生活压力和社会支持对精神健康的影响》，载马戎、刘世定《费孝通与中国社会学人类学》，社会科学文献出版社 2009 年版，第 68—77 页。

潘荣华:《和谐社会的精神健康及其政策选择》,《中华医院管理杂志》2006 年第 7 期。

裴晓梅:《传统文化与社会现实:老年人家庭关系初探》,《清华社会学评论—特辑》，2000 年第 11 期。

孙淑清:《当代中国城乡妇女家庭经济地位比较研究》,《人口与经济》1995 年第 2 期。

孙霞、李献云、费立鹏:《中国北方两地城乡居民常见精神卫生知识知晓情况现况调查》,《中国心理卫生杂志》2009 年第 23 卷第 10 期。

佟雁、申继亮、王大华、徐成敏:《成人后期抑郁情绪的年龄特征及其相关因素研究》,《中国临床心理学杂志》2001 年第 9 卷第 1 期。

婉格尔·珂莱尔、刘精明:《北京老年人社会支持网调查——兼与英国利物浦老年社会支持网对比》,《社会学研究》1998 年第 2 卷第 1 期。

王建华:《老有所靠》,中国工人出版社、中国环境科学出版社 2000 年版。

韦波等:《广西壮族自治区城乡居民精神疾病流行病学调查》,《广西医科大学学报》2011 年第 6 期。

肖凉等:《城市人群中抑郁症状及抑郁症的发生率调查分析》,《中国行为医学科学》2000 年第 9 卷第 3 期。

辛涛、申继亮:《CES-D 的结构分析及其在成年人的试用》,《中国临床心理学杂志》1997 年第 1 期。

徐安琪:《择偶标准:五十年变迁及其原因分析》,《社会学研究》2000 年第 6 期。

许韶君、陶芳标、张洪波、曾广玉:《大学生抑郁,焦虑症状及其影响因素的分析》,《安徽预防医学杂志》1999 年第 5 卷第 2 期。

殷大奎:《中国精神卫生工作的现状、问题及对策(摘要)》,《中国民政医学杂志》2000 年第 1 期。

袁方、王汉生:《社会研究方法教程》,北京大学出版社 1997 年版。

后　记

　　这些年，我常常行走于中国农村的田间地头，去实地观察与关注在乡土生存的老年人们，看看他们正处于何种精神状态和生活境况之中。我所到之处，浓墨重彩地刻画着农村老年人正处于被关怀的茫茫沙漠，他们的精神健康问题是完全被忽视、被搁置、被忘却的部分。老人和周围的人，或因知识匮乏，将精神问题"躯体化"而无法对症入医；或因经济水平有限而无力关注。对于广大的农村老人而言，生活的重心依然停留在吃饱穿暖、重病有人照顾的基本生存问题上，此时的重病常指躯体疾病，而非精神疾病，精神疾病在人们看来，是更加奢侈的考量。以家庭养老为主的农村老人，有相当一部分正在面临经济上的紧张拮据、代际亲情上的疏离冷漠、躯体上的多病缠身、自我照顾的力不从心，这些都会直接导致精神健康问题的产生，而他们是无所适从、压抑却无以为助的人群。

　　十年前，我开始了对中国精神健康问题的关注。十年来，我不停地将研究触角伸向中国的广袤大地，不停地聚焦于中国城市抑或农村的各类人群，将每次定格的图片连帧起来，展现的是中国精神健康现状的全景图，而图中让目睹者无法忽略的，是那条若隐若现、含蓄但且强劲的线索——亲人关系。在今天，我看见的是家庭关系对中国农村老年人精神健康的影响力之深重，是对于农村老年人甚至所有人群精神健康问题的社会学关注的方兴未艾。此时，我更加确认了十年前我将亲属关系与精神健康问题作为博士学位论文议题的研究价值，更体会到了这一议题对于中国问题研究的深远意义。

　　当社会学家涂尔干将自杀的本质性原因大部分地归结为群体的社会整合程度；当精神病学家鲍比的"依附理论（attachment theory）"阐明了人们从出生之始就不断地将至亲视为自己的安全港湾，自此出发，终此一生；当心理学家卡恩和安托露丝的"护航理论（convoy model）"将个人的一生视为永远由他人环绕、共享经历与历史，并能在彼此的一生中获得互惠……经典的理论不断启示着人们，人与他人、人与亲人、人与社会的密不可分。在心理学家弗洛姆看来，人存在的起点是孤独，而终点是且应该是爱。人将在社会关系中寻找与定位自我，最终在爱的互动中获得精神上的安全与幸福。本书立足于医学社会学理论框架，以社会关系（特别关注城市亲属关系）为切入点，探索精神健康差异的社会结构之源，关注个人苦痛与幸福背后那只看不见的手，这就是本书之初衷与最终意义。

本书是基于我的博士论文的研究。在这里，首先要最为衷心地感谢我的导师李沛良教授。攻读博士学位期间，李教授是我最重要的帮助者和指引者。在香港求学的几年里，每当我遇到问题茫然无措时，李教授总是耐心地和我讨论、给我建议、引导阅读。尽管说学海无涯，没有捷径，但李教授指我以方向、教我以方法、示我以思路，这对一名所知尚浅之学生而言，是最有力也最为珍贵的帮助。在生活上，李教授常常以长者的智慧和经验，给予我无限的关怀和鼓励，让身处异乡的我倍感温暖。再次感谢李沛良教授，允许我使用"香港和北京社会网络与精神健康比较研究"大型调查项目北京地区的资料，该项目受香港特别行政区研究资助局资助，项目编号 CUHK4135/99H。感谢丁国辉教授，他指导的"家庭社会学"学习，为我日后以"亲属关系"为切入点研究精神健康问题奠定了良好的理论基础；陈膺强教授，当我对样本资料有所疑惑和不解的时候，他总能给我相应的帮助；阮丹青教授，为我未来的研究提供了全新的宏观理论研究的线索。我还要感谢香港中文大学社会学系陈海文、张德胜、张越华、陈建民、赵永佳、蔡玉萍、金蕾以及其他各位教授对我的支持与帮助。另外，我还要感谢香港中文大学精神科学系李诚教授，作为著名的精神科医生和学者，与他的交流激发了我对精神健康问题的关注和兴趣；而他经常给我以专业性的提示和建议，对于一名初探精神健康问题的晚辈而言，实为宝贵。

我要感谢清华大学社会学系景军教授，作为我的硕士导师，正是他为我开启了医学社会学学习之门。作为中国大陆研究精神健康问题为数不多的社会学学者之一，他将其对中国自杀问题的社会学研究资料和成果提供给我作为参考，并时常与我探讨中国精神健康问题，助我学术视野之开阔和深入。而今天，景教授又持续给予我在精神健康研究的项目资助与合作，使我的研究志趣得以持续，在此我致以最衷心的感谢。

我也不会忘记，读博士期间那些美丽的同窗，蒋怡、曹飞廉，寒窗苦读，有苦有甜，我们一起分享，共同渡过，这段美好的经历是我求学香港的宝贵财富。

　　离开香港回到北京，中央财经大学社会发展学院张杰教授一直给予我支持与鼓励，并从社会学心理学层面给我理论和实证研究方面的指引，使我受益匪浅。杨敏、辛志强等各位教授与同仁也给予了我持续的帮助，使我能够在和睦积极的氛围中继续对中国问题研究的执着，我心存无限感激。

　　此外，我还要特别感谢负责出版编辑的郭沂纹老师，她的全力支持和鼓励给予了我将本书付梓出版的信心和动力；感谢安芳编辑及其他工作人员，全书英文引注众多，统计数据繁琐，他们一遍遍核对修改，真正是呕心沥血，他们的辛苦付出是本书高品质出版的重要保障。

　　收笔之前，我要特别感谢我的家人。我的父母，舐犊之情深，身为女儿恐以毕生都无以回报，只能感念于心；我的先生，当初我求学他乡，如今我又常常埋头研究无暇顾家，他总是给我包容与理解，让我安心向学，这些都是我完成本项研究最为坚强的后盾；我的儿子，时年尚幼，每当握住他的小手，心中柔软深切的亲情便在阳光下蔓延。亲人之力量，予我幸福，助我前行。最后想说，家人、亲情，正是我致力于亲属关系研究之最初动力和最终追求。

孙薇薇

2013 年 12 月于北京